光风霁月

程潜与近代中国

程博愉　主编
罗振华　胡　博　副主编

团结出版社

图书在版编目（CIP）数据

光风霁月：程潜与近代中国 /（美）程博愉主编；
罗振华，胡博副主编 . -- 北京：团结出版社，2022.11
ISBN 978-7-5126-9771-3

Ⅰ . ①光… Ⅱ . ①程… ②罗… ③胡… Ⅲ . ①程潜
（1882-1968）- 传记 Ⅳ . ① K827=7

中国版本图书馆 CIP 数据核字（2022）第 220203 号

出　版：团结出版社
（北京市东城区东皇城根南街 84 号　邮编：100006）
电　话：（010）65228880　65244790
网　址：http://www.tjpress.com
E-mail：zb65244790@vip.163.com
经　销：全国新华书店
印　装：三河市东方印刷有限公司

开　本：280mm × 240mm　12 开
印　张：26
字　数：133 千字
版　次：2022 年 11 月　第 1 版
印　次：2022 年 11 月　第 1 次印刷

书　号：978-7-5126-9771-3
定　价：318.00 元
（版权所属，盗版必究）

序一

程潜先生的画传《光风霁月——程潜与近代中国》即将由团结出版社出版，程老先生的家人希望我为此写些文字，忝为序言。于我这个民革后辈来说，这既是愧不敢当，又是殊感荣幸的事情了。

程潜先生（1882—1968）表字颂云，湖南醴陵人，是民革杰出的前辈领导人。由于他德高望重，毕生爱国，追求进步，对国家、民族颇多贡献，无论他生前身后，人们都习惯地尊称他为“颂公”。

作为中国近现代历史上著名的爱国政治家、军事家，颂公于政治、军事上的建树自然是不少的，而其对中国传统文化学养之深厚，为人品格之高洁，对中华民族振兴追求之执着，又是他所处时代的佼佼者，故而颂公家人将这部画传定名为“光风霁月”，意在形容“雨过天晴，万物明净”。论人是说颂公一生注重个人品格修为：论世则讲颂公毕生追求国家政治清明，人民生活幸福。窃以为这是再恰当不过的了。

这本画册，使用大量珍贵照片、图片展现了颂公的一生。

颂公早年追随孙中山先生，从参加辛亥革命，到护国、护法运动；盛年时期，则参与北伐战争和抗日战争；新中国成立前夕，他顺应历史发展和人民愿望，克服重重困难，置个人及家庭安危于度外，毅然在湖南和平起义，不仅使湖南家乡免于战火，也为后来四川、云南等地的和平解放树立了榜样。纵观颂公一生，说他始终站在中国近现代历史发展的前列，应该是毫不为过的。

在旧中国，一个人要做到“始终站在历史发展的前列”，是很不容易的事情。因为在“城头变幻大王旗”的旧中国政坛，有太多东西干扰政治、军事人物的选择，而能让人始终做出正确选择的因素无非两点：一是“一眼万里”，洞察国家、民族发展之利弊；二是“天下为公”，无私忘我。

颂公早年在日本与湖南籍革命党人黄兴、宋教仁等人交游，而后又结识了孙中山先生，对其革命思想深为感佩，从此追随孙中山先生，开启了一生革命之路。1905 年，颂公加入了同盟会，随即参加“丈夫团”，投身反清革命活动。于日本陆军士官学校毕业之后，他被清政府派到四川训练新军。不到两年，就当上了第十七镇正参谋官。但武昌起义枪声一响，他毫无贪恋富贵之心，立即赶赴上海参加起义，后随黄兴投身战斗一线。在武昌龟山炮台上，颂公利用自己在日本学习的炮兵技术与清军死战，予敌重创。

此后，无论是二次革命，还是护国运动、护法运动，颂公始终追随孙中山先生英勇奋斗。1914 年，孙中山在日本成立了“中华革命党”。虽然颂公对加入“中华革命党”需要按手印、立誓纸等封建陋规不以为然，拒绝入党，但他坚定信奉孙中山先生的思想，不曾稍有动摇。

1923 年初，孙中山先生在共产国际和中国共产党的帮助下，积极推动国共第一次合作，欲重举北伐大业，却痛感身边缺少军事人才。四顾无人之际，发觉颂公的履历、资格、能力齐全，遂任命其为大本营军政部长。颂公又以大本营的名义创办了军政部讲武学校，自任校长。后来军政部讲武学校的学生，被并入黄埔军校为第一期学员。

不惑之年的颂公，不遗余力地培养扶植后辈革命青年们。当时，许多三湘子弟受其感召，踊跃前往广州，报考黄埔军校，积极投身国民革命运动。但在汉粤铁路通车之前，从湖南到广州这段路程却是十分艰难的。一般先要从长沙乘坐火车到武昌，再渡江到汉口，坐轮船前往上海。在上海租界稍事休息后，复乘海轮到达香港，经香港最后抵达广州。当年我的祖父郑洞国将军，就是从兄长那里要了 60 块银圆盘缠，由长沙通过上述路线，一路辗转到达广州的。然而，这样一笔不小的开支不是每个人都能筹措到的。而且，即便一些年轻人千辛万苦赶到广州，也未必能报上名。如陈明仁、李文等在军政部讲武学校受训半年，后被并入黄埔军校第一期；陈赓、宋希濂则运气不好，费尽九牛二虎之力才考上了黄埔第一期。我的祖父郑洞国到广州时，也因黄埔军校报名期已过，不得不冒用别人的名字考进黄埔军校第一期的。可以说，许多湖南子弟不远千里来到广州，很大程度上是受颂公这位辛亥革命元勋的感召。

1926年，在国共合作的大革命高潮中，国民革命军誓师北伐。颂公率国民革命军第六军这支劲旅，一路冲杀，直至攻克南京。遗憾的是，后来蒋介石、汪精卫相继背叛革命，实施“清党”，大肆屠杀共产党人和革命者，导致轰轰烈烈的大革命运动失败了。颂公也在国民党新军阀的内斗中，被褫夺军权，被迫下野。

下野之后，闲居上海的颂公，自筹经费创办名为《南针》的杂志，积极主张抗日救国。1935年，基于颂公声望，他重被启用为国民政府军事委员会高等顾问，年底正式出任参谋总长，主持制定《中国国防计划纲领及程序实施方案》，为后来的抗日战争做了战略计划和战前准备。1937年抗日战争全面爆发后，颂公先后就任第一战区司令长官、重庆军委会副总参谋长等职，亲身经历并指挥了抗日战争正面战场上的许多重大战役。

这本画册中收录了不少颂公抗战时期的照片。其中一张颇令人瞩目：在1945年9月3日中国抗日战争胜利日这天，蒋介石与颂公共同乘坐敞篷汽车，接受群众欢迎。照片中蒋介石志得意满地向群众挥手致意，颂公则正襟危坐，面色严峻凝重。盖因抗战之艰辛、军民牺牲之惨重，颂公这位经历了整个抗日战争的老军人，心中悲欣交集之状，颇难言表也。

《光风霁月——程潜与近代中国》中讲述湖南和平起义的过程，无疑是颂公一生事业最重要、最艰危的经历了。

颂公身为国民党元老，几十年的宦海沉浮，使他早已看清蒋介石为首的国民党集团失去民心，必将失败。而中国共产党则朝气蓬勃，其政策主张符合中国最广大人民的根本利益，因而深受中国劳苦大众的热烈拥护，不愧是孙中山先生事业最忠实的继承者。他决心协助中国共产党推翻国民党政权的反动统治，建立人民当家做主的新中国，进而完成孙中山先生未竟的事业。因此，他主政湖南后，即暗中筹划湖南和平起义事宜。

斯时也，身为湖南省政府主席的颂公，看似望高权重，实则周围暗流涌动，危机四伏。一面是蒋介石与桂系首领白崇禧等对颂公威逼利诱，日甚一日；一面是特务横行，军队内部人心浮动、主张各异。稍有差池，便会事败身死、功亏一篑。所幸在共产党人的鼎力帮助下，颂公与他的黄埔军校时期的学生陈明仁将军通力合作，周密筹划，终使起义成功，湖南全省和平解放。

需要指出的是，毛泽东主席和中共中央从新中国成立的大局出发，高度重视湖南和平起义事宜，并充分考虑到颂公的一些顾虑和困难，特别批准参加湖南和平起义的国民党部队番号为——中国国民党人民解放军第一兵团。此举让许多顾虑重重的国民党将领们放下了思想包袱，弃暗投明。这些无不体现出以毛泽东主席为代表的中国共产党人的博大政治胸襟和气魄。当时我的祖父郑洞国将军已在东北长春兵败卸甲，精神上正陷入巨大的痛苦和彷徨之中。湖南和平解放的消息传来，让他的思想为之震撼。颂公是他的师长辈长官，陈明仁将军则是他患难与共过的黄埔军校第一期同学。他们的政治抉择，难道不应该成为他的榜样吗？

新中国成立之后，毛泽东主席和中国共产党给予颂公极高的礼遇和信赖。颂公不仅历任中央人民政府委员、中央军事委员会副主席、全国人大常委会副委员长、国防委员会副主席，而且长期在湖南担任省人民政府主席。他以古稀之年，经常深入基层，为家乡兴修水利，造福桑梓。

颂公也是民革德高望重的前辈和杰出领导人。1956年，颂公当选民革第三届中央委员会副主席。在民革中央任职期间，他始终与中国共产党肝胆相照，荣辱与共。我想，正是因为颂公既能“一眼万里”，把握时代脉搏；又能“天下为公”，无私奉献，才使我们将他作为民革的政治榜样，永远深切地缅怀他、学习他。

“光风霁月”四字，恰是颂公一生的写照！

是为序。

郑建邦

2021年12月6日

序二

在中国近代史的长河里，曾涌现出一大批灿若群星般的爱国仁人志士，他们为中华民族的解放，为民主共和、国家富强、人民幸福无私地奉献了一切，乃至宝贵的生命。这些人中湖南籍人士颇多。惟楚有材，人杰地灵，是湖南这方水土孕育了他们。在创立民国的湘籍人士中，最著名的当属黄兴、蔡锷和宋教仁。可惜天妒英才，天不假年，这三位辛亥革命先勋都英年早逝，壮志未酬，留下无比的遗憾。宋教仁遇刺时年仅 31 岁，黄、蔡二公因为国事呕心沥血，1916 年冬相继辞世。当时，蔡锷 34 岁，黄兴 43 岁，他们的过早离世是中华民族的巨大损失。

参加辛亥革命的另一位湘籍人士程潜，字颂云（1882.3.31—1968.4.9）。他与黄、蔡、宋三位老乡是同辈人，黄年长 8 岁，蔡、宋与他同年，只是从革命资历上讲，程起步稍晚。程潜生于清末乱世，享寿 86 岁。他参与了中国近代史上许多重大事件，他的命运也随历史大潮起落浮沉，息息相关，使他成为中国近代史上重要的人物之一。民国时期的《醴陵县志》对他曾有过很高的评价：

盖咸同以后，清政益腐败不可为。程公颂云先生以儒生习兵事，毅然以天下为己任，号召三湘子弟推翻异族、肇造民国，邑人受颂公熏陶，参与革命者刘建藩、何芸樵、刘恢先、陶思安、刘为章、陈明仁、邓文仪、诸公以下位至将官者数百余人。其间成功成仁莫不于革命开国史上占有光辉灿烂之一页，猗欤盛哉！窃尝谓儒家学说在一仁字而行仁之道要为一诚字。湘人夙重气节、尚诚樸。每当国族危难，辄相率赴义，惟恐后人。但求仁义不计功利，知其不可为一贯道统，周濂溪、王船山、曾文正，而后继之者惟程公。今国事益艰，民族危机间不能髪，程公以元老出守湘赣，示公诚为天下倡至中、至正、至大、至刚，一身系国家安危，时艰任重，又岂濂溪船山文正诸先贤所能并拟哉。

程潜将军在去世前一年曾写下丁未八十五岁咏怀诗“历世悠长阅世深，婆娑尘宇度光阴。志不要名勇拂绩，坦怀报国表真忱”等八首诗，其中有“曾从大匠营新社，弃旧维新历数终。烁赫人权兴万代，国民革命庆前功。扰扰魔群孑孓孳，魔生孳长浩如林。五中荡涤期干净，还我原来赤子心”以及“中华主权属民有，亿兆心同理更同。不畏强权不侮寡，煌煌屹立亚洲东”的诗句。

这些七言绝句饱含了一位民国元勋的自我评价和爱国情操，以及他的赤子之心。桃李不言，下自成蹊。今年离他辞世已经半个世纪，许多人都不知程潜的名字，知道的也只对他领衔湖南长沙和平起义之事有所闻。对他一生的事迹则知之甚少。

新推出的《光风霁月：程潜与近代中国》一书，用照片、史料、文献、手迹（诗稿、电文稿、书法作品）、回忆录及部分私人印章印谱、勋章等实物来正本清源，还原真实的历史原貌。

《光风霁月：程潜与近代中国》一书讲的不是他个人，而是把这一折射近代史的重要人物放在近代史的大舞台上，让人们可以全方位的了解近代史。

该书还试图用程潜的诗文补充和还原历史。比如护国运动、护法运动时期他已是湘军总司令，而其不屑与其他好权势之人争权，两次离湘，挂冠而去。他对个人权位看得如此淡泊，十分可敬。

（一）

1920 年 11 月，孙中山在广州重组中华民国政府，12 月任命程潜为陆军部次长，代理部务。他就职后对革命事业和中山先生忠心耿耿，任劳任怨，中山先生十分仰仗他的才干。只因他为人至中至正，至大至刚，有些人不喜欢他，常在中山先生那里讲他的坏话。中山先生却说："颂云是血性男子，不贪污，负责任，这样的革命同志，哪里去找呵！"白鹅潭之役，中山先生避难永丰舰，追随身边的，文有居正，武有程潜。所以中山先生感叹说："我说颂云是血性男子，他毕竟是可共患难的。"

1923年,中山先生任命程潜为大本营军政部部长,并创办了大本营陆军讲武学校,程潜兼任校长。这所军校招收了大量湖湘子弟,其中醴陵籍居多,如左权、陈赓、宋希濂、李默庵、陈明仁、邓文仪等。醴陵籍的将军,正军职以上的有41人,在国民党三千左右的将官中,醴陵籍将军就占了一百余人,还有数以千计的校官,使醴陵成为民国时期第二大"将军县"。

建立陆军讲武学校是程潜向中山先生建议的，中山先生大力支持。之后建立黄埔军校是革命形势的需要，按中山先生的设想，程潜是军政部部长兼陆军讲武学校校长，有办军校经验，是合适的校长人选。不想蒋介石早有野心，听说校长人选非他，一气之下，去了上海。他托了张静江、李烈钧在中山先生那里建议由他任校长。中山先生与程商量，程无意与蒋争权，同意由蒋任黄埔军校校长，并协助中山先生、蒋介石办好军校，培养自己的军队骨干。在黄埔军校开学典礼后八日，程潜就军人宣誓词及军人宣誓条例向中山先生郑重呈文，不几日经中山先生批准军政部公开施行军人宣誓和条例。这对提高革命军人政治素质大有裨益。不仅如此，程潜还向中山先生建议，将陆军讲武学校合并入黄埔，讲武学校编入黄埔的146位学生，均为黄埔一期肄业。大本营陆军讲武学校完成其历史使命。

辛亥革命之后,程潜追随孙中山先生积极投身二次革命,参加护国运动和护法运动,创建广东革命政权,1924年1月参加在广州的国民党"一大"。会议确立了革命的三大政策:联俄、联共、扶助农工,重新解释了三民主义。标志着第一次国共合作统一战线的正式形成。程潜衷心拥护国共合作。9月,孙中山发表北伐宣言,随后举行北伐誓师典礼。程潜力主北伐,随从出征,中山先生北上时,留程潜驻守韶关大本营,不久任命其为建国攻鄂军总司令。

1925年，程又参加了讨伐陈炯明的东征和镇压杨希闵等在广州的叛乱，屡立军功，成为中山先生的得力助手，获得了先生的赞赏。不想风云突变，中山先生于1925年3月患肝癌在京病逝。程潜悲痛万分，写下了七绝一首："一弯冷月照寒窗，巨星陨落我哀伤。主义炳天感遇厚，回首望前意茫茫。"

孙中山先生去世后，程潜坚决执行"三大政策"，在1926年北伐时期任国民革命军第六军军长，和党代表林伯渠通力合作，转战湖北、江西、安徽、江苏等地，克南昌，下芜湖，于1927年3月攻克南京。

蒋介石于4月12日在上海发动反革命政变，在南京成立国民政府。因嫉恨程潜，又顾忌第六军共产党员较多，强行解散了第六军。后程潜在武汉重新组建六军。7月，汪精卫发动了"七一五"反革命政变。武汉国民政府也实行了"分共"，背叛革命。之后还发生了宁汉战争，国民党四分五裂。8月，程潜作为武汉方面代表之一，在庐山会议上极力主张宁汉合作，共同完成北伐大业。

尽管蒋介石与李宗仁不和，但他们都嫉妒程潜，蒋故意抬李压程。李则企图推翻程，好控制"两湖"。1928年5月，李邀请程去武汉出席会议，会上突然发难，以"莫须有"之罪名当场扣压程潜并软禁。李本想把程潜置于死地，蒋则放了程一马，说他不敢冒杀革命元勋之罪名云云。他们共同的目的达到了，程潜近十年组创的第六军再度被蒋介石彻底消灭。程被停职，失去自由，送往上海寓居。

在寓居上海马思南路公馆期间，程潜并未消沉。因他本不喜也不屑官场那一套做派，所以在沪期间结交了文人雅士，写诗、习字、搞篆刻研究，以解忧国忧民之情怀。

（二）

1931年，"九一八"事变后，程潜写下了5首五言诗。用了燕雀燎堂、鹬蚌相争两个典故，以及"外侮久莫御，兄弟犹阋墙。一朝逞积忿，连兵徒自戕”的诗句来谴责当权者不顾外侮，连连发动内战的错误。

1932年1月28日，日军入侵淞沪，他在诗里写道：“豺虎何嚣嚣，狐狸何麌麌。日夕事内讧，昏瞀忘外侮……制夷无长策，自古皆用武。偏师挫其锐，虏意始稍沮。誓盟岂可恃，祸衅终难杜。”表明对日入侵，必须用武力，并赞扬了十九路军挫败日本人的锐气，对付入侵者盟誓只是一纸空文，难以终止日本入侵的态度。

除了以诗明志之外，他还和友人办了《南针》杂志，写文章鼓吹抗日，反对蒋、汪的投降主义立场。

在日寇的步步紧逼之下，蒋介石终于心有所动。他需要一位文武兼备，众望所归之人帮助自己组织抗战力量。蒋接受杨杰的建议，决定起用程潜。同时蒋自知与程之间芥蒂很深，所以先发电报试探。如果从个人恩怨出发，程是绝对不想与蒋共事的，但在国难当头、生死存亡之际，什么恩怨都是可以不计较的。1935年12月18日，国民政府正式任命程潜为军事委员会参谋总长。程以国事为重，旋即走马上任。

翌年，程潜将军所做的首要工作是巡察国防重地，准备抗战方案。他从南京出发，第一站就是江阴（长江下游重镇）、镇江（长江下游军事重镇和北方门户）、徐州（古往今来兵家必争之地）、连云港（重要军港），在巡视江苏省之后，他又巡视了河南省的安阳至漳河一带，以及辉县、巩县、洛阳等地。他在诗中写道：“兹行恣周览，自朝至日没。陆行穷阪道，水涉困船舟。”马不停蹄批阅查访，所看到的是这些重镇、要津、险地，形胜虽如故，但是屏藩却多废弛，“穷苦百姓则，挥斤汗如霖，操耒肤若烧，千年雄恢地，斯民实疲倦。”此情此景使程潜内心极受震动，他为国家的前途深感忧虑，同时也感到肩上的担子沉重。他在诗中写道：“自从夷狄盛，久苦甲兵烦。设险非一朝，力竭财亦殚。顾兹伤凋敝，何以固屏藩。回舟警沧流，终夜百忧攒。”

1936年，蒋、桂矛盾激化，“两广”发生事变，战争一触即发。程潜从注重加强国防力量出发，积极主张和平解决。此时国民党的政策已向准备抗战方向转变，程的主张顺应了历史潮流。他不辞辛劳，与居正、朱培德同行，带着蒋介石的亲笔信，深望和议有成，程潜与李宗仁、白崇禧二人坦诚相见，劝他们以国事为重与蒋介石一致抗日。他说：“果能相见以诚，和衷共济，即使要我磕八个响头也愿意。”此话确实让李、白感动，最终“两广”事变得以顺利解决，程潜为此后的抗战保存下一支能打硬仗的队伍（台儿庄大捷是最好的证明）。

1936年下半年，程潜主持修订了国防作战计划，并亲自送往庐山。这份计划分甲、乙两案，较为详细地规定了未来抗日作战的具体战略任务、部署以及作战方针。同年12月，发生西安事变，蒋介石被迫接受了张学良、杨虎城两将军一致抗日的主张，结束了十年内战，国共两党再度合作。

（三）

1937年七七事变后，程潜以参谋总长名义担任平汉线方面指挥，在漳河一带作战时身先士卒，曾预先立下遗嘱。他亲自上前线指挥作战，并鼓励将士：“大敌当前，有进无退。中国虽大，也没有多少地方可退了，战死在阵地上是最光荣的。”1938年1月，程潜出任第一战区司令长官，后军政统一兼任河南省省长。他统辖三十多个师，数十万大军，曾在河南宝莲寺一带与日军四个精锐军团展开激战。3月，又指挥其部队做外围策应，在山东临沂、峄县牵制打击日军，协助第五战区李宗仁部取得了台儿庄大捷。10月，因武汉、广州相继失手，抗战进入相持阶段。为了与日寇打持久战，蒋介石于11月召开军事会议，确立了持久抗战的战略、战术方针，并决定重新划分战区，分设天水，桂林南北两个行营。

程潜被任命为军事委员会天水行营主任，统一指挥北战场。天水行营于1939年2月正式成立。日军深知程潜是坚定的抗日派，因此必欲除之而后快。3月7月，日机分两批轮番轰炸行营所在地，致使行营一片火海，行营新修的防空洞洞口都被炸塌。

程潜与一部分将校军官悉数被埋于洞内。程潜命大，抢救一天之后才苏醒，但是此次牺牲惨重，共有64名军官死难，伤者四十余名。此事件在当时被当成机密，没有外传，亦无新闻报道，为何突遭如此大损失，至今乃是一个谜。

死难者里有3名将军，他们是中将李国良，中将张谞行，少将赵翔之，其余全都是校尉军官。为了纪念他们，程潜在伤痛之余，亲自撰写碑文，以志永久纪念。该墓碑原矗立于翠华山天水行营殉难烈士公墓内。程潜还亲自书写了碑坊上的横额——“为国捐躯”4个苍劲有力的大字，两旁有一副对联：六十四人同殒命，三月七日最伤心。

1939年5月，程潜晋升为陆军一级上将。他在任天水行营主任期间，还写作了《中山先生丰功伟烈颂》，并序之五言诗凡640字，赞颂中山先生一生事迹，最后几句：“回首望前尘，历历如可算。平生感遇厚，一辞莫能赞。继述赖有人，其人实贞干，大事今有讬，曷敢不敬慎。”以表继承执行孙中山遗教，坚持国共合作之决心。

在陕期间，他对进步人士和共产党的抗日活动予以保护和支持。他曾答应让王震的军队过黄河，进入陕北，并亲自出面制止反共行动。他对少将康问之（共产党员）说过：“现在大敌当前，我们必须两党合作，共同抗战。十八集团军的官兵在前线浴血奋战，我们若在后方闹分裂，那如何成？”

在国民党政策发生倒退、加紧反共的情况下，程潜还一如既往的从事对抗日、对人民有益的工作，这在当时的国民党高级军政要员中是罕见的。

1940年5月，蒋介石决定将天水行营缩编为天水办公厅，并调程潜赴重庆出任军委会副参谋总长兼战地党政委员会主任一职。所谓战地党政委员会，是直属军委会的一个部门，表面上是为了对付日寇和汉奸，实际以反共为主。程潜上任之后发现，蒋早已委任了各组负责人，明显控制了该委员会的实权。对此，程的回应也很妙，既然无实权，干脆什么事也不管。他在任期间，在反共方面无多大成绩，最终蒋于1943年2月下令撤销了战地党政委员会。

程潜在抗战后期任代理参谋总长一职。

在重庆时期，程潜一如既往坚持国共合作，共同抗战，并掩护了一些共产党人、进步人士从事抗日救亡活动。

终于，一场20世纪中国受异族入侵的最大外患，以1945年8月15日，日本政府宣布无条件投降而结束。如从“九一八”事件算起，长达14年，中国几乎一半的国土遭到日军入侵，人民生命财产损失之惨重，史上少有。平民百姓伤亡上千万，国军伤亡330万之多。中国的抗战可以说是付出了沉重的代价，是一场惨胜。

为庆祝抗战胜利，程潜写下了“乙酉九日，与右任宴集同人于上清寺，为祝胜登高之会。得成字”和四言诗“振武攘夷，旷日受降。扬威盪寇，多难兴邦。祗奉宪典，天下为公。和会列国，海宇大同”。

喜悦之情，跃然于纸上。

（四）

日本投降后之第13天，毛泽东、周恩来等中共代表到重庆与蒋介石进行了历时43天的重庆谈判。

程潜期望和平，不希望打内战。毛泽东到重庆后拜访了程潜等国民党元老、爱国民主人士，程潜也到桂园回访了毛泽东，密商国是。

关于密谈内容，程潜在《我本多年邀默契，喜从中夜挹明光——回忆湖南和平起义》一文中讲得很清楚，毛主席的一席话，对之后的湖南和平起义有着重大影响。

1946年5月，程潜被任命为武汉行营主任，辖区为河南南部，鄂、赣、湘三省。和在天水行营时一样，程潜位高而权不重，在上任时，既无班底，亦无部队，可谓单枪匹马，举步维艰。

1948年3月，国民政府决定召开行宪国大，选举正、副总统。蒋介石示意要程参加竞选，程本无意参与，但因毛泽东在重庆时就主张他参加竞选，毛主席曾对他说过：“竞选副总统搞成了，好主持国共和谈，如果搞不成，你就只要个湖南。”

1948年3月，程潜到南京参与竞选副总统。副总统的选举共进行三轮，在最后一轮中李宗仁胜出，打败了由蒋介石在背后支持的孙科。

程潜并不感到意外，落选使他坚定了回湘主政的决定。1948年7月24日，程潜衔蒋之命令，从武汉回到了长沙。这一次回家乡湖南任省主席是程主动要求的，他对湖南人民在抗战和内战中所遭遇的连年兵祸、民不聊生的惨状深为痛惜。回湘主政后，即开始在湖南施行开明政策，他首先抓的是民生，让百姓先有饭吃。他的举措在湖南广受好评。

翌年，人民解放军大举南下，势如破竹，国民党政权分崩离析。程潜深明大义，经周密筹划，于1949年8月4日和第一兵团司令陈明仁将军率部领衔起义，向全国发表通电，宣布起义。

他起义，是顺应历史潮流，是在新时期发扬孙中山先生的三大政策：联俄、联共、扶助农工的实际行动，是为了和全国人民一起为建设一个独立自主、民主共和、繁荣昌盛、人民幸福的新中国。他的起义是无条件的，从此真心拥护共产党，成了中国共产党的好伙伴，好参谋。湖南和平起义之同时，程潜曾给西南各省的主席和前往香港的国民党要员发出电文信件，希望他们以国家、人民为重，早日实现和平，结束内战。他的义举，震惊中外。加速了实现全国和平统一的进程。

1949年8月底，程潜应邀赴京出席中国人民政治协商会议，商讨建国事宜。九月九日，当程潜一行抵京时，在前门火车站受到了毛泽东、周恩来、朱德、林伯渠等中共领导人的欢迎。

10月1日，程潜登上了天安门城楼，与其他党和国家领导人共同见证开国大典。中华人民共和国成立之后，百废待兴。按程潜的本意，他是希望解甲归田的，他从弃文习武、投笔从戎至内战结束，前后四十余年的戎马生涯，原非他所希望。他深知：兵者，诡道也，圣人不得已而用之的道理。辛亥革命之后，他追随黄兴办实业，未果。程潜只能顺应革命洪流向前走，走到1949年，他已经68岁，他应该可以致仕了。可现实不允许他休息，国家和人民需要他继续发挥余热，给予他崇高的荣誉，优厚的待遇。他身兼数职，晚年还一直竭诚致力于国家的建设事业，他在湖南，前后做了14年省长，在职期间他经常去基层视察工作，提出建议。

他所参与的重要建设之一是1952年的荆江分洪工程，作为中南军政委员会副主席的程潜，不辞辛劳，以70岁的高龄深入荆江沿岸考察，在掌握大量一手资料之后，他对荆江分洪提出自己的见解并提出重要意见。这些意见最后得到采用。之后，程潜将自己的见解和发言稿直呈毛泽东主席，毛赞同他的观点。

1954年，程潜参与起草和修订了中华人民共和国第一部宪法的工作，他是宪法起草委员会的成员之一。他与秘书杨慎之在北京西城成方街的住宅里，花了近半年的时间，认真研究，讨论第一部宪法草案，程潜提出了重要意见，之后在1954年9月20日通过的宪法里，他的意见全部被采用。他还于1956年11月至1957年2月，以全国人大代表团副团长的身份，与团长彭真等代表访问了苏联、捷克斯洛伐克、罗马尼亚、保加利亚等国，历时79天。

（五）

1966年，当“文化大革命”开始时，程潜感到无比震惊，他开始对国家的前途和命运无比忧虑。那时，他已闲居在家，只有靠写诗来抒怀。

1968年春节期间，程潜不幸摔了跤，之后其夫人在搀扶他时二人双双跌倒在地。1968年4月9日，程潜没有留下遗言，静静地走了。

程潜的一生宅心仁厚，崇尚简朴。他襟怀坦荡，刚正不阿，持身品高，做到了孟子所说的“富贵不能淫，贫贱不能移，威武不能屈”的真大丈夫，对祖国和人民永怀一颗赤子之心。

附录：

程潜先后有过4次婚姻，育有16名子女：

大夫人黄理珍（又名希华），生长女博廉（嫁林伯渠之弟林祖烈），次女博寿。

二夫人刘仲华，生子博乾（后改名元，曾参加湖南和平起义，时任独立团团长），三女博德（嫁黄兴之三子黄一球），四女博智，六女博信。

三夫人周劼华，生长子博洪，三子博雍（1944年抗战期间牺牲于印度拉河空军基地），五女博硕，幼子博垕（又作厚）。

四夫人郭翼青，生女6人，名依次为熙、愉、文、欣、丹、玉。

自1938年7月起，郭夫人伴随左右，照顾他的生活起居，直至他1968年4月9日辞世。

程潜之女程博愉

2020年冬

美国德州休斯敦

目录

CONTENTS

歷世悠長閱世深
婆娑塵宇度光陰
志不要名勇拂績
坦懷報國表眞忱

丁未八十五歲咏懷

程潜（1882—1968），字颂云，1882年3月31日出生于湖南省醴陵县。初习举业，晚清秀才。后弃文习武考入湖南武备学堂，继奉派日本留学，入士官学校学习炮科，后又入早稻田大学学习政治经济学。在日本结识孙中山先生，并加入同盟会。

1909年回国后，程潜经历辛亥革命、讨袁驱张、二次革命、护国护法、国共合作、抗日战争、国共内战。1949年8月4日在长沙率部起义，促成湖南和平解放。此后积极参加新中国的建设，为祖国的和平、繁荣和统一做出积极贡献。

在几十年的戎马生涯中，程潜军职无数，功勋彪炳；在建设祖国时，又担任湖南省省长，直至全国政协常委、全国人大常委会副委员长、国防委员会副主席、中国国民党革命委员会副主席、中苏友协副主席等职。

程潜性格直率坚毅、办事认真、心口如一、不苟言笑、刚正不阿。文才并茂、赋诗自遣，崇汉魏乐府，尤以五言古体见称于世，韵味深厚，格调高雅，有“军中才子”之称。“风华而天秀，实与大谢同”“谁知三军中，诗亦一代雄”。著有《养复园诗集》等书，他的书法也广为人所称道，世人以“儒将”视之。

1968年4月9日，程潜病逝，终年86岁。

程潜经历了清朝、民国、新中国三个不同的历史时期，身任要职。他一生坎坷曲折，历尽风雨沧桑，人生充满传奇。滔滔历史长河，流传着他非同凡响而又生动感人的事迹。

程　潜

(1882.3.31-1968.4.9)

第一部分

共和元勋

1882—1916

程潜，谱名衣黄，字月余，号颂云，湖南省醴陵县北乡长连冲人。1882 年 3 月 31 日（清光绪九年二月廿三日）出生于一户耕读世家，父亲程锦谊（字若凤），母亲钟氏。钟氏生子女 5 人，长子衣瑾、次子衣斯、三子衣黄（即程潜），长女德贞、次女细贞。程潜幼时家贫，父母常告诫子女应以耕读继承祖业，借读书振起家声。

1891 年 2 月，程潜入私塾习读《四书》《五经》《礼记》。在学期间，程潜思维敏捷、资质聪颖、记忆惊人，学业日进。1896 年 2 月，程潜到县城应试童生，旋补府试。6 月赴省参加院试，因时文未能入彀而落选。1898 年 6 月，程潜再次赴省应试，成功考取秀才。

1899 年 2 月，程潜赴省入城南书院就读，次年 2 月考取岳麓书院正课生。未几，戊戌政变，维新失败，庚子之乱接踵而来。程潜于此时奋笔疾书写下《壮志书》，并决定“绝不再习举业，也不应科举”，准备“弃文就武，投考武备学堂”。

1903 年 3 月，程潜考入湖南武备学堂。1904 年 8 月获湖南督府选派进京应试，考取官费留学日本。10 月，入东京振武学校学习。12 月受黄兴、宋教仁等人影响，参与组建革命同志会，从事反清救国的革命活动。1905 年 8 月加入同盟会，结识孙中山。1906 年 6 月，程潜在振武学校毕业。同年 12 月入日本陆军野炮兵第十联队当士官候补生一年。1907 年 12 月入日本陆军士官学校清国学生队第六期炮兵科学习，至 1908 年 11 月毕业后又被派往日本陆军野炮兵第二十二联队见习 3 个月。

1909 年 2 月，程潜回国，被清政府陆军部派往四川，担任新成立的第三十三混成协（旅）二等参谋官，1910 年 5 月升任一等参谋官。与此同时，他还受同盟会秘密委派，一度担任长江上游联络员。1911 年 2 月，第三十三混成协扩编为第十七镇（师），程潜升任正参谋官（参谋长）。

1911 年 10 月，辛亥革命爆发，此时正在北京计划观赏秋操的程潜毅然前往武昌参加起事。程潜抵达武昌后，受黄兴委派，协助炮兵团司令曾继梧工作，指挥龟山阵地的炮兵与清军作战。同年 11 月，程潜受黄兴委派，前往长沙从事起义部队的联络工作。

1912 年 3 月，程潜被湖南都督谭延闿任命为参谋部部长，4 个月后调任新成立的湖南陆军第六师师长兼第十二旅旅长。同年 10 月，程潜响应裁军，主动卸职前往岳阳兴办实业，但他仍秘密担任新成立的国民党湖南支部军务副主任。程潜虽离开军界，但北洋政府仍于 12 月 26 日授予他陆军少将加中将衔，以酬其参加革命之功绩。

1913 年 3 月，程潜受湖南都督谭延闿之邀重返军界，担任军事厅厅长。同年 7 月，赣督李烈钧在江西湖口起兵讨伐袁世凯，是为“二次革命”。程潜于此时积极扩编湘军准备响应起事，不料湖口起义迅即失败，程潜也因遭到北洋政府通缉，被迫避居日本，此后他一度进入早稻田大学学习政治经济，并加入黄兴开办的欧事研究会任干事，继续从事反袁活动。

1915 年 11 月，程潜奉孙中山委派秘密回国，在上海开展活动，随后又前往昆明参加“护国运动”。1916 年 2 月，程潜被云南都督府委任为湖南招抚正使，率兵一营进入湖南境内召集旧部起事。4 月 26 日，程潜在靖县被推举为护国军湘军总司令，两天后誓师讨袁，接连击败湘督汤芗铭的北洋军队，兵锋直指长沙。7 月，程潜率部光复长沙，并将所部改编为湖南陆军第四师，自己改任师长。同年 9 月，重掌湖南军政大权的新任督军谭延闿宣布裁军，程潜因湖南政局混乱，各路派系争权夺利，便主动辞职闲居上海，虽再次脱离军界，但北洋政府犒其劳，仍授予他二等文虎章（10 月 9 日），并晋授陆军中将（12 月 1 日）。

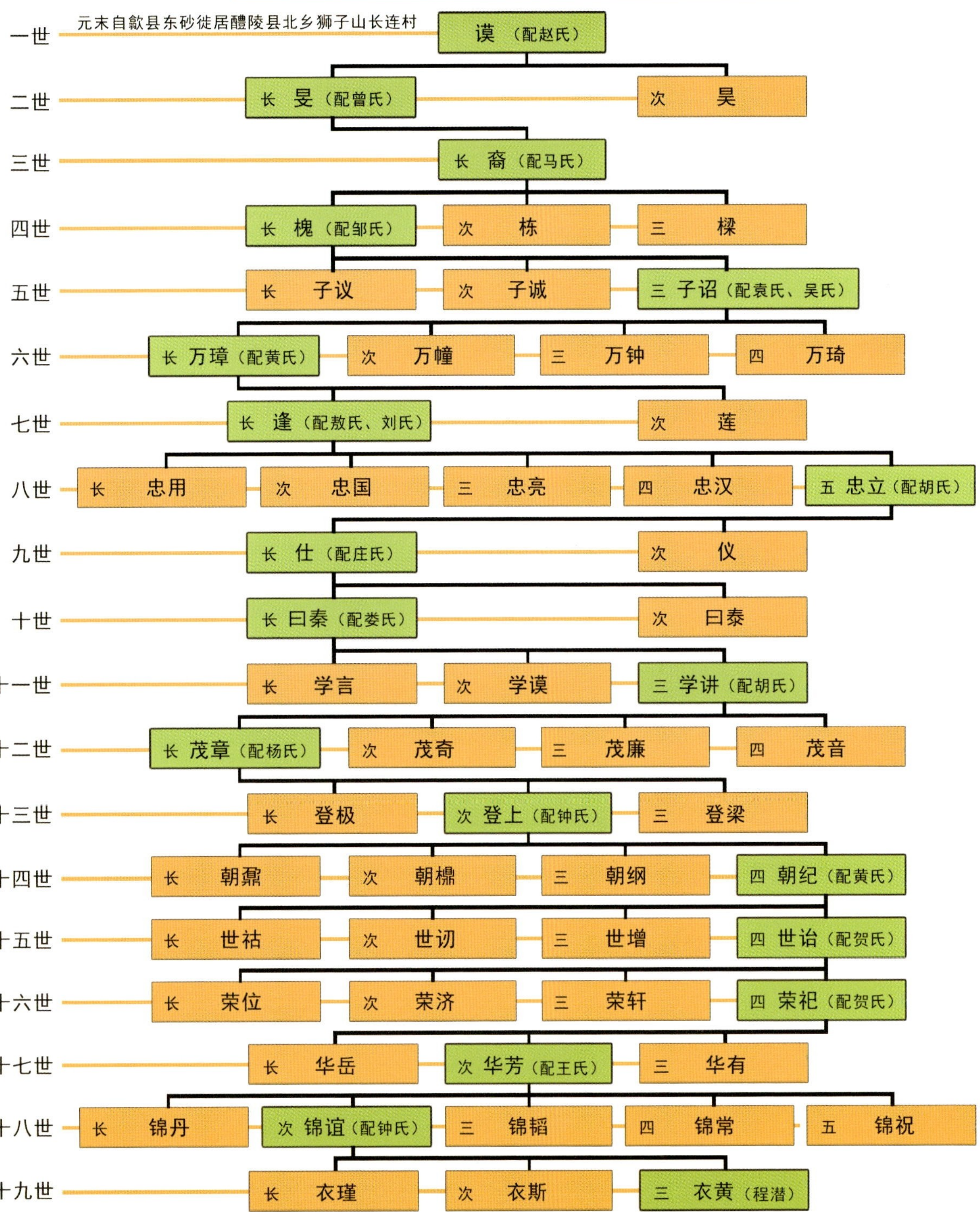
醴北程氏家族世系图
一世 元末自歙县东砂徙居醴陵县北乡狮子山长连村
谟（配赵氏）
二世
长 旻（配曾氏）
次 昊
三世
长 裔（配马氏）
四世
长 槐（配邹氏）
次 栋
三 樑
五世
长 子议
次 子诚
三 子诏（配袁氏、吴氏）
六世
长 万璋（配黄氏）
次 万幢
三 万钟
四 万琦
七世
长 逢（配敖氏、刘氏）
次 莲
八世
长 忠用
次 忠国
三 忠亮
四 忠汉
五 忠立（配胡氏）
九世
长 仕（配庄氏）
次 仪
十世
长 曰秦（配娄氏）
次 曰泰
十一世
长 学言
次 学谟
三 学讲（配胡氏）
十二世
长 茂章（配杨氏）
次 茂奇
三 茂廉
四 茂音
十三世
长 登极
次 登上（配钟氏）
三 登梁
十四世
长 朝鼐
次 朝[illegible]
三 朝纲
四 朝纪（配黄氏）
十五世
长 世祜
次 世讱
三 世增
四 世诒（配贺氏）
十六世
长 荣位
次 荣济
三 荣轩
四 荣祀（配贺氏）
十七世
长 华岳
次 华芳（配王氏）
三 华有
十八世
长 锦丹
次 锦谊（配钟氏）
三 锦韬
四 锦常
五 锦祝
十九世
长 衣瑾
次 衣斯
三 衣黄（程潜）

家訓

蓋聞國有典鄉有約家有訓由來尚矣先夫子四箴垂訓視聽言動古今不渝際茲歐風亞雨徧及山陬海隅所謂習俗移人賢者不免我先祖曾傳家訓諄諄焉詔我後嗣編列爲十六則詢家教之要領保族之良規也後人覯感之擴行之庶文明之族理學之裔其家聲爲不墜云

修祭典

醴北程氏家训

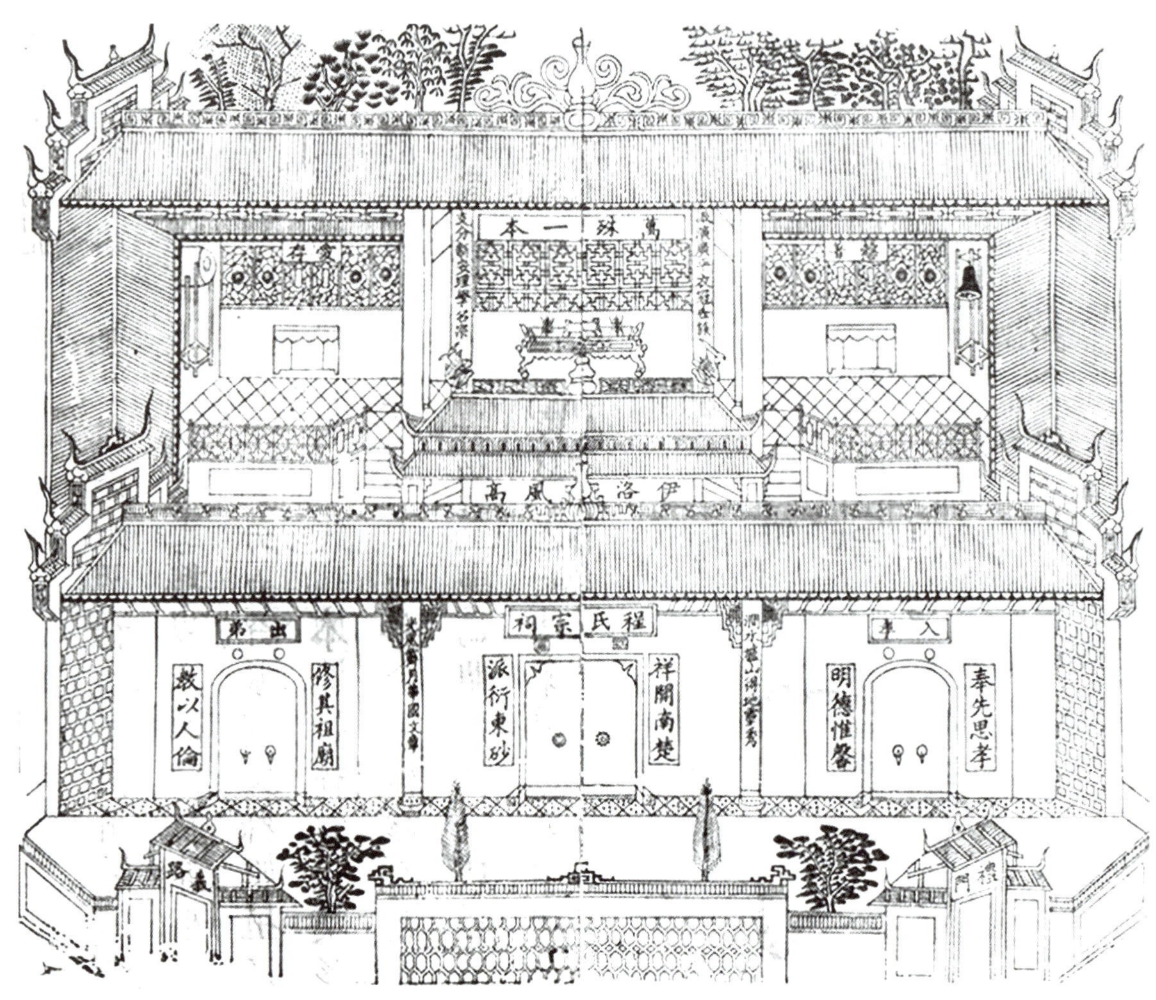

醴北程氏宗祠绘图

醴北程氏，源自于风姓，为重黎之后。据《通志·氏族略》记载，商朝时，封重黎之后于程国（今河南洛阳）。商纣王时，重黎后裔伯符为大夫，因纣王无道，遂离商投周，并向周武王进献“三异之瑞”，即“泰山之车、井中之玉和双穗之禾”。周武王以此功奉伯符于广平（今河北鸡泽），伯符遂重建程国，其子孙便以国为氏，称程姓，并尊程伯符为程姓始祖。

程姓，在春秋时期已经分布于河北鸡泽、河南洛阳、邯郸、陕西咸阳等地。至秦汉时期，又繁衍至四川邛崃、浙江义乌、江西南昌。三国时，程姓后裔遍布华北长城以南地区。至东晋时，有程元璋之后自洛阳迁居安徽歙县，就此繁衍生息，直至元朝。

元朝末年，战乱不断。歙县程谟为避战火，举家迁往湖南醴陵，此即为醴北程氏之始。程潜，即为醴北程氏之第十九世后裔。

十九派

錦誥三子

衣黃

字月餘號頌雲學名潛　清光緒八年壬午二月十三未時生　學歷　清邑文庠生　湖南武備學堂第一期步兵科畢業　日本士官學校第六期砲兵科畢業　經歷　四川三十三混成協中校一等參謀四川第十七鎮上校正參謀官漢陽總司令部少將砲兵指揮湖南都督府中將參謀部長湖南第六師師長兼任十二旅長湖南都督府中將軍事廳長護國軍政府上將湖南招撫使總司令讀法軍政府上將湘軍總司令兼任湖南省長軍政府陸軍部中將次長總統府陸軍部中將次長總統府陸軍部上將部長大總統府上將黃埔總司令江門大本營辦事上將主任大本營上將軍政部長建國攻鄂軍上將總司令東征軍第三縱隊司令國民政府委員國民革命軍第六軍軍長中央政治會議委員軍事委員會委員國民革命軍江右軍總指揮國民革命軍第二路總指揮國民革命軍第二方面軍總指揮國民革命軍第四路總指揮軍事委員會常務委員軍事委員會主席委員兼任兩湖政務委員會主席國民政府委員中央政治委員會委員國防委員會主任委員國民政府參謀本部總長中國國民黨中央執行委員會第一二三四屆執行委員

醴北程氏六修族譜　卷一　仕分宏開公支下齒錄　八九　崇本堂

二十派

衣黃之子

娶

黃氏

瀏西馬家衝鼎七之女字希華　清光緒八年壬午五月十七亥時生

子二　長殺殤　載雍

女三　長傳廉適臨澧縣林祖烈　次傳壽適浙江清田縣鄒爾康　三傳信待字

載雍

字博勇　民國十二年癸亥正月十二午時生

十八派

華芳三子

錦韜

字若樑　清咸豐四年甲寅十一月二十午時生歿失記葬對門衝鐵坡艮山坤向

程潛在《醴北程氏族谱》中的记载

程潜的家乡，湖南省醴陵县北乡官庄长连冲（摄于 2015 年）

程潜之女程熙绘制的老屋图

1882 年 3 月 31 日（清光绪九年二月廿三日），程潜出生于湖南醴陵县北乡长连冲村的一户耕读世家。程潜祖父程华芳（字兰林）、祖母王氏，父亲程锦谊（字若凤，华芳次子），母亲钟氏。钟氏生子女 5 人，三子依次叫衣庆（字吉如）、衣斯（字昭如）、衣黄（字月如，即程潜），两女叫德贞、细贞，程潜最小。幼时家贫，父母经常告诫程潜兄弟，应以耕读继承祖业，借读书振起家声。

1891 年 2 月，当时程家家境稍宽，父母即送程潜入私塾，随同宗前辈程寿峰习《四书》《五经》。程潜思维敏捷、资质聪颖、记忆力惊人，学业日进。1894 年，程寿峰在距程家十余里许的南竹坡钟姓家开馆，召集程、钟两姓成年子弟授课，这是读寄宿的经馆，程潜年龄最小。10 月底散学时，读完了《礼记》时文，学业日有进步。

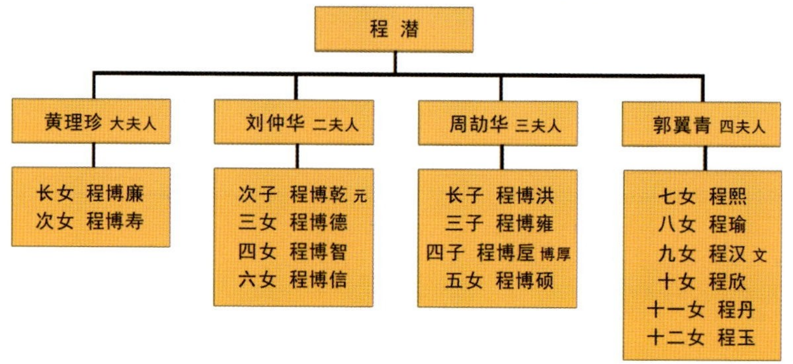

1896年2月24日，程潜到县城应考童生，旋补府试。6月，程潜同老师由浏阳普迹搭船赴省，同船28人，都是应试学子。有浏阳人张某见他年少，即出一上联，要他属对。张某说："浏水同舟，偶合营台列宿。"程潜即时对作："青云得路，高折桂林一枝。"张某高声朗诵，连说："对得好，对得妙。他日必成大人物！"一时同舟之人，莫不同声赞美。这次院试的题目是《园囿污池沛泽多》。程潜的时文不能入彀，应考院试落选。1898年6月，程潜再次赴省应试，终考取秀才。

1900年2月，程潜考取岳麓书院正课生。他不想在岳麓住斋，于5月端阳节后移居城内落星田鲁班庙。庙中老僧常静，佛学精湛，对程潜言讲："欲作大人物，研究阳明学，甚是有益于身心。但理学家援释入儒者，大有人在，王阳明即其中之一。必须诵读法华，华严诸经，使人心境开朗，而后可收知行合一之效。"从此在闲暇时兼读佛经，以至数年后佛学精深，尤其崇玄奘大师的法相宗（即唯识宗）。

程潜求学期间，腐朽的清王朝历经戊戌政变、维新失败、庚子之乱，使国家形势危机四伏。程潜受时局影响，毅然决定弃文习武，他写下《壮志书》，寻求救国图强之路。

1903年3月，程潜以第一名的成绩考入湖南武备学堂第一期，他刻苦用功，进步颇快，学习学科，均无滞碍，农历年终考试，名列前茅。

岳麓书院旧影

湖南武备学堂旧影

壮志书

我的志向如下：

一、中国自鸦片战争失败后，备受外国的政治经济侵略。辱莫辱于英法进攻广州之役，叶名琛以昏愚腐朽，拱手为英人掳去，而不复返；耻莫耻于英法攻陷塘沽之役，僧格林沁轻躁妄动，惨遭失败，火烧圆明园；痛莫痛于甲申之战，清政府事权纷乱，法国不费吹灰之力，而夺去越南，顿失南疆的藩篱；惨莫惨于甲午中日之战，李鸿章所部海陆军失利，政府屈膝求和，割让辽东半岛和台湾，虽由列强假言仗义，保存辽东半岛，而主权领土，俱达损失无遗。嗣是英租九龙，虎视两广，囊括长江上下游，并由印缅进窥西藏；法占广州湾，进犯云南，席卷川黔；德国横占胶州，觊觎山东；俄人强侵旅顺，驻兵东北；美国高唱中国门户开放，利益均分。最近庚子动乱，八国联军，攻破北京，迫使李鸿章签订卖国条约，列强划分势力范围，瓜分中国之祸，痛切燃眉，一旦实施，无论远近，同归于尽。岂有血气者所能坐视？

二、中国政治腐败，人心昏愚，由来已久。远植根于首创愚民政策的朱元璋，崇信朱熹尊君抑民学说，取四书朱句，创立八股文程式，定为科举取士，使举国人民的才智消磨和束缚于四书讲义中，谓以此法可使天下英雄尽入其彀中，足以保其帝王万世之业。熟知朱明之亡，亡于黑暗愚昧，远不敌农民起义的李自成。清兵入关，蹈袭其术，变本加厉，内外巨工非八股出身不用。中国学术黑暗历五百数十年之久，不见天日，古谚有之曰："痛莫痛于女子缠足，惨莫惨于男子缠心。"而其结果使普天率土之人，沦于奴隶。皮将不存，生将焉附？洪杨揭竿而起，一夫发难，天下响应，莫敢谁向？曾胡左李，利用地主富农民20余年之力，始得削平。嗣是外患频临，经济枯竭，文嬉武湉，民穷财困。藉日除旧革新，改试策论。殊不知策论而与八股同一空虚，即使文如韩柳，才过欧苏，在当时亦不发生作用，在今日更不能捍卫国家，而救危亡，自可断言根本之论端，尽在学校振聋发聩。固非旦夕所能行，亦非旦夕所能成。有志者能不早图奋起？

三、我家世代务农，我祖我宗耕田而室，凿井而饮，日出而作，日入而息，原不与闻国政。我父含辛茹苦，谋得衣食，促足自给。即使我变为士人，亦不过希望我读书成名，籍光门第而已。我今年年满20岁，已既冠矣。我自9岁发蒙，11岁开始学习八股时文，到14岁前后4年间，朝夕揣摩，煞费苦心，求得奥秘，而不知其长行黑路，虚浮无用，空费光阴。15岁至19岁前后5年间，尽力贯通经史，旁及诸子百家，兼修古文诗词，素以通博自豪，目空今古，仅于戊戌获得一矜。以后滔滔岁月，一无成就。殊不知古文诗的虚浮不切实用，亦与八股同。最近研究阳明学律，已修身遇事，以实践为古。经过庚子变乱，使我爱国之心与日俱增，且深感人我关系尤为重大，无有国家，既无己身，无有人亦无有我。人生于世不耕而食，不织而衣，这衣食之所来何等艰难。我对国家对人类不尽我其所能力，何以为人？若谓所以博通经史，为己乎？为人乎？为国乎？经史死物，不能致用。善作文章，有益于人乎？有益于国乎？有益于己之心身乎？文章也是死物，既不能衣，亦不能食，徒为欺世之具而已。

中国今日从外患来说，凶恶的欧美资本主义，挟其政治经济军事文化的优势力量，肆行侵略中国，图尽化为彼之殖民，物以饱其狼虎之欲。迄至狼虎利害冲突，势不相下，尔后划分势力范围，造成瓜分之局。一旦付之实施，必将举国悉受其祸，此为举世凡有血气者，之所不能忍受之侵侮。我自问：为有血气者，自然不能忍受。从内忧来说，惨恶的愚民政策，残虐的腐败政治，消磨举国的才智，俟成为毫无所知和毫无所能的蠢冢，酿成无法无天，贪暴成风的世界。此又为凡有血气者之所不能忍视的现象。我自问：为血气者当然不能忍视。外侮如此其极，应当准备有以御之；内忧如此其深，应当设法有以平之。而我自顾一无所知，一无所能，与彼八股之徒同，既无真学问，亦无真本领，未足与言削平弥天患难。曾闻有人自费出洋，研求学问，而我以农民之家，无此资斧。亦闻政府间常派遣学生外洋留学，而我为一乡村秀才，决不能分配及我。我反复思维，惟有弃文就武，投考武备学堂，前途或无阻碍。从今以后，决不再习举业，也不应科举，断然结束我十余年研究中国经史及文学的生涯。

程潜

在日本留学时期，程潜（左）与同学雷崇（中）、李烈钧合影

位于日本东京的陆军士官学校旧影

清政府为编练新式陆军，从 1901 年开始陆续选派优秀青年留学日本学习军事。程潜因在湖南武备学堂成绩优异，于 1904 年 7 月通过考试获官费资助前往日本留学。

8 月，程潜等选派日本的留学生在监督赵理泰的率领下东渡日本。10 月，入东京振武学校，补习学科和日文。在此期间，他先后结识黄兴、宋教仁、李根源、李烈钧等革命志士。在这些人的影响下，程潜于同年 12 月参与组建革命同志会，1905 年 8 月加入同盟会。1907 年 3 月加入“铁血丈夫团”。

介绍程潜加入同盟会的仇亮

同盟会总会章程草案

同盟会成立时的成员合影

1905年8月20日，中国历史上第一个统一的政党——中国同盟会在日本东京成立。程潜受到黄兴、宋教仁、仇亮等人的影响，在仇亮的介绍下加入同盟会，并在谒见孙中山后一生都服膺于三民主义。

对于这一段经历，程潜回忆道："我加入同盟会不到几天，仇亮引导我到东京赤坂区灵南坂日人金弥宅，谒见孙中山先生。先生态度和蔼可亲，与同志谈，谆谆不倦。我请面示革命方略，先生指示三点：

一，首先打到自己脑海中的敌人，抛弃富贵利禄的观念，树立爱国家爱人民的思想，服膺主义，不与敌人妥协。

二，革命军占领地区，必须立即成立政府，以为号召，即使占领地区小至一州一县，亦应如此。

三，慎选革命基地，以发展革命力量……此外，他还讲了许多有关革命的道理与经过，我都能有所领会。自从我亲聆这次教诲以后，一时思想大为开朗，从此衷心服膺三民主义，并心悦诚服地佩服先生。"此情此景，印象深刻，至今不能忘怀。

第六期清國學生卒業試驗考科列叙表

氏名	原隊	出身	教授科目 戰術學	教授科目 兵器學	教授科目 築城學	教授科目 地形學	教授科目 戰術實施	教授科目 小計	訓育科目 教練	訓育科目 技術(馬術 劍術 体操)	訓育科目 小計	躬行	前期試驗總点十分ノ一	總計	病	罰	前期試驗列叙	新列叙
葛光炷	十一	安徽	一二四	一一〇	一二三	一二一	一四三	六二一	一一五	一三一	二四六	一二三	一三八	一一三八			一五	二五
孫永安	十二	雲南	一三八	一一四	一一三	一一七	一三五	六一七	一一五	一三七	二五二	一二六	一三二	一一二七			二三	二六
趙恆惖	十	湖北	一二二	一一三	一一七	一三九	一一五	六〇六	一二三	一二九	二五二	一二六	一二五	一一二九			一七	二七
鐘禹基	十二	廣東	一二七	一二〇	一二六	一二五	一一五	六一三	一一三	一三七	二五〇	一一六	一三三	一一二二			二二	二八
田遇東	十二	直隸	一二二	一一九	一二七	一二〇	九八	五八六	一四三	一三〇	二七三	一一〇	一二八	一〇九七			二八	二九
周宗祥	十二	直隸	一三六	一一九	一三九	一三七	一一〇	六四一	九三	一二一	二一四	九八	一三五	一〇七八			三二	三〇
李烈鈞	十一	江西	一一三	一〇六	一一三	一二〇	一二九	五八一	一二〇	一一五	二三五	一三四	一二四	一〇七四			三四	三一
程潛	十	湖南	一一四	一〇五	一一七	一三三	一〇七	五七六	一一八	一二七	二四五	一二四	一二八	一〇七三			二六	三二
蘇澳圖	十	廣東	一二八	一〇五	一一四	一三〇	九五	五七二	一一八	一三三	二五一	一二四	一二五	一〇七二			三一	三三
得全	九	北京	一五二	一四七	一六九	一四五	一四〇	七五三	一四〇	一三七	二七七	一三七	一四二	一〇三八			一二	三四
武滋榮	十二	山西	一〇七	一〇四	一一八	一一〇	一二五	五六四	九五	一二四	二一九	一〇七	一三五	一〇一五			三五	三五
顧祥麟	十	山西	一一二	九三	一二〇	一一二	一二三	五六〇	一〇三	一二九	二三二	一〇六	一二〇	一〇〇八			三九	三六

程潜在日本陆军士官学校的毕业考试成绩

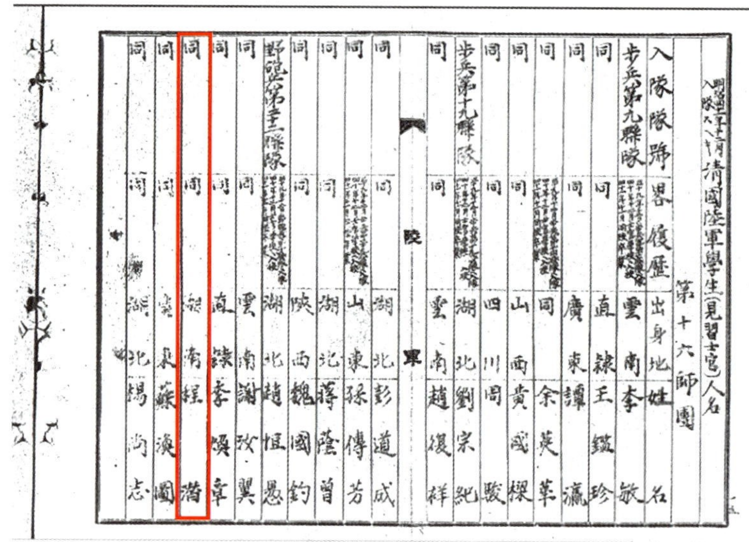

入隊ノ清國陸軍學生(見習士官)人名

第十六師團

入隊隊號	略履歷	出身地	姓名
步兵第九聯隊		雲南	李敏
同	同	直隸	王鐵珍
同	同	廣東	譚瀛
同		同	余英華
同	同	山西	黄國樑
同	同	四川	周駿
步兵第十九聯隊		湖北	劉宗紀
同	同	雲南	趙復祥
同	同	湖北	彭道成
同		山東	孫傳芳
同	同	湖北	蔣陰曾
同	同	陝西	魏國鈞
野砲兵第十三聯隊		湖北	趙恆惖
同	同	雲南	謝汝翼
同	同	直隸	李煥章
同	同	湖南	程潛
同	同	廣東	蘇澳圖
同	同	湖北	楊尚志

程潜进入部队见习时间，以及入学、毕业时间的档案记录

1906 年 6 月，程潜在振武学校毕业。12 月被分配到日本陆军野炮兵第十联队见习一年。1907 年 12 月入日本陆军士官学校清国学生队第六期炮兵科学习。1908 年 11 月毕业后，入日本陆军野炮兵第 22 联队见习 3 个月，于 1909 年 2 月回国。

根据陆军学生游学章程规定，留日学生学成回国后，“由练兵处就其历年所学，进行考试，最优者奏请授职守备，次者授千总，再次者授把总”。

程潜回国时，有位朋友李钟奇正在川督赵尔巽处当幕友，于是将程推荐于赵。因此，程潜在未经考试的情况下，不用前往北京参加考试，便在赵尔巽的调令下，得以免考赴川任职。

程潜在日本陆军士官学校的毕业照

阎锡山　李烈钧　唐继尧　李根源
顾品珍　赵又新　张开儒　罗佩金
庾恩旸　胡谦　赵恒惕　孙传芳

日本陆军士官学校“清国学生队”第六期部分优秀毕业生。阎锡山与程潜一同加入“丈夫团”，在北伐和抗战时期共事；李烈钧作为程潜的亲密战友，不仅是影响他走向革命道路的重要人物之一，还长期在军政府和国民政府共事；唐继尧、李根源、顾品珍、赵又新、张开儒、罗佩金、庾恩旸都与程潜在护国战争时期共事，其中又属李根源与程潜关系最好；胡谦于北伐时期曾为程潜部属；赵恒惕、孙传芳虽然是程潜同学，最终却走上了截然相反的道路。

程潜就读的日本陆军士官学校“清国学生队”第六期，共毕业198人，其中步兵科111人，骑兵科23人，炮兵科39人，工兵科17人，辎重兵科8人。这些毕业生在回国后大都被派往全国各地成立的新式陆军中服务。除了程潜之外，第六期毕业生中较为著名者有：胡谦、孙传芳、张华辅、赵又新、李根源、刘存厚、罗佩金、周骏、阎锡山、孔庚、叶荃、姚以价、张开儒、卢香亭、顾品珍、朱绶光、韩麟春、温寿泉、庾恩旸、周荫人、唐继尧、赵恒惕、李烈钧等人。辛亥革命爆发后，程潜和他的大部分同学都参加了起义，少部分满族同学则站在了对立面。中华民国成立后，又因南北之分，有的跟随孙中山继续革命者，有的投入北洋阵营者，还有的成为割据一方的骑墙派。

在同期同学中，程潜与李烈钧、李根源、罗佩金、叶荃等人关系较为密切。1913年“二次革命”爆发时，程潜就在长沙与湖口起义的李烈钧遥相呼应。1915年“护国战争”时，程潜因与滇籍同学相交甚厚而得以顺利加入护国军，与护国名将蔡锷共同作战。在之后的护法、东征、北伐诸役中，程潜又与这些老同学们并肩作战，为南京国民政府统一全国立下了汗马功劳。

程潜回国后经上海，乘轮船溯江西上，至宜昌买舟，船行甚缓，半月始达万县。两岸悬岩陡壁，三峡之险，时为冬雾所障，风景绝佳，心旷神怡。到万县后，改由陆路北行，半月始达成都。在川督赵尔巽安排下，程潜被任命为陆军第三十三混成协二等参谋官。

第三十三混成协新任统领朱庆澜素有廉洁勤敏之名，他与程潜相处颇为融洽。赵尔巽将扩编新军的任务交朱庆澜筹划时，朱随即推荐程潜担负购买枪炮器材服装的任务，程便带领两个随员，于 1909 年 11 月从成都出发。1910 年农历新年，程潜一行 3 人抵达上海，向有关方面洽购枪炮器材服装，均称顺利。4 月间，在沪任务完成后，程潜便命随员先行返川，他告假一月回湘省亲。路过长沙时，正逢“抢米风潮”结束，他认为“万里云程初发轫”，革命前途，大可乐观。程潜在醴陵老家住了半个月，便返回部队。

1910 年 5 月 3 日（农历三月二十四日），程潜升任一等参谋官。1911 年 2 月，第三十三混成协扩编为陆军第十七镇，程潜升任正参谋官（即参谋长）。

要摺

軍諮處奏續派各省參謀人員摺

奏為照章加札派充各省參謀人員繕單恭摺仰祈聖鑒事竊臣處奏定陸軍參謀章程內開各參謀官均直隸於軍諮大臣所有各鎮協參謀官及參謀處總辦幫辦差缺均由臣處遴員派充隨時奏聞歷經辦理在案查現在各省參謀處總辦幫辦及各鎮協參謀官在本處定章以前或係遴派陸軍出身人員或即以本省現任司道及候補文職派充體察各省情形自應姑准照舊供職惟臣處統轄全國參謀人員關係軍國重要事宜均由各參謀官直接報告函應加札委派方足以備考察而專責成所有應行加札委派各參謀官緣由謹繕單恭摺具陳伏乞皇上聖鑒謹奏宣統二年三月二十四日奉旨依議欽此

謹將加札委派各省參謀人員銜名分別開單恭呈御覽　近畿　分省補用道彭懋潛　直隸　日本士官學校畢業生陸錦　江蘇　補用道袁世輔　江北　武備學堂畢業生鄒玉春　安徽　分省補用道覃啓堯　江西　補用道張孝煜　河南　特用道胡翔林　湖南　按察使周儒臣　福建　按察使鹿學良　福建　鹽法道陳劉　廣東　日本士官學校畢業生吳錫永　廣西　候補道莊蘊寬　雲南　日本士官學校畢業生胡景伊　四川　日本士官學校畢業生吳鍾鎔　陝西巡警道張瀛　新疆　鎮迪道榮霈　奉天　日本士官學校畢業生管雲臣　伊犁　候補知府賀家棟　西藏　四川候補道羅長綺　以上各員均派參謀處總辦　直隸　日本士官學校畢業生童煥文　浙江武備學堂畢業生楊立言　四川　日本士官學校畢業生施承志　吉林　兵備處幫辦陳嘏章　以上各員均派參謀處幫辦　第一鎮武備學堂畢業生黃式樾　第二鎮　日本士官學校畢業生賈德耀　第四鎮　日本士官學校畢業生趙學方　第五鎮　日本士官學校畢業生上官雲勛　第六鎮　軍官學堂畢業生魏宗瀚　第八鎮　分省補用道劉錫祺　第十鎮　日本士官學校畢業生王麒．第二十鎮　日本士官學校畢業生李本唐　以上各員均派正參謀官　第二混成協　武衛軍學堂畢業生趙慶恭　第二十三混成協　日本士官學校畢業生程潛　以上各員均派一等參謀官　第二鎮　陸軍速成學堂畢業生高鼎官　第三鎮　軍官學堂畢業生孫岳　第四鎮　武備學堂畢業生于鳴珂　第六鎮　軍官學堂畢業生夏文榮　第八鎮　將弁學堂畢業生陳雲岫　第九鎮　日本士官學校畢業生蒲鑑　第十鎮　試用通判吳燮　第十九鎮副軍校吳際昌　第二十三混成協將弁學堂畢業生佘道南　第二十五混成協日本士官學校畢業生曾繼梧　第二十九混成協　參謀學堂畢業生熊炳琦　第三十三混成協　日本士官學校畢業生姜登選　以上各員均派二等參謀官　第一鎮　陸軍速成學堂畢業生穆山　第二鎮　武衛軍學堂畢業生邱鴻銓　第三鎮　武衛軍學堂畢業生賀德昌　第四鎮　陸軍速成學堂畢業生武殿奎　第五鎮　水師學堂畢業生方汝梅　第九鎮

程潜被任命为陆军第三十三协一等参谋官的档案记载（注：文中将第三十三混成协误作为第二十三混成协）

驻守成都的第十七镇步队第六十七标士兵

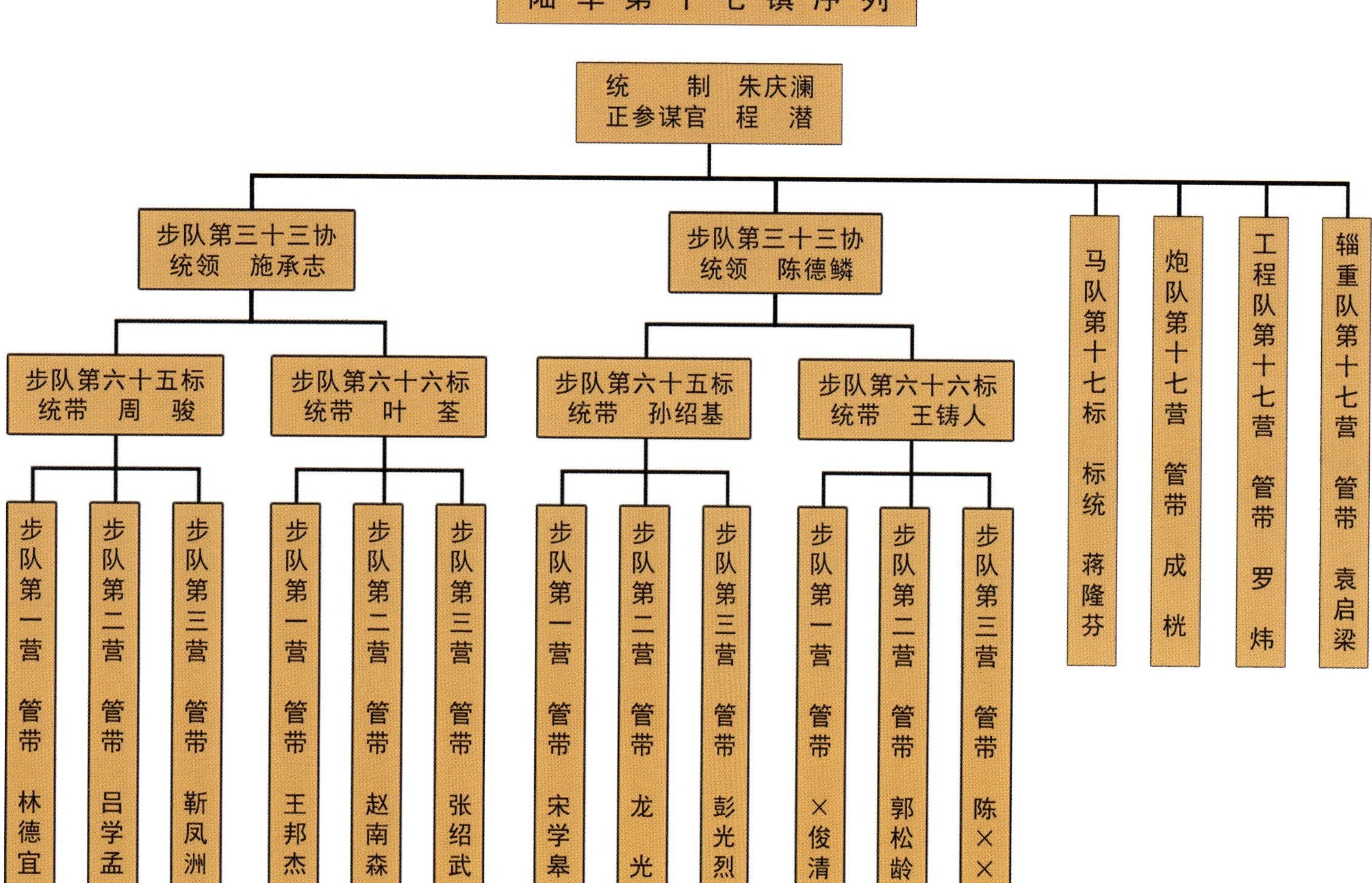

陆军第十七镇由陆军第三十三混成协扩编而成，其武器装备大都为日械，辅以少数川造毛瑟枪、汉造五子钢枪，马队战马由青海购得。步队两协四标和特科部队的下级干部，大部分由武备学堂、陆军速成学堂、陆军弁目队、官弁学堂的毕业生充任，此为第十七镇的基干力量。但由于统制朱庆澜上任时带来三十余人充任各级官佐，导致这支四川部队中的川籍统带仅一人，川籍管带仅数人，此举妨碍了大批川籍军官的升迁道路，使部队内部分为外籍军官与川籍军官两派，彼此矛盾不断，为后来的成都兵变埋下伏笔。

程潜虽担任陆军第十七镇正参谋官，但由于父亲在1911年6月因病去世，便告假返乡奔丧。事毕，程潜奉命前往北京观操，但行至中途，辛亥革命事起，他便日夜兼程地火速赶赴武昌参加举事。

辛亥革命开始后，起义部队迅速占领湖北省谘议局，将此处临时作为司令部

辛亥革命开始后，隐藏在树林中的炮兵

1911年11月7日，程潜抵达武昌参加辛亥革命。当时战局非常紧张，自10月10日起义爆发后，清廷起用袁世凯派兵南下，于11月2日攻陷汉口。黄兴在危急时出任战时总司令，率起义部队退守汉阳，思图反击，收复汉口。正需要人手之际，程潜赶到了。黄兴非常高兴，他告诉程潜，汉阳战役关系很大，如能一战而胜，则革命形势即可稳定。当即便请程潜协助炮兵司令曾继梧指挥炮兵团，并担任龟山炮兵阵地指挥，参与汉阳战事。

程潜慷慨受命，立即随曾继梧至龟山察看炮兵阵地，并选定指挥部。11月14日，黄兴召集会议商议收复汉口。会上，多数人主张速攻，程潜却力主利用长江天堑，借助各省响应独立的声势，做防御中的攻势准备，一边派得力部队渡襄河扰敌侧背牵制敌人，使清军不敢一意进攻；一边待援等候敌人内部变乱。遗憾的是，这个建议未被黄兴采纳。

1911年11月，清军进攻汉口城后，与起义部队展开激烈的巷战。其后冯国璋下令焚城，大火燃烧了三昼夜，城区留下一片废墟

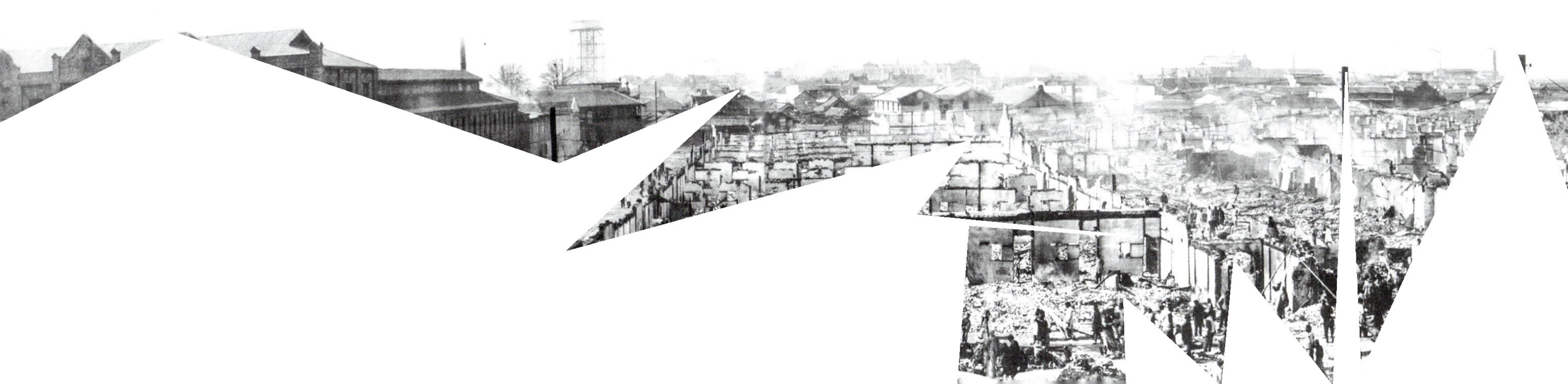

汉口作战中的起义部队炮兵

武昌起义时设立的指挥部旧址（现为辛亥革命博物馆）

阵地作战的起义部队士兵

1911 年 11 月 16 日，黄兴下令次日拂晓反攻汉口。17 日拂晓，程潜指挥龟山阵地的炮兵向清军大智门前哨阵地轰击，掩护步兵进攻。一开始，起义部队在程潜等人指挥的炮兵火力掩护下进展顺利，但战斗至正午时分，起义部队突然有一部分自行后退，致使进攻受挫，影响全军，各部队纷纷溃退，进攻汉口宣告失败。27 日，程潜奉黄兴之命前往湖南长沙，联络长沙起义部队，继续准备力量。

就在武汉战局陷入僵持时，指挥清军镇压起义部队的袁世凯却突然采用卑鄙手段一方面向清廷逼宫，一方面派遣代表提出与起义部队和谈，宣称支持共和，诱使革命党人同意由袁出任中华民国临时大总统。

在此情况下，宣统皇帝于 1912 年 2 月 12 日退位。13 日，孙中山辞去临时大总统职务。3 月 10 日，袁世凯在北京就任中华民国大总统，辛亥革命的胜利果实被其窃取。

奉
旨朕欽奉
隆裕皇太后懿旨前因民軍起事各省響應九夏沸騰
生靈塗炭特命袁世凱遣員與民軍代表討論大局
議開國會公決政體兩月以來尚無確當辦法南北
睽隔彼此相持商輟於途士露於野徒以國體一日
不決故民生一日不安今全國人民心理多傾向共
和南中各省既倡議於前北方諸將亦主張於後人
心所嚮天命可知予亦何忍因一姓之尊榮拂兆民
之好惡是用外觀大勢內審輿情特率皇帝將統治
權公諸全國定為共和立憲國體近慰海內厭亂望
治之心遠協古聖天下為公之義袁世凱前經資政
院選舉為總理大臣當茲新舊代謝之際宜有南北
統一之方即由袁世凱以全權組織臨時共和政府
與民軍協商統一辦法總期人民安堵海宇乂安仍
合滿漢蒙回藏五族完全領土為一大中華民國予
與皇帝得以退處寬閒優游歲月長受國民之優禮
親見郅治之告成豈不懿歟欽此
宣統三年十二月二十五日
內閣總理大臣臣袁世凱
署外務大臣臣胡惟德
民政大臣臣趙秉鈞
署度支大臣臣紹英假
學務大臣臣唐景崇假
陸軍大臣臣王士珍假
署海軍大臣臣譚學衡
司法大臣臣沈家本假
署農工商大臣臣熙彥
署郵傳大臣臣梁士詒
理藩大臣臣達壽

1912年2月12日，隆裕皇太后颁布退位诏书（南北和议拟定退位诏书，由张謇执笔，徐世昌润色），全文如下：

钦奉隆裕皇太后懿旨：前因民军起事，各省响应，九夏沸腾，生灵涂炭，特命袁世凯遣员与民军代表讨论大局，议开国会，公决政体。两月以来，尚无确当办法，南北睽隔，彼此相持，商辍於途，士露于野，徒以国体一日不决，故民生一日不安。今全国人民心理，多倾向共和，南中各省既倡议于前，北方各将亦主张于后，人心所向，天命可知，予亦何忍以一姓之尊荣，拂兆民之好恶？是用外观大势，内审舆情，特率皇帝，将统治权归诸全国，定为共和立宪国体，近慰海内厌乱望治之心，远协古圣天下为公之义。袁世凯前经资政院选举为总理大臣，当兹新旧代谢之际，宜有南北统一之方，即由袁世凯以全权组织临时共和政府，与军民协商统一办法，总期人民安堵，海内刈安，仍合满、汉、蒙、回、藏五族完全领土为一大中华民国，予与皇帝得以退处宽闲，优游岁月，长受国民之优礼，亲见郅治之告成，岂不懿欤？钦此。

宣统三年十二月二十五日　盖用御宝内阁总理大臣袁世凯、署外务大臣胡惟德、民政大臣赵秉钧、署度支大臣绍英假、学务大臣唐景崇假、陆军大臣王士珍假、署海军大臣谭学衡、司法大臣沈家本假、署农工商大臣熙彦、署邮传大臣梁士诒、理藩大臣逵寿

清王朝的终结，标志着：

1．君主专制制度的结束，资产阶级共和国被建立，中国开始了新的旅程；

2．社会的生产力逐渐的发展了起来，与此同时也促进了民族资本主义经济的发展；

3．使人民的内心发生质的改变，人们的思想逐渐开始解放，内心有了民主共和的观点；

4．中国有很多陈旧的习俗一直存在着，辛亥革命给这些陈规陋俗很多冲击，人们开始向往平等和平等；

5．帝国主义一直对中国虎视眈眈，辛亥革命后它受到了打击，辛亥革命甚至影响了整个亚洲的觉醒；

6．辛亥革命是不完善的，由此给后人留下了很多的经验教训，人们由此开始探寻比较完整的反帝反封建民族革命。

总的来说，辛亥革命把影响了中国两千多年的封建王朝统治给推翻了，开启了中华民国这一新的历程，还让人们的心中有了民主革命的思想。所以，辛亥革命即便失败了，但还是给中国带来了不可估量的意义。

1912 年 4 月 1 日，孙中山正式辞去临时大总统后与同僚合影

中华民国成立后，孙中山主动辞去中华民国临时大总统，由袁世凯继任。与此同时，出身翰林的前清官员谭延闿由谘议局局长一跃成为湖南都督。

程潜对此颇感不平，他认为“投机者捷足取得高位，有功者依然屈居下僚”。但为了安定湘局，他还是在 1912 年 3 月出任湖南都督府参谋部部长，协助谭延闿整军、裁军，继又兼任湖南陆军第六师师长兼第十二旅旅长。同年 10 月，程潜响应裁军，主动辞职前往岳阳兴办实业，但他仍秘密担任新成立的国民党湖南支部军务副主任。程潜虽离开军界，但北洋政府仍于 12 月 26 日授予他陆军少将加中将衔，以酬其参加革命之功绩。

1913 年 3 月，程潜受谭延闿之邀重返军界，担任军事厅厅长。时宋教仁遭暗杀身亡，程潜大为愤慨。4 月，黎元洪派遣代表入湘游说，声称只要程潜不反袁，许以高官厚禄，程潜严词拒绝，他默察时局，认为终有一战，便抓紧时间训练军队。

1912 年 3 月 10 日，袁世凯宣誓就任临时大总统后与部属合影

臨時大總統令

程潛董錫梁陳强黃鑾鳴張翼鵬均授爲陸軍少將並加陸軍中將銜唐蟒俞應麓劉槐森張益謙彭世安覃鑾欽葉舉陳自先王麒孫葆瑢林之夏王丕煥張仁奎楊瑞文徐寶珍申正邦何森李玉昆蘇謙王天縱何克夫任鶴年蔣國斌均授爲陸軍少將此令

大總統印

中華民國元年十二月二十六日

國務總理趙秉鈞

陸軍總長段祺瑞

程潜被授予陆军少将加中将衔的命令

臨時大總統令

湘省自毁兵以來地方頗稱安謐乃該省軍事廳長程[illegible]夥[illegible]程子楷唐蟒等暗受黃興指使擅增軍隊迭次秘密開會煽惑軍士[illegible]者均不附從近乘贛皖未靖之時逆謀愈[illegible]與長江巡閱使譚人鳳勾結土[illegible]人[illegible]與中央斷絕湘係似此甘心叛逆非徒軍界之蟊賊實爲民國之公敵[illegible]程子[illegible]唐蟒等應即褫奪軍職譚人鳳著撤去長江巡閱使並交[illegible]大義請將[illegible]各飭所部重懸賞格迅將該叛黨等嚴拏懲辦倂著各省都督民政長[illegible]一律嚴緝務獲以申法紀此令

大總統印

中華民國二年八月十日

國務總理 [illegible]
陸軍總長 段祺瑞
內務總長

“二次革命”失败后，程潜遭到北洋政府通缉的命令

▲言論之部▼

孫中山先生宣言

當南北統一之際。僕推薦袁世凱於參議院。原望其開誠布公。盡忠民國。以慰四萬萬人之望。自是以來。僕於權利所在。則爲引避。危疑之交。則爲襄助。雖激昂之士。對於袁氏。時有責言。僕之初衷。未嘗少易。不意宋案發生。袁氏陰謀。一旦盡揭。僕於當時。已將反對袁氏之心。宣布天下。使袁氏果知公義自在。輿論難誣。爾時即應辭職。以謝國民。何圖袁氏專爲私謀。倒行不已。以致東南人民。荷戈而逐。旬日之內。相連並發。大勢如此。國家安危。人民生死。胥繫於袁氏一人之去留。爲公僕者。不以國利民福爲懷。反欲犧牲國家與人民。以爭一己之位置。中華民國豈容開此先例。願全體國民一致主張令袁氏辭職。以息戰禍。庶可以挽國危而慰民望。無任翹企之至。

孙中山在“二次革命”时发布的讨袁宣言

1913 年 7 月，江西都督李烈钧在湖口宣布独立，“二次革命”随之爆发。7 月 25 日，湖南都督谭延闿宣布独立，程潜整军备战，并做好参战准备。不想赣局失利，8 月 8 日南昌失陷，李烈钧率残部千余人退守赣西，程潜急派兵接应入湘。13 日，谭延闿宣布取消独立。

9 月 1 日，张勋率领的武卫前军攻克南京，各地纷纷宣布取消独立。孙中山与黄兴、陈其美等遭到通缉，相继逃亡日本，“二次革命”宣告失败。在此之前的 8 月 10 日，袁世凯以“谋叛民国”的罪名，褫夺程潜等人的军职，并着谭延闿“各饬所部，重悬赏格，严拿惩办”。

程潜被褫夺军权后，设法保护革命同志离湘，随即迅速办理移交手续，于月底避居上海。10 月 15 日，袁世凯以北京政府总检察厅名义通缉孙中山、黄兴等“二次革命首犯”，程潜等 16 人名列其中。在此情况下，程潜于月底被迫避往日本，随后考入早稻田大学攻读政治经济。

1914 年 7 月，程潜参与商议成立中华革命党，却因反对宣誓效忠的方式而未加入。第一次世界大战爆发后，程潜与李烈钧、李根源等 20 余人，组织“欧事研究会”，探讨世界大战与中国革命的关系，程潜任干事。

早稻田大学旧影

程潜照片

1915 年 12 月，程潜奉孙中山之命自日本回到上海，1916 年 1 月 27 日抵达昆明参加“护国”。2 月 3 日，程潜率兵一营回湘召集旧部策动反袁驱汤（芗铭）。在程潜等人的运作下，新化陈光斗、邵阳胡兆鹏、武冈谢宝贤、凤凰刘光莹、溆浦舒绍亮、靖县申建藩、麻阳米子和、芷江杨玉生等掌握各县守备部队的军官纷纷接受招抚。2 月 16 日，程潜被云南都督府正式任命为湖南招抚正使。3 月 25 日，程潜率部攻占靖县。

4 月 26 日，靖县召开护国军湖南人民讨袁大会，程潜被四十八县代表推举为护国军湘军总司令，随即于 28 日宣誓就职，宣布湖南独立。5 月 3 日率部向长沙进军，连战皆捷，重创汤芗铭的北洋军。7 月 6 日，程潜率部进入长沙，其部队被改编为湖南陆军第四师。谭延闿重掌湘督后，程潜已功成身退，辞职闲居上海。

雲南都督府委狀

委任張開儒充護國第二軍第一梯團團長此狀

委任步兵旅長劉法坤兼充步兵第十六團團長此狀

委任程　潛充湖南招撫正使此狀

委任陳　強充湖南招撫副使此狀

委任耶至誠充憲兵第二區隊少校隊長此狀

委任劉國祥充駐越新編陸軍步兵營營長此狀

委任李選廷充步兵第十三團團長此狀

委任馬　驄充步兵第十八團團長此狀

委任繆嘉壽充步兵第十九團團長此狀

委任馬　鉍充步兵第二十團團長此狀

委任馬　梁充步兵第二十一團團長此狀

委任鄧　壎充步兵第二十二團團長此狀

委任林桂清充步兵第二十三團團附中校此狀

委任徐振海充步兵第二十四團團長此狀

委任廖鼎高代理騎兵團團長此狀

中華民國五年二月十六日

程潜被任命为湖南招抚正使的命令

大總統令

程潛陳強童錫梁均開復陸軍中將銜及陸軍少將原官程子楷張孝準余道南林德軒均開復陸軍少將原官此令

大總統印

中華民國五年九月十三日

國務總理陸軍總長段祺瑞

大總統令

程潛授為陸軍中將陳瓏章林修梅周偉均授為陸軍少將胡學藩蘇邦傑李仲麟盧家棟鄧步高王貴厚均授為陸軍步兵上校陳光斗授為陸軍騎兵上校此令

大總統印

中華民國五年十二月一日

國務總理陸軍總長段祺瑞

大總統令

蔡鍔楊善德丁槐曹錕[illegible]吳[illegible]湘[illegible]安[illegible]趙理泰[illegible]星垣賈文[illegible]徐恩元馮鴻逵鈕永建周道剛唐仲寅張建功王麟馬良劉傳綬鄒[illegible]保金永炎李烈鈞陸裕光柏文蔚劉顯武章榮昌林俊廷沈鴻英楊敬修趙玉珂齊耀南張國溶齊[illegible]吳士芬楊宇霆王懋賞朱廷燦來偉良李煒章曾繼梧程潛趙恆惕陳復初任鶴元李儒厚陳紹唐党仲昭任國棟高振善吳超恒楊瑞文譚慶林高在田倪毓棻馮翰甲邱昌錦張德蓀張培榮劉之潔均給予二等文虎章此令

大總統印

中華民國五年十月九日

國務總理陸軍總長段祺瑞

程潜在护国战争胜利后被北洋政府开复原授官位、晋授陆军中将，以及授予二等文虎章的命令

季夏至長沙作並序　丙辰

去年冬予以袁世凱謀稱帝歸自日本圖舉義師討之適滇前督蔡鍔入滇合滇督唐繼堯組護國軍因馳赴滇受命招撫湘南今年二月至靖縣舊部咸集被推為湘軍總司令率湘西郡縣[illegible]進駐寶慶六月袁死其黨湯薌銘猶據長沙驅部兵來戰及道林所部皆[illegible]歸湯遁全湘[illegible]定

袁[illegible]席雄勢，殘毒除異己。作意賊人群，積謀篡國紀。義旗舉天南，我行越萬里。受命撫一方，揚旌返桑梓。倡率資風聲，應和走邇遐。辰沅首歸仁，衡永旋同軌。來蘇父老歡，簞壺集軍壘。皆亡怨昏虐，爭起逐奸宄。元兇驟爾亡，彼狂失所恃。揮戈不終朝，雪我三年恥。

程潜自 1913 年 8 月遭到北洋政府通缉流亡日本，至 1915 年 12 月参加“护国运行”并取得胜利止。这 3 年的经历对程潜来说感慨万千，他在率部进驻长沙后作诗《季夏至长沙作》纪念

位于岳麓山上的黄兴墓碑

黄兴照片

黄克强先生輓詩
天地久横潰明哲回世屯所志惟胞與於心絶垢塵
萍瀏始發皇欽廉歷苦辛廣州奮威武陽夏會風雲
江表新建國胡運自兹泯功成謝軒冕長揖居海濵
雄奸圖篡竊快意肆兇殘南風偶不競百謗一身攢
幽燕集氛慝勸進飾妖言義旗揚六詔景泰終復申
首惡雖自斃餘孽尚遲頑公從海外歸元元有歡顔
忽然梁木壞宇内共悲歎嗟予隨雁行雅範夙相親
驅虜參謀議討逆預阻艱眷懷失楷模沉痛摧肺肝
道行殆由命形滅付之棺存没數所繫夭壽人無權
德音猶在耳神理初未捐作誄聊紀哀投筆淚潺湲

程潜于 1916 年 12 月前往上海吊唁黄兴、蔡锷时作诗纪念。此为《黄克强先生挽诗》

黄兴（1874—1916），原名轸，字克强。湖南长沙人。中国近代民主革命家。黄兴 22 岁中秀才，28 岁留学日本东京弘文书院。1903 年回国后秘密进行反清革命活动，参与组建华兴会、同盟会，是孙中山的得力助手，先后参与指挥钦防起义、镇南关起义、河口起义、黄花岗起义、武昌起义。

黄兴是程潜革命道路上的老领导，亦是亲密战友。武昌起义、二次革命，程潜皆坚定追随。

黄兴由于长期为革命事业奔波，积劳成疾，于 1916 年 10 月 10 日胃出血入院。10 月 31 日，因食道与胃静脉曲张破裂出血在上海去世，年仅 42 岁。孙中山亲自主持治丧活动。1917 年 4 月 15 日国葬于长沙岳麓山云麓峰下小月亮坪。

蔡锷照片

位于岳麓山上的蔡锷墓碑

蔡松坡先生輓詩

疢疾不可醫，榮華遂長已。我憑故人棺，淚落何能止。
念昔革命時，公適在南紀。登壇羣彥集，拔幟異軍起。
滇黔數百城，反正未移晷。俄然腥羶至，聞風解其壘。
功成屣施伐，端己絕塵滓。黨論徒囂囂，片言肯汙耳。
彼哉篡竊徒，勳業自摧毀。舜禹事如戲，韓彭謬相擬。
吾欽智勇人，微行聊用詭。江海萬里路，一夕入軍壘。
走也同心期，東歸先舉趾。討逆獨夫驚，首義四方喜。
一呼山可撼，三戰魄終褫。欃濁悉蕩除，重見天日美。
高名滿人口，大事載國史。長歌侑清酒，魂兮倘來只。

程潜于 1916 年 12 月前往上海吊唁黄兴、蔡锷时作诗纪念。此为《蔡松坡先生挽诗》

蔡锷（1882-1916），原名艮寅，字松坡，湖南宝庆（今邵阳）人。蔡锷 13 岁中秀才，被誉为神童。17 岁考入长沙时务学堂，成为梁启超的得意门生。18 岁留学日本时投笔从戎，立志军事救国。1911 年领导云南新军举义，出任云南都督，两年后奉调进京。1915 年袁世凯称帝，蔡锷巧计出京，回到云南发动护国起义，终成功推翻洪宪帝制。

1916年11月8日，蔡锷因病医治无效，病逝于日本福冈，年仅 34 岁。1917 年 4 月 12 日，蔡锷魂归故里，孙中山在长沙岳麓山为他举行国葬，蔡锷因此成为民国历史上的“国葬第一人”。

程潜前往昆明参加“护国战争”时，得蔡锷支持，调兵一营随程入湘举事。此后程潜在湖南战场、蔡锷在四川战场与北洋军作战，两军遨相策应，是促成护国战争的关键力量。

第二部分

护国北伐

1917—1930

1917年8月，为了恢复被北洋政府废除的《临时约法》和国会，孙中山在广州成立护法军政府，就任大元帅，“护法战争”随即爆发。同年9月，赋闲一年的程潜受孙中山委派，返回湖南招募旧部组建湖南护法军，并被推举为总司令。部队成立后，程潜挥师湘潭、衡阳，连战皆捷，重创驻湘的北洋军队，迫使湘督傅良佐仓皇逃离长沙。11月16日，程潜率部进驻长沙，一度兼任湖南省省长，不想遭到重新复权的湘督谭延闿百般阻挠。

程潜为顾全大局，率部移驻新市，又于1918年1月继续北上，攻占湘北重镇岳阳。此后，广州非常国会被西南军阀收买，被架空的孙中山愤而辞职。寓居上海，程潜也因遭到谭延闿的排挤和诬陷，被迫于1919年6月离职前往韶关，并在7月正式提出辞呈后闲居上海。

1920年11月，孙中山返回广州重组军政府，程潜追随左右，被任命为陆军部次长。1921年5月，孙中山宣誓就任非常大总统，着手组织北伐。同年10月，程潜被任命为新成立的大本营陆军部总长，他随孙中山出巡桂林，襄理戎机，为筹措北伐日夜操劳。

然而，反对北伐的粤军总司令陈炯明于1922年6月在广州发动兵变，率部围攻总统府。孙中山被迫登上“永丰”舰指挥平叛，程潜“誓秉忠贞心、一死酬盟主”，组织忠勇的陆海军官兵千余人在沙基、韶关与叛军展开激战，此后又护卫孙中山安全抵达上海。孙中山曾对人慨言，“我说颂云是血性男子，他毕竟是可共患难的啊”！

1923年2月，孙中山再次从上海返回广州，复任大元帅之职，程潜随同复出，被任命为大本营军政部部长，继续协助孙中山筹措北伐事宜。此后，程潜又陆续兼任西江善后委员、大本营军法裁判官等职，并于1924年4月开办大本营陆军讲武学校，兼任校长，培养出大批基层革命军官。同年5月，陈炯明率部兵分三路进攻广州，孙中山命程潜为东江讨贼军总指挥，指挥粤滇桂联军直攻陈部老巢惠州，于同年9月成功迫使陈炯明撤兵回救惠州，使广州转危为安。10月，程潜调任建国攻鄂军总司令，他整军经武，为北伐做好准备。

1924年1月，程潜作为国民党湖南省代表出席国民党第一次全国代表大会。1925年7月，国民政府在广州成立，程潜被任命为委员。在此之前的5月，程潜率部参与平定刘震寰、杨希闵叛乱。同年10月又率部参加东征，作为第三纵队纵队长，接连收复惠州、五华、兴宁，平定东江，为歼灭陈炯明部作出重大贡献。1926年1月，程潜当选国民党中央执行委员，建国攻鄂军也被改编为国民革命军第六军，由他继续担任军长。

1926年7月，程潜率领第六军所属第十七师和第十九师参加北伐，先后转战湖北、江西、安徽、江苏。在此期间，程潜先后被任命为北伐军中央军指挥官、第四路军总指挥、江右军总指挥、第二纵队指挥官等职。1927年3月，程潜率部光复南京，随即被任命为军事委员会委员、南京卫戍司令、第二方面军总指挥。然而仅过了半个多月，蒋介石发动“四一二”政变，在南京另立国民政府，与搬迁至武汉的原国民政府分庭抗礼，宁汉分裂。程潜因拥护汉方，被蒋介石调集部队将驻防南京的第6军包围缴械，程潜则在成功脱险后抵达汉口重建第六军。

1927年8月宁汉合流后，程潜率部对继续坚持分裂的唐生智所部发起进攻，于11月攻占汉口，担任湘鄂临时政务委员会主席。1928年1月，又率部追击唐生智所部入湘，占领长沙。同年3月，新桂系首领李宗仁为争夺湖南军政大权，与程潜发生矛盾，李借国民党中央政治会议武汉分会的名义，于5月21日将奉召抵达汉口开会的程潜突然扣押软禁，随即以“专横跋扈、把持湘政”的名义将程免职。第六军在事后虽继续反抗，但孤军奋战，加上内乱不断，终告瓦解。程潜虽然在同年12月被国民政府明令“免予查办”重获自由，但已陷入极度忧伤苦闷的他只能借诗来发泄内心的不满和痛苦，被迫在上海当起了长达7年的“寓公”。

孙中山在广州成立护法军政府后的就职合影

白湖蕩大戰攻克岳州

朔風振狂濤迴瀾恃忠貞追奔勢既得寇虜自當殲

嚴冬十二月晨起泣前營諸將環我立受命各成行

指途向岳陽攻其所必爭先趨白湖蕩猛力洞敵膺

鏖戰五日夜我鋒不可攖伏屍遍原野直抵巴陵城

哀哉甲胄士誓死秉吾誠

程潜率部占领岳州后所作诗文《白湖荡大战攻克岳州》

1917年9月1日，孙中山在广州成立护法军政府，密派程潜为湖南总司令，到湖南边境运动护法。9月18日衡宝、零陵宣布独立，推程潜为湖南护法军总司令，25日程潜只身莅衡，即被公推为总司令，26日宣布就任。湘督傅良佐急派北洋军兵分三路从湘潭向衡阳进逼，程潜一面电请护法军政府支援，一面分三路迎敌，10月6日起，护法军与北洋军鏖战于衡山、宝庆，由于护法军实力单薄渐趋失利。10月11日，程潜亲赴前线阻止败兵后退，重申军纪，依险要地形顽强阻击8昼夜，终于挫败北洋军，渐成胶着局面。

10月20日，谭浩明率粤桂联军入湘支援程潜，湖南局势立变，护法战争全面爆发。30日，护法军占领邵阳，北洋军败退，程潜即令各部不分昼夜追击，推进到湘潭、株洲一线。11月14日，湘督傅良佐逃离长沙。16日，程潜率部进驻长沙，被各界推为湖南省长，23日就任。谭延闿在上海闻讯，即向军政府抗议，反对程潜，谭浩明也表示不满，宣称“暂以联军总司令兼摄军民两政”，程潜为大局计，只好敦请谭浩明入长沙主持，并于12月8日离开长沙，改称湘南总司令，驻湘阴新市，准备进攻岳阳。

1918年1月19日，程潜率部进攻岳州要冲白湖荡，并直捣岳州，22日与北洋军两个师遭遇激战4昼夜，击败北洋军，27日克复岳州扑灭大火，28日通电收兵，不出湘境，30日通电不入鄂境。2月，北洋军援兵抵达发起反扑，程潜镇定指挥，亲率湘军主力守羊楼司正面，护法军奋力苦战。

長沙譚程兩氏交替記

譚浩明已至長沙程潛之省長（前辦中途辭退而實際則）尚執行省長職務（現程因譚已來省於前日）實行交卸省中軍民兩政由譚浩明暫行兼理（業有文電發表茲爲紀載如下）

▲譚浩明致西南各督電 南寧陸巡閱使鈞鑒雲南唐督軍貴陽劉督軍廣州莫督軍湘垣收復以從軍事繁民生凋敝前據湘中各界推任督篆當以督軍一職應俟大局解決靜候中央任命業經通電辭謝茲日來察情艱難義難忍拒爲一時權宜之計因於昨日將行營移駐省垣暫以湘粵桂聯軍總司令兼領湖南軍民兩政事宜名義維持目前秩序一俟大局平定即當班師回南稍卸仔肩謹此電陳竚候明教浩明巧印

《大公报》于1917年12月29日刊载了关于程潜卸任湖南省长、并交权于谭延闿的报道

紀湘南護法之役 并序

春間段祺瑞與黎元洪因參戰問題府院交惡段結督軍團以脅黎黎免段職更引張勳入衛以抗段勳乃藉之成復辟之舉段起馬廠李長泰師討勳克之復起主政因毀約法自便時 總理倡議護法集國會議員於廣州段復以傅良佐督湘圖南紀九月十八日予舊部湘軍第二旅長林修梅合零陵鎮守使劉建藩於湘南獨立廿五日予抵衡陽被推為護法湘軍總司令段命王汝賢范國璋等率師來攻與我軍戰於萱洲河相持兩月卒破敵軍是為湘南護法之役詩以紀之

大盜何時止。生靈困塗炭。羿死浞昇兇，卓亡傕汜亂。聯軍起南紀，相與申國憲。視聽秉民意，貞忠摧虐慢。屍橫祝融麓，血染萱洲澗。前軍呂矢絕，秋霖獲天順。慘澹偏師捷，兩狼中夜遁。飛旆逐竄逃，棄類由茲蕃。

紀羊樓峒及攸醴之戰 并序 戊午年 民國七年

去年冬予自衡陽克長沙段祺瑞因自劾去職而李奎元盧金山孫傳芳諸部猶踞岳陽於是有白湖蕩之戰克之不逾月段復藉參加歐戰借日款重柄政以曹錕張敬堯張懷芝吳光新張作霖分五路來寇予挈桂軍禦之左起羊樓峒右至萍鄉戰綫亘千餘里鏖戰月餘覆張懷芝軍於攸醴追余部劉建藩在株州陣殞前鋒不支因棄衡陽退保郴永而長衡諸郡遂同陷因以紀之

朔風吹霰雪，烽火連江湘。兇殘不悔禍，旗鼓忽再張。羣醜眾如林，分路犯我疆。眾寡雖殊勢，理直氣自揚。鏖兵事險隘，摧敵先摧強。三旬過狂寇，死傷略相當。選銳扼攸醴，果然來豺狼。追奔士無前，惜哉殞優良。前鋒遂顛躓，因之棄衡陽。全我仁義師，勝負亦何常。

程潜在护法战争中经历大小战斗数十次。此为战后所作的两首诗文——《纪湘南护法之役》《纪羊楼峒及攸醴之战》

1918 年 3 月 1 日，北洋军吴佩孚部 5 个旅猛攻湘鄂赣边境的军事要地羊楼司。湘军苦战旬余，伤亡惨重，终因兵力单薄，于 13 日放弃羊楼司，17 日撤往岳阳和平江。18 日北洋军占领岳阳，谭浩明狼狈逃走，25 日吴佩孚部占领长沙，并继续南进，谭浩明率部退回广西，程潜则率部集结于湘潭、衡阳之间继续抵抗。

4 月初，程潜召集赵恒惕、林修梅、刘建藩诸将在衡山举行军事会议，商定确保湘南的部署，决定由程潜、林修梅居中路，扼守衡阳，正面牵制北洋军主力，赵恒惕和刘建藩率湘军主力向东，扼守攸县、醴陵，抗击张怀芝部。

4 月下旬，程潜、林修梅率部退守耒阳、郴州，刘建藩在攸县附近发起进攻，勇克攸县、醴陵、株洲，同张敬尧部北洋军激战 3 昼夜，刘建藩因进军过速，不幸落水牺牲，湘军顿失大将，赵恒惕又畏缩不前，战局突变，湘军转胜为败，被迫退守茶陵，程潜毫不气馁，与林修梅一道指挥湘军拼命反攻，永丰一战击退北洋军一部，双方伤亡甚重。

5 月，吴佩孚因段祺瑞委任张敬尧为湖南督军，心中不快，在衡阳屯兵不进，战事遂停。6 月 15 日，双方代表在耒阳签订停战协定，程潜利用这段时间抓紧休整部队，并在 9 月 26 日和 10 月 3 日两次参与南北将领的联名通电，请冯国璋速颁罢战命令、徐世昌勿就总统职。此后，广州非常国会被西南军阀收买，被架空的孙中山愤而辞职寓居上海，程潜也因遭到谭延闿的排挤和诬陷，被迫于 1919 年 6 月离职前往韶关，并在 7 月正式提出辞呈后闲居上海。

五月五日　總理就非常總統職

海宇中橫潰，神州憂陸沉。濟世惕孔懷，峻德明堯心。
道以神理起，事為胞與任。詢謀同眾庶，思慮備睿深。
循郊崇大典，登壇發清音。上下共監察，日月咸照臨。
無私克一己，有作伏群陰。至人不攖物，精意昭古今。

1921 年 4 月 7 日，孙中山被非常国会选为非常大总统，5 月 5 日发表就职宣言。此为程潜所作叙述当时情况的诗文《总理就非常总统职》

梧州舟中恭迎　總理

討逆整北轅，揭義炳南溟。薄海望來蘇，八桂慶初平。
何意回飆急，氛祲彌階庭。臨江壯波濤，毀室感鴟鴞。
舳艫下蒼梧，德車高結旌。遠迎藻舟上，詢謀勞睿明。
靖內無全策，訏謨竭微誠。中夜受新命，前驅返粵京。

1922 年 4 月 19 日，孙中山乘船抵梧州，程潜等在此恭迎。此为程潜所作叙述当时情况的诗文《梧州舟中恭迎总理》

偕居覺生赴惠州諭陳炯明

陳炯明部暗殺其參謀長鄧鏗　總理免其陸軍總長粵軍總司令廣東省長各職陳匿惠州嗾部謀叛　總理命予往諭畀以兩廣巡閱使職使無撓北伐予於五月十七日偕居覺生往晤開諭兩日夜陳始允奉命旬日忽食言悖犯之情如見

回風無休時，重雲遂彌曇。吾偕同德友，虎穴試一探。
顧彼反側子，蠡目視眈眈。負嵎莫敢攖，蔓草疇能芟。
爰陳寬大命，從謬許並含。中孚格豚魚，隱謀折立談。
返報拜嘉旨，群情樂湛湛。何期終凶者，其德本二三。
違義不足憚，食言詎知慚。小人甘悖犯，使我心焉惔。

1922 年 5 月 17 日，孙中山派陆军次长程潜和内政总长居正（字觉生）赴惠州与陈谈判，劝阻其谋叛。此为程潜所作叙述当时情况的诗文《携居觉生赴惠州谕陈炯明》

1920 年 11 月，孙中山返回广州，重组军政府，任命程潜为陆军部次长。程潜就此进入中枢，成为孙中山的左膀右臂，他参赞戎机，协助中山先生组织北伐，统一“两广”。1921 年 5 月 5 日，孙中山宣誓就大总统职。8 日，程潜任非常大总统府陆军部次长，代理部务。10 月 8 日，孙中山提请非常国会通过北伐案，15 日由广州赴梧州巡视，继赴桂林，组织大本营，任命程潜为大本营陆军部总长。

1922 年 3 月 21 日，陈炯明暗杀粤军参谋长邓铿，与北洋军阀勾结，阴谋叛乱，孙中山令北伐大本营迁往韶关。4 月 21 日，孙中山免陈炯明职，5 月 17 日，程潜受命与陈炯明谈判，欲劝阻其谋叛，许给陈炯明两广巡阅使职务而不阻挠北伐，经两天两夜的劝说，陈炯明始允承。6 月 6 日，程潜去陈部探察，见陈部将领叶举、熊略、洪兆麟、黄强等云集，甲兵满堂，反情毕露，急归报孙中山，劝其返回韶关。6 月 16 日凌晨，陈炯明下令炮击总统府，程潜掩护孙中山避往“永丰”舰，并亲率一千余人在沙基同叛军激战。8 月 8 日，程潜亦登“永丰”舰，9 日陪同孙中山经香港避往上海。9 月 22 日，程潜奉命前往奉天与张作霖会晤，10 月 13 日获一等文虎章，14 日返上海。10 月 12 日，孙中山任命程潜为讨逆军总司令，与李烈钧等人指挥粤、桂、滇、湘各军大举讨陈，联手击败陈炯明。

广州军政府旧影

白鵝潭

繞林鴉並集搴雲鳳高翔予懷滿憂憤追步黃埔岡
睿心欣鎮定顏色如平常有卒千餘人受命寄一匡
飛書徵援軍聲勢漸能張晨攻沙基塞水陸疇敢當
湯湯白鵝潭兩月過跳梁仲尼阸陳蔡未遇此披猖
俄聞曲江訊前鋒猝沮傷促駕趨海濱艱屯期再康

孙中山离观音山后，于 7 月 9 日命各舰集中新建村准备攻车歪炮台。次日，与叛军发生炮战，孙中山所乘“永丰”舰舰尾中弹，遂率永翔、保壁等 6 舰冲越叛军炮火封锁，进泊白鹅潭

六月十六日觀音山紀變

重陰靄層雲流火蒸亭午比戶閉門閭九衢絕商賈
訛言日數起吾寧畏強禦誓秉忠貞心一死酬盟主
人夜勢益急四面喧笳鼓衛術步伐聲洶洶失倫序
禍起肘腋間志在傾幕府燕雀處堂坳蛟龍悲失所
求全全已毀殉義義不許平旦好音來搴雲鳳高舉

1922 年 6 月 16 日，陈炯明发动叛变。是夜陈部四千人围攻总统府。孙中山幸脱险境，登楚豫舰驶入白鹅潭，召集各舰长计议应变之策。本诗记录了当日的情况

白雲山

五月末　總理歸自韶時陳部羅布廣州葉舉駐
白雲山鄭仙祠索餉甚急予於六月六日往調之
至則該軍將領咸集談次反情畢露歸報　總理
並請速返韶不許

何年列僊觀今成豺虎聚將欲調虛實（其情）登陟忘炎暑
洶洶者何為甲兵滿堂廡設辭叩其（彼）渠數語露肺腑
夸談洩憤怨多助盛誇詡意決已莫回勢發殆難禦
歸來啟軍幕睿慮慎所舉仁義為干盾焉用中心沮

1922 年 5 月 17 日，程潜赴惠州劝阻陈炯明。18 日，陈部叶举擅自进白云山。20 日，陈部七十余营又抵广州，并致电要挟孙中山先生。本诗记录了陈炯明叛变前的实况

“永丰”舰旧影。该舰因护卫孙中山有功，改名为“中山”舰

1923 年 8 月 14 日，孙中山偕宋庆龄重登“永丰”舰，纪念蒙难一周年

軍政府令

任命廖仲愷爲財政部次長程潛爲陸軍部次長呂志伊爲司法部次長此令

中華民國軍政府印

中華民國九年十二月八日

大元帥令

特任程潛爲大本營軍政部長譚延闓爲內政部長廖仲愷爲財政部長鄧澤如爲建設部長此令

中華民國陸海軍大元帥之印

中華民國十二年三月二日

大總統令

劉成勳劉湘林葆懌劉顯世蔣尊簋程潛柏文蔚黎天才石星川魏邦平林俊廷孔庚韓鳳樓朱[illegible]熊蔡[illegible]均晉給一等文虎章此令

大總統蓋印

國務總理王寵惠 陸軍總長張紹曾

中華民國十一年十月十三日

1920 年 12 月 8 日程潜任军政府陆军部次长、
1923 年 3 月 2 日程潜任大本营军政部部长、
1922 年 10 月 12 日程潜获颁一等文虎章的命令

20 世纪 20 年代初期的程潜

1923 年 1 月 16 日，滇桂军联手击败陈炯明进入广州后，桂军沈鸿英又图谋据粤，26 日，沈鸿英在江防署会议时忽然劫持广东讨贼军总司令魏邦平。程潜正奉命抚慰粤军，遂移第一、三两师进驻江门，迫沈鸿英于 2 月 21 日出广州迎接孙中山返粤，从而平定叛乱。

3 月 1 日，广州陆海军大元帅大本营组织成功，程潜被任命为大本营军政部部长，负责筹划北伐大计。4 月 16 日，沈鸿英叛变进攻广州，5 月 18 日程潜率粤军师长李济深、郑润琦及陈策、周之贞攻克肇庆，击败叛军。5 月 20 日，孙中山招程潜自西江返广州，以为东江总司令，东征陈炯明。

7 月 14 日，程潜兼任广东财政委员，8 月 11 日兼任西江善后委员，23 日兼任大本营军法裁判官。12 月奉命在广州筹办大本营陆军讲武学校，兼任校长。

撫軍江門作並序 癸亥 民國十二年

余去秋自瀋陽歸適滇軍楊希閔等因內爭退據桂境呈請收編桂軍劉鎮寰沈鴻英一同向義總理併與優接令討陳逆連諸軍入粵逆衆潰退東江 總理令胡漢民長粵沈鴻英忽於江防署會議謀刼胡以奪粵政一時紛亂余時奉命撫軍令一三兩師移南路進駐江門勢復振因令滇軍迫沈鴻英出廣州恭迎 總理由滬回粵大局始定

遊擊縱鷹犬犬貪鷹復殘指使誠不易發縱良爲難
我行承密命持節入江門人心思效順大義炳天雲
倉皇集散卒造次撫孤軍不期旬日內聲勢仍再振
掃塵清禁闥拔刹迎共尊仁暴豈並立順逆終然分

1923 年 2 月，孙中山因滇桂联军驱逐了陈炯明，即离上海返回广州，重建大元帅府。2 月 3 日设江门办事处，程潜受命在江门抚军。程潜所作此诗文反映了当时的情况

参加大会的程潜

1924 年 1 月 20 日，中国国民党第一次全国代表大会在广州隆重开幕。海内外代表共 200 人，出席开幕式的代表有 165 人。程潜作为代表之一，出席了这次重要会议。

孙中山先生任大会主席，指定胡汉民、汪精卫、林森、谢持、李大钊为主席团成员。大会选举产生了中央执行委员和候补执行委员 42 人，其中中共党员被选为中央执行委员的有李大钊、谭平山、于树德，候补中央执行委员有毛泽东、林伯渠、张国焘、韩麟符、陆定一、于方舟等 10 人。程潜是由孙中山先生指派参加会议的，他同毛泽东、林伯渠、李立三、李维汉等湖南代表都是老相识，而且程潜在当湘军和护法军湖南总司令时，毛泽东和李立三分别在他部下当过兵，加上又是同乡，在会上相见倍感亲切。这次大会提出“联俄、联共、扶助农工”的革命政策，标志着第一次国共合作正式形成。程潜表示衷心拥护。

国民党一大会址旧影

国民党一大会议现场

1923 年 10 月，程潜在广州长洲岛上的广东海军学校旧址创办大本营陆军教导团，后扩建为大本营陆军讲武学校，他兼任校长。

程潜认为，要取得国民革命的彻底胜利，必须要建立属于自己的革命军队。1924 年 4 月中旬，他亲拟了关于建立军校的呈文，递交孙中山。孙中山于 4 月 24 日签发《大元帅准将陆军教导团改为讲武学校训令》，任命军政部长程潜兼任校长。讲武学校共招收 400 多名新生。

当黄埔军校酝酿成立时，最初的建校规划是程潜拟定的。作为军政部部长，程潜的资望在蒋介石之上，兼任军校校长也是名正言顺。孙中山原打算任命程潜兼任黄埔军校校长，以蒋介石为副校长，但李烈钧却向孙中山推荐蒋介石任校长。蒋介石认为，以自己和孙中山的关系以及自己曾到苏联考察军事的条件，校长理应是自己，不是程潜。

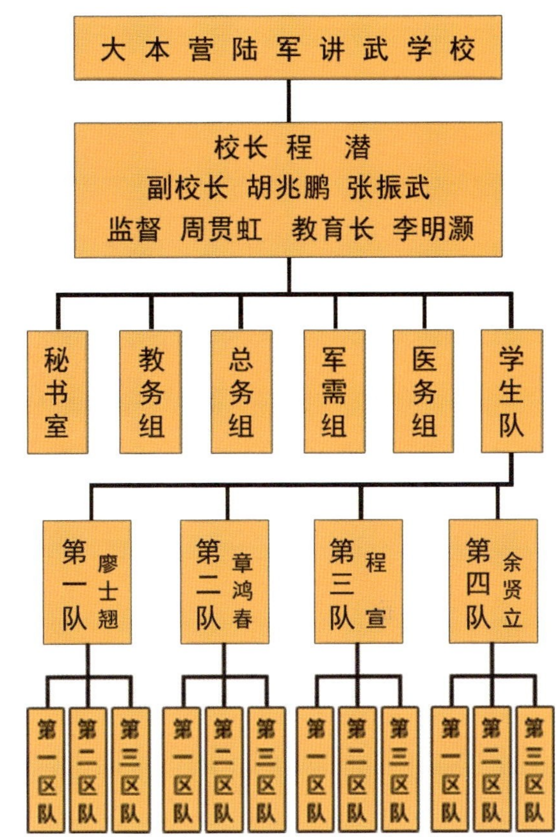

1924 年 4 月 24 日，大本营陆军讲武学校在广州开学。图为大本营陆军讲武学校旧影

1924 年 6 月 16 日，黄埔军校开学，程潜（后排右一）参加了这次开学典礼。
前排左起：胡谦、梁鸿楷、魏邦平、邹鲁、胡汉民、梁定慧、谭延闿、孙中山、马钧、吴铁城、蒋介石、朱培德、陈庆云、许崇智、王柏龄

1924 年 1 月，程潜当选为国民党第一次代表大会湖南代表。7 月 10 日，国民党中央政治委员会议决定设立“统一训练处”，孙中山任主席，杨希闵、许崇智、程潜、蒋中正、宋子文、鲍罗廷为委员。

9 月 3 日，江浙战争爆发。5 日，孙中山召集军事会议，决定乘机北伐，以谭延闿任北伐军右翼总司令入江西，程潜任左翼总司令入湖南。11 月 12 日，孙中山应冯玉祥之请北上，程潜奉命经略湘鄂，任建国攻鄂军总司令，配合北伐军攻打江西，进图湘南。24 日，程潜克湖南宜章，旋为湘军唐生智击退。

1924 年 6 月 29 日，孙中山在北校场检阅广东警卫军、广州武装警察、广州商团

孙中山身后着军服者为程潜

1924 年 7 月 18 日，苏联军事顾问团团长巴甫洛夫（化名高俄罗夫）在石龙不幸落水身亡。7 月 23 日，程潜在广州参加了巴甫洛夫的葬礼。左起：程潜、吴铁城、马钧、廖仲恺、孙中山、邓彦华

大元帥令

特任程潛爲建國軍攻鄂總司令此令

中華民國陸海軍大元帥之印

中華民國十三年十月六日

程潜被任命为建国攻鄂军总司令的命令

图为讲武学校特科毕业典礼，○位置标识为孙中山，× 位置标识为程潜。

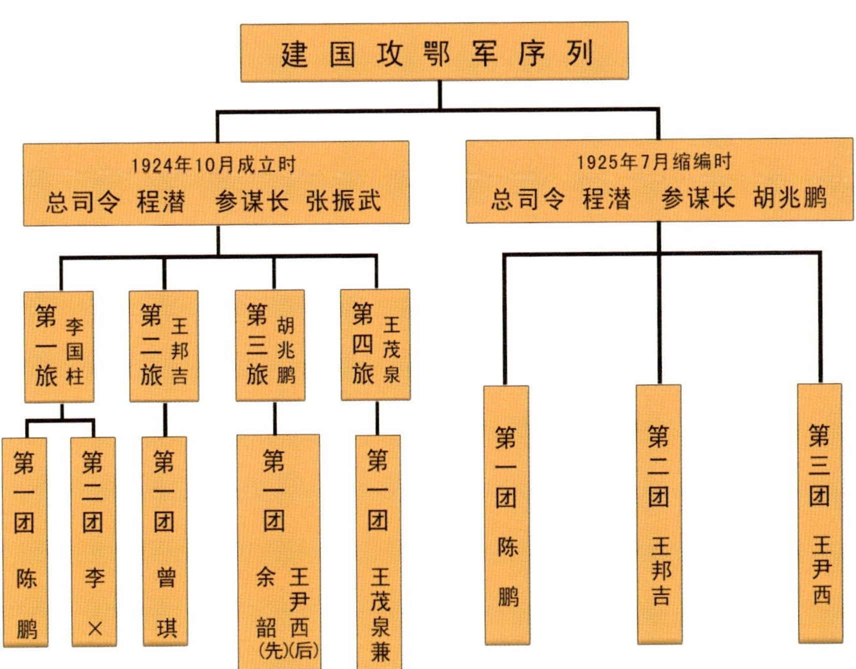

1924 年 10 月 10 日，大本营陆军讲武学校第三、第四队学生提前毕业，被分配到新成立的建国攻鄂军担任初级军官，第一、第二队学生被编入黄埔军校继续学习（后列入黄埔军校第一期毕业生），讲武学校随即宣告结束。曾在该校学习的著名学生有：陈赓、左权、蔡申熙、陈明仁、邓文仪、傅正模、刘嘉树、刘戡、张镇、袁朴等人。

1925年1月12日，程潜入湘作战失利，被唐生智诱拘于湖南汝城，旋释，军驻马坎。1月7日，陈炯明在汕头下令进攻广州，程潜等人于30日在东征军总部开会，决定东征（此为第一次东征）。

3月12日，孙中山因患肝癌不幸病逝于北京。噩耗传来，程潜悲痛不已，亲到北京组织并参加了对孙中山的隆重祭奠活动。5月5日，谭延闿、杨希闵、许崇智、程潜通电讨伐唐继尧。6月6日，程潜率部回师广州，平定“杨（希闽）刘（震寰）叛乱”。在这次战役中，程潜的侄子程宣（营长）不幸阵亡于花县。6月24日，胡汉民、谭延闿、许崇智、朱培德、程潜、伍朝枢电请张作霖、冯玉祥、卢永祥等督促段祺瑞立即宣布废除一切不平等条约，否则全国人民“必别谋自决”。

1925年7月1日，广州成立国民政府，程潜为十六委员之一。7月26日广州军事委员会议决各军改称“国民革命军”。8月1日，程潜通电解除总司令职务，将军权交还国民政府军事委员会，自本日起均改用国民革命军旗号。

东征军攻克的惠州城

醴北程氏六修族譜

卷一 仕分宏關公支下齒錄 八六 崇本堂

衣壎 長子

載周

學名宣號靜權 清光緒二十四年戊戌三月二十七巳時生 民國十四年乙丑四月二十三巳時歿年二十八歲 學歷長沙明德中學校畢業廣東韶州講武堂畢業 經歷陸軍步兵上校攻鄂軍第一營營長廣州大本營軍政部講武學校隊長 軍政部衛隊連連長軍政部第四旅參謀奉命率部討伐叛逆 軍陣亡廣東花縣之軍田葬長沙縣麓山白鶴泉斜對岸縣關 拜壹石墓內誌外碑記

娶 唐氏

生 國華之女號儒和 清光緒二十四年戊戌三月二十六寅時

子一 道一

女一 愛崑

程宣在族谱中的生平

程宣的墓碑（2005 年 8 月被列为长沙市文物保护单位）

1925 年 9 月 23 日，程潜被任命为军事委员会委员，29 日兼任东征军第三纵队长，参加第二次东征，辖鄂军、豫军、赣军、湘军共 6000 余人。10 月 17 日，东征军兵分三路，右路第一纵队何应钦出海丰，中路第二纵队李济深出惠州，左路第三纵队程潜出河源。23 日，第三纵队收复河源，24 日东进紫金，河源城复落敌手，程潜亲率主力沿东江南岸向蓝口墟进发，25 日抵蓝口墟遇叛军李易标部，将敌击退，26 日占老隆，28 日孤军深入五华，29 日将偷袭之敌击溃。

10 月 28 日，程潜率部从五华出发，向兴宁、梅县前进，叛军残部闻风而逃，遂复入河源城，31 日占兴宁，11 月 3 日下梅县，9 日进大埔。11 月 13 日向永定前进，直追入闽清扫残敌，将陈炯明残部一举击破，12 月 1 日克平远，随即奉命进驻惠州。

駐軍馬埧作 乙丑 民國十四年

時奉命經略湘鄂

指途向鄂渚。假道經湘川。疾馳蔚嶺關。雨雪何紛紛。猿狐嘯我後。豺虎橫我前。衡路長荆棘。城郭生烽煙。企予望衡嶠。何時抵漢濱。頓轡修我矛。秣馬厲其軍。天時未可失。總理手諭予云時不可失 人事毋乃煩。自古逢屯蹇。厲志在貞堅。任重道彌遠。歲暮時復春。張幕蔽風日。枕戈思昔賢。

1925 年 1 月 12 日，程潜任建国攻鄂军总司令，为配合北伐军攻打江西，进图湘南，他率部进驻马坝。此诗文即为程潜进驻马坝后所作

五華道中

陳部據東江大軍進討予率左翼軍克河源進至五華逆眾乘夜來襲回師破之是夜月明如晝

討逆。復河源。揮軍過老龍。藍關周地險。緩轡越蟠崇。環覽羣峰間。樹木何青葱。乘勝搗其巢。懸知寇勢窮。宄徒席餘燼。間道躡我蹤。回師及良友。華月耀當中。追逐依聲威。搜索歷榛茙。苦矣二三子。奮勇克成功。

1925 年 9 月 29 日，国民政府东征军组成，程潜任第三纵队长。10 月 23 日，程部收复河源。26 日占老隆。28 日占五华。此诗文即为程潜进驻五华后所作

過家謁母

弱冠辭鄉井及壯會風雲馳驅十五載險阻厲貞堅
持節出江漢過閭覲恩親步行長連村（余始遷祖長連公所卜居）
疾趨廬佛山（吾邑中名山 余世居其下）入門拜慈母慈母有溫顏
母曰嗟予季久没今始還汝以身許國離母母心安
須兹聆懿訓未言中如焚濟世世愈屯戡亂亂彌紛
人皆能奉養我獨闕晨昏忠孝兩無成薰芳徒自煎
無以對我母不復可為人兄姊扶我起涕泣各潺湲
回視同胞者咸已白髮繁五人繞北堂依膝共承歡
慈母顧之喜垂老尚比肩戚族一時來長幼苦難分
鄰里相周旋敢憚酬應煩戎期未可稽揮淚整征鞍
丁寧戒子弟努力事農田

北伐军进入湖南后，经郴县、安仁、攸县，于 8 月 18 日午后到达醴陵。是日，程潜即疾驰故里长连冲探母。《过家谒母》即为此时所作

南昌紀厄

修水溢兇寇高安驅惡酋既成破竹勢乘勝下洪州
枝葉已剪除搗穴扼其喉奈何娼嫉者縱敵自優柔
逆眾得所便麕集來復（為）仇困鬭厄萬沙幾死溺章流
宵深脫險艱濟渡賴野舟固知蠆有毒吾謀亦未周

1926 年 9 月，程潜率第六军进军江西，连克数城。19 日攻占南昌，但因孤军深入，受到孙传芳部的夹击。此时，北伐军朱培德部距离南昌仅有一天的路程，但蒋介石嫉恨程潜，想趁此机会消灭第六军，乃密令朱培德部不予支援。因此，第六军与数倍于自己的敌人奋战 3 昼夜，伤亡惨重，被迫退出南昌。《南昌纪厄》即为此时所作

太和殿前举行的孙中山追悼大会

南京中山陵旧影

冯玉祥在政变成功后召开政治军事会议，决定请皖系军阀段祺瑞担任“中华民国临时政策”执政，电请孙中山入京共商国是。孙中山接受邀请，于11月10日发表《北上宣言》宣布对内要打倒军阀，对外要推倒军阀赖以生存的帝国主义，废除不平等条约。宣言表示接受中共在《第二次对时局主张》中提出的召集国民会议的主张。

1924年12月31日，孙中山抵达北京，不料因旧疾复发入协和医院，确诊为肝癌晚期。1925年3月12日，孙中山逝世于北京，享年59岁。

孙中山先生輓诗（一九二五）

一冷彎月照寒窗，巨星隕落我哀傷。

主義炳天感遇厚，回首望前意茫茫。

程潜在得知孙中山去世后万分哀伤，作《孙中山先生挽诗》以表哀悼

恭送總理北行

朝乾明峻德久暢厲悲心至人握靈樞大地揚妙音

如日炳維絡其光首東南炎炎暨中外赫赫昭古今

榮名非所寶博愛為己任萬殊原一本寬親與共函

物類競爭奪海宇瀰雲曇斯民竟何辜久困將不堪。

誰謂河朔遠亟思雨露霑茲行體天意萬國新觀瞻。

1924年10月27日，孙中山电贺冯玉祥“北京政变”成功，并表示“建设大计，亟须决定，拟即日北上，与诸兄晤商”。11月12日，孙中山自广州启程，程潜《恭送总理北行》便作于此时

国民政府成立后委员合影。前排左起：谭延闿、许崇智、汪精卫、胡汉民、孙科、廖仲恺、林森；后排左起：古应芬、程潜、伍朝枢、朱培德

1925 年 7 月 1 日，国民政府暨军事委员会委员就职典礼。前排右三为程潜

1925 年 7 月 1 日，国民政府暨军事委员会委员就职典礼。前排左五为程潜

1925 年 7 月 1 日，第一届国民政府在广州宣告成立。第一届国民政府设有委员 16 人，分别是：汪精卫、胡汉民、张人杰、谭延闿、许崇智、于右任、张继、徐谦、林森、廖仲恺、戴季陶、伍朝枢、古应芬、朱培德、孙科、程潜。

担任第六军军长时的程潜

1926 年 1 月 16 日，程潜当选为国民党第二届中央执行委员，继续执行孙中山先生确定的“三大政策”。1 月 20 日，国民政府任命程潜为国民革命军第六军军长（2 月 4 日宣誓就职），原建国攻鄂军所属部队经过整编也被编入该军，成为程潜的基干力量。

第六军由程潜任军长，林伯渠任副党代表兼政治部主任，杨杰任总参议，唐蟒任参谋长，辖第十七师（师长吴铁城，代师长欧阳驹）、第十八师（师长胡谦）、第十九师（师长杨源濬），计 9 个步兵团、两个炮兵营，各师、团党代表都是共产党员，营、连指导员大多数是共产党员，团、营、连长的共产党员约占三分之一，各师政治部也由共产党领导，因而第六军的政治思想工作做得非常好。程潜不准国民党右派查问所部官兵的政治身份。有一次，国民党右派要求程潜交出第六军中共产党员的名单，他声色俱厉地拒绝说：“只要是能打军阀的，都是好战士，我就要用。”

中華民國國民政府令

特任程潛爲國民革命軍第六軍軍長此令

中華民國國民政府印

中華民國十五年 一月 二十日

委員會議主席 汪兆銘

常務委員 汪兆銘

常務委員 譚延闓

常務委員 林森

常務委員 伍朝樞

常務委員 古應芬

程潜被任命为第六军军长的命令

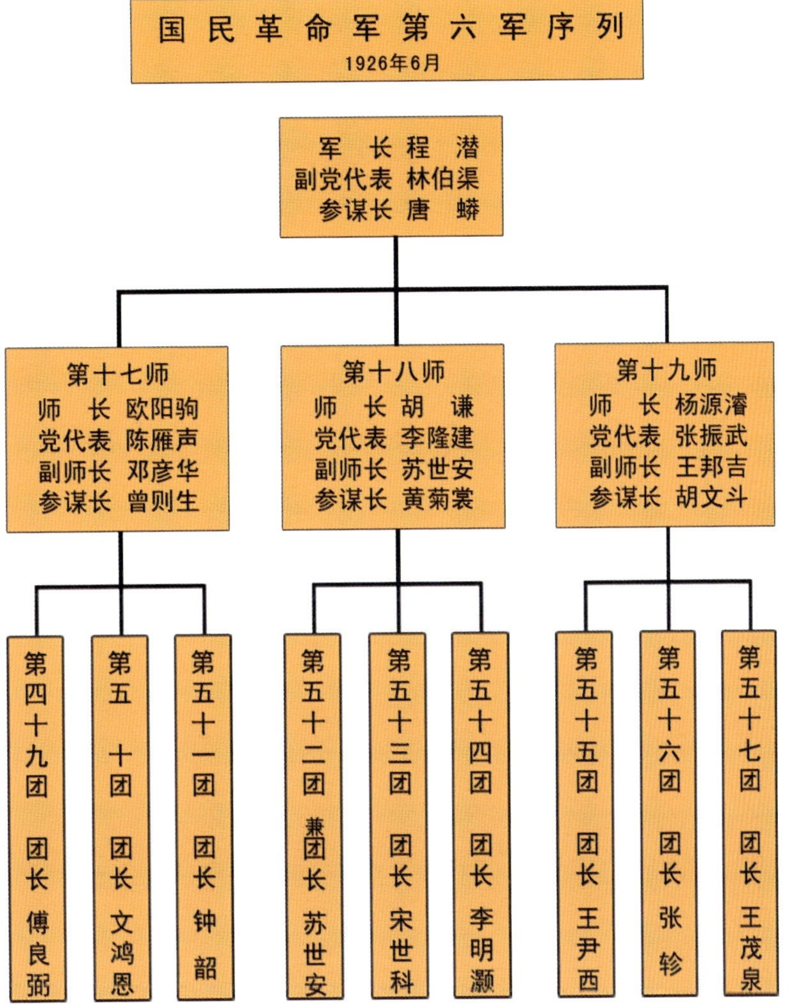

国民革命军第六军于1926年1月20日在惠州成立，任命程潜为军长，由独立第一师（原广东警卫军）、建国赣军、攻鄂军、建国湘军第五师等部改编而成，辖3个师9个步兵团。7月，国民革命军誓师北伐，程潜率领第十七师和第十九师参战，留第十八师戍守惠阳。参与北伐的部队于8月进入湖北，曾在汀泗桥配合友军作战，随即进入江西，攻占修水、铜鼓。9月中旬，第六军攻占南昌，但是遭到五省联军主力反扑，被迫放弃南昌。11月经重新整顿，配合友军第二次进攻南昌，终将该城夺回。1927年2月，第六军参与进攻南京，所属第十九师率先攻入城内，南京于3月被攻占。4月宁汉分裂，第六军因偏向武汉国民政府，被蒋介石派人分化，第十七师和第十八师投靠南京方面另组新编第六军，第十九师被第一军包围缴械。

正在向军民宣传国民革命的第六军军长程潜（约摄于1926年7月）

1926 年 7 月 9 日，国民革命军在广州举行北伐誓师大会。15 日，程潜率领第十七师和第十九师参加北伐，步行至广州乘火车到韶关下车，然后徒步行军，经乐昌、湖南九峰、郴州、安仁、醴陵、浏阳，于 8 月 28 日到达湖北咸宁。8 月 14 日，蒋介石颁布第二期作战计划及总攻击令，以第一、第六军为总预备队，程潜任总指挥。

9 月 1 日，程潜与林伯渠发生激烈争吵。2 日，林伯渠因程潜反蒋不够坚决，愤而辞职，从此离开第六军。据张国焘在《我的回忆》一书中写道："据说他们这两位老朋友，还曾因此拍桌子对骂了一阵才分手的。"程潜对此深为内疚。9 月 6 日，程潜率第一师、第十七师和第十九师自咸宁折向通城出修水，攻入江西。7 日，破孙传芳部主力第四师谢鸿勋部于修水马坳，8 日占领修水，11 日大破谢鸿勋部，17 日占奉新，18 日与第三军联手克高安，一路势如破竹。程潜探知，孙传芳部主力已自南昌南下樟树、丰城一带，立即改变原本截断南浔路的战略计划，命令第十九师转向生米街兼程前进，暗袭南昌。

9 月 19 日，在南昌的学生和工人接应下，第十九师和第一师袭占南昌，孙传芳立即电令卢香亭、郑俊彦、邓如琢、杨赓和等部迅速由南浔路南下，截断北伐军后路，并夜渡赣江，限期夺回南昌。21 日，孙传芳由南京到九江亲自督战，兵分三路对北伐军反攻。22 日，双方在南昌展开激战，由于第一师师长王柏龄不在指挥所，该师一触即溃，导致乐化战斗失利，牛行车站弃守，友军按兵不动，程潜孤立无援，南昌以西、赣江尔岸地区全部为敌军占领，败退出南昌。部队刚撤到城郊又被邓如琢部包围，第六军溃不成军、牺牲过半。22 日，程潜剃须易袍，化装成赶牛车者，泅水脱险，第一师和第十七师一部陷敌，邓如琢部夺回南昌后大肆屠杀响应北伐军的学生和工人。是役，第六军损失近一半，第一师几乎全师覆没。

9 月 24 日，程潜率第六军自南昌渡过赣江，所部向万寿宫集结，率部在奉新一带集中整训。10 月 3 日，林伯渠来到奉新，重归第六军。10 月 6 日，北伐军对孙传芳部再次发起总攻，第六军和第一师攻永修涂家埠，大败卢香亭部。7 日，第一师新任师长王俊率部占永修，转至白槎、林马附近，谋与第七军联络。10 月 27 日，程潜任北伐中央军指挥官，统第六军，负责进攻乐化车站。

11 月 1 日，北伐军分三路向南昌发起总攻，程潜亲率军部全体参谋、副官赴前线督战，于 4 日午后攻占了芦坑车站，5 日再取乐化车站，6 日中午第十九师完全占领军事要地涂家埠，与第七军联手大破卢香亭全部，卢仅以身免，8 日北伐军又进南昌，9 日将由铁路退往湖边的北洋军缴械，11 日程潜兼九江警备司令，第六军入赣作战两月，损失惨重，遂移驻高安、奉新、萍乡一带休整。

1926 年 6 月 20 日，第六军军事高等班开学纪念。前排右为六程潜、右七为林伯渠、右三为杨杰

程潜于 9 月 17 日发布的进攻南昌的作战计划

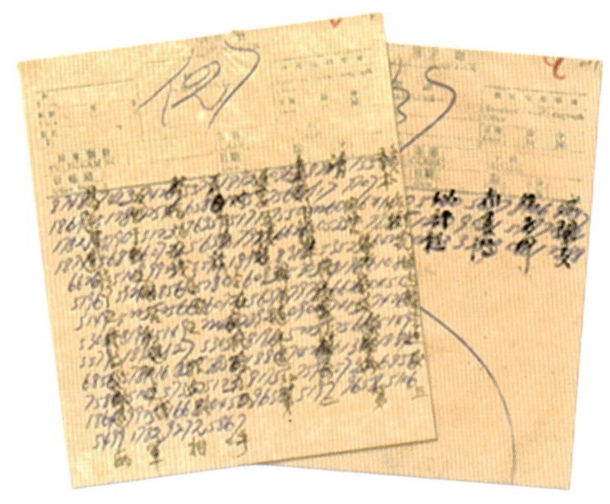

程潜于 9 月 4 日发布的进攻修水的作战计划

1926年11月5日，程潜升任第四路军总指挥。12月4日，参加蒋介石在南昌召开的军事会议。会中决定由率第六军、第二军、独立第二师等部沿长江南岸东进，直奔南京。

1927年1月1日，程潜在南昌参加军事善后会议。10日，程潜兼任九江卫戍司令。1月12日江右军抵九江，再顺江而下，至彭泽舍舟登岸，直趋秋浦（安徽省池州市贵池区）。1月25日，程潜以江右军总指挥兼第一纵队指挥官名义，指挥所属各部由赣北进取南京，2月8日抵秋浦。20日抵至德、祁门，驻徽州之孙传芳军第十五师刘宝题部归附。22日，江右军自江西彭泽马当山东下。3月4日自青阳向芜湖进展，6日第一纵队占芜湖，江右军分向东西梁山及高淳前进。3月11日选为武汉国民政府委员、军事委员会委员及主席团成员。3月15日程潜分三路会攻当涂，击溃直鲁联军第四军、第五军及孙殿英部，17日江右军第一（第六军杨杰师）纵队、第三（第二师贺耀组）纵队败直鲁军孙宗先军，19日江右军第二纵队（鲁涤平）占溧水，第三纵队（贺耀组）占当涂。3月19日，程潜认为江右军攻克南京条件已经成熟，不听蒋介石的劝阻，向陈调元那里借了60万发子弹，做好向南京进攻的准备。

3月20日，江右军开始向秣陵关、江宁镇全线攻击，与直鲁军徐源泉、王栋所部鏖战两昼夜，终于将敌军击溃。3月21日，程潜率江右军向南京发起总攻，22日连取陶吴镇、秣陵关、江宁镇、采石矶、溧水、慈湖数地，23日出其不意地袭击牛首山、将军山，褚玉璞全线崩溃，退入南京城，江右军分路追击攻取南京，南京附近之直鲁军纷向雨花台、下关溃退，江右军先头部队第十九师于当天下午6时占领南京城。

3月24日，程潜进入南京，当时恰有乱兵抢劫外国领事馆、侨民住宅及外国教堂、商店，泊于长江的英美兵舰炮轰南京，国民革命军当即开炮还击，酿成“南京事件”。程潜入城后兼管南京卫戍事宜，立即下令逮捕参加抢劫的人犯，就地枪决，迅即平息骚乱，并派员向外国驻南京使团交涉，阻止事态扩大，25日通电报告事变经过。

3月23日，中央政治会议议决派程潜、何应钦等为江苏政务委员会委员，程潜为主席。此时谭延闿按照汪精卫、唐生智等人的旨意，在一块绸布上写下密令派人交给程潜，要他在南京截留逮捕蒋介石，林伯渠直接参与了武汉方面打算逮捕蒋介石的谋划，并亲往南京与程潜进行接洽，但程潜并未同意。程潜认为：

扣蒋一事，有三不可行——南京初复，江南甫定，军政各方，百端待举。奉系张作霖重兵麇集江北，日夜图谋，窥我之隙。蒋军劣迹多端，但面纱未去，原形未露，而国人尚未觉察。此时扣蒋，有重蹈太平天国大业未就，内讧先起的覆辙，是则国人将谓我何？历史将谓我何？国人不同情此举，我将自陷被动，予人以口实。此之所以二不可行也。

第六军自粤兴师出发，跋涉千里，转战经年，主其大者，一战南昌，二战南浔，三战孙、张联军于南京，小战数十尚未计及，喘息未定，疮痍未复，士老师疲，亟待大力休补。而第一军自粤出发，乘孙军主力集结南昌、南京，后防空虚之际，不战而定闽浙，进驻苏常，士正饱，马正腾，气正旺，且与南京相距咫尺。此时扣蒋，第一军起而责难，何以善后？战事一起，我以久战之师挡彼愤激之卒，第六军纵能再战，亦难久持，胜不可必。此之所以不可行也。蒋现正任国民革命军总司令，我等虽不值其所为，然而仍是他的部下，昔人以千乘之国，

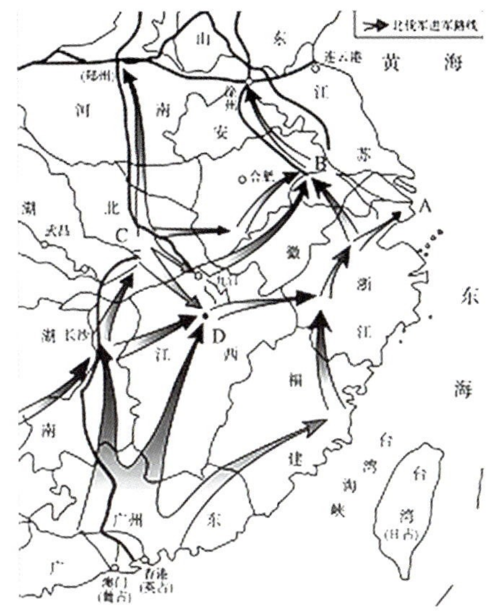

国民革命军北伐示意图

正向南京进军的第六军官兵

率先进入南京的第十九师官兵

1927 年 3 月，程潜率部攻占南京后，兼任南京卫戍司令

杀其君者必百乘之穴，尚有不夺不厌之诫。来日方长，我的下属不将一遇借口起而效尤，以犯我乎？以下犯上，日后何以统率部属？本为革命，本为共同对敌，一反而为内部仇杀，史绩斑斑，千古所痛。此为所以三不可行也。

3 月 25 日，蒋介石乘船到南京下关，程潜随众人登舰迎接，蒋介石似乎有所察觉，拒不登陆而直趋上海。27 日，程潜赴沪参加蒋介石召集的会议，29 日，兼任南京卫戍司令，此间武汉国民政府与蒋介石关系极为紧张，程潜为北伐前途担忧，便以国民党元老身份，来往于宁汉之间，进行调解。

4 月 3 日，程潜察知蒋介石将发难，遂假调和之名离开南京急赴汉口报告，蒋介石即令第二、第六两军离开南京，程潜令他们不要过江，电报被蒋截获。4 日，第七、第十、第三十七、第四十军等部预先埋伏，将在南京的第六军第十九师解除武装，蒋介石还派军舰追赶程潜，不获。5 日，程潜脱险到汉口，被武汉国民政府任命为第二方面军总指挥。28 日，蒋介石在南京借口驱逐共产党，解除了第六军剩余部队的武装，然后遣散改编。

武汉国民政府命程潜于5月底恢复第六军，第六军除完全恢复原有3个师的建制外，还新增加一个教导师，以李明灏为第十七师师长、张轸为第十八师师长、胡文斗为第十九师师长、彭子国为教导师师长。5月13日，独立第十四师夏斗寅通电讨共产党，自沙市率军进向武汉，17日夏斗寅部进至武昌土地堂，武汉震动，杨森也乘机从宜昌进逼武汉，程潜、鲁涤平两军自鄂东开向武汉应援，19日夏斗寅被击败逃走，6月6日杨森第二十军进至仙桃镇，武汉第二军、第六军与之相战，10日将杨森击败。

7月15日，汪精卫叛变革命，武汉国民政府开始实行“分共”、“清共”。8月初，武汉特派程潜任东征军江右军总指挥，程潜、张发奎、朱培德、贺龙各部分向湖口、九江、南昌集中，准备分路攻安徽、浙江。8月6日，唐生智、程潜、朱培德等电何应钦、李济深等，请合力讨共。8月13日，蒋介石下野，武汉东征军即停止前进。20日，唐生智、程潜等到九江，与南京代表胡宗铎会商，22日，在庐山参加宁汉双方首脑会谈。

1927年8月22日，汪精卫召集庐山会议会谈宁、汉合作。武汉政府的谭延闿、孙科、程潜、唐生智、顾孟余和南京政府代表李宗仁等与会，冯玉祥也派代表刘骥参加。会议决定：第一，武汉政府于9月9日以前迁往南京，与南京政府合并。武汉改设政治分会。推派谭延闿、孙科先期赴宁，部署迁宁事宜；第二，武汉东征军，以程潜的第六军开赴南京以西，协助第七军作战；唐生智部江左、江右两军向皖北出击，会同宁方军队先肃清津浦南段的孙传芳、张宗昌等部，然后合力进攻山东。8月23日，李宗仁和汉方代表谭延闿、孙科前往南京。25日，武汉政府宣布迁都南京，并改组“国民政府”，史称“宁汉合流”。

9月11日，程潜赴南京、上海参加国民党汉宁沪三方谈话会。9月15日，程潜当选国民党特别委员会委员，17日担任南京国民政府委员、军事委员会主席团成员，20日在紫金山侧小营大操场举行就职典礼，程潜又同李宗仁的新桂系联合。

第六军在南京被蒋介石调兵缴械时，程潜成功脱险抵达汉口，随即收容旧部重建第六军，他以第六军直属部队改编为第十八师，另派人在湖南招收新兵编成第十七师和第十九师。宁汉合流后，第六军参加“西征讨唐”，于11月重占汉口。次年1月，第六军在富池口、半壁山、东流地区将唐生智部主力击溃。2月进占长沙。同年5月，程潜被李宗仁下令扣押软禁，第六军避往醴陵。此后，第六军遭到分化、内讧，继任军长胡文斗遭部下暗杀，代理军长张轸率残部转移至福建建宁，于8月被缴械。

政府定都南京纪念

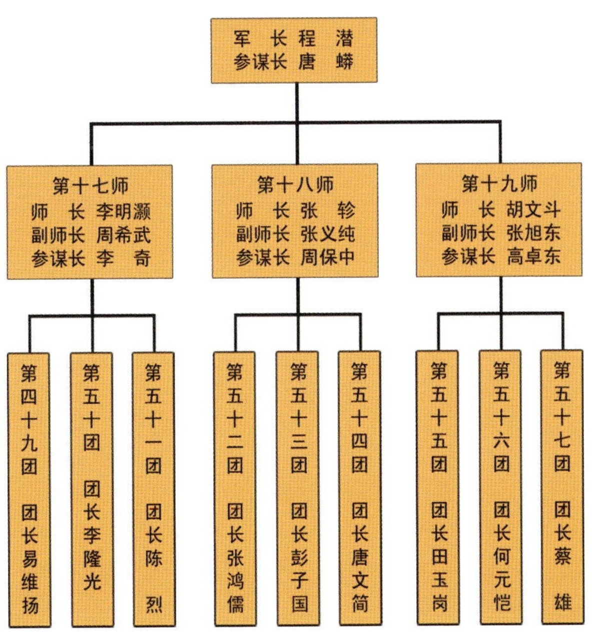

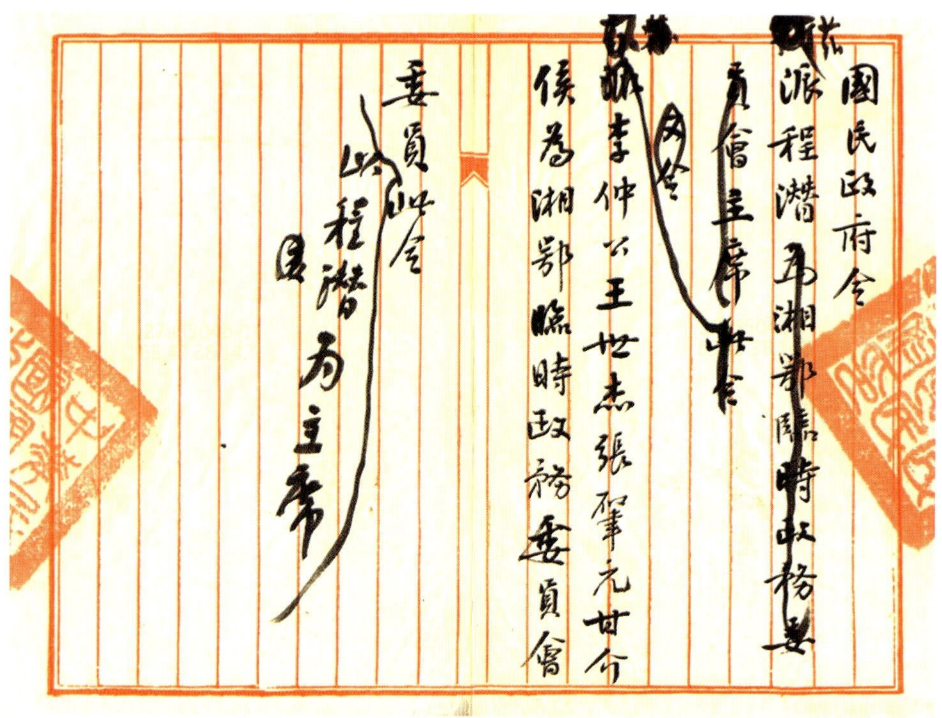

国民政府令
特派程潜為湘鄂臨時政務委員會主席 此令
派李仲公王世杰張知本孔庚甘介侯為湘鄂臨時政務委員會委員 此令
委員程潜為主席

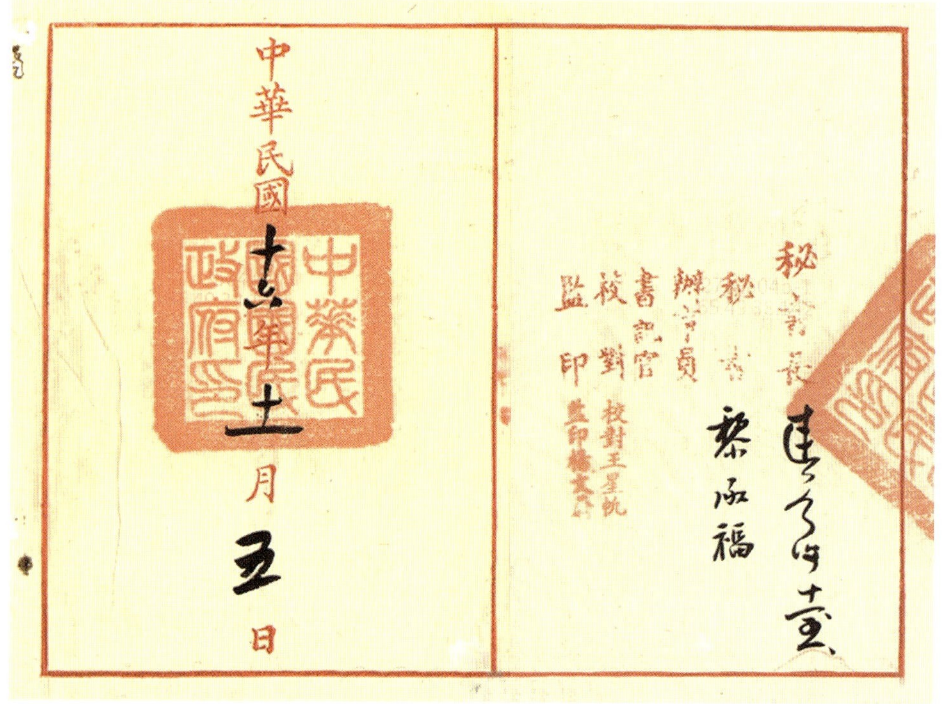

中華民國十六年十一月五日
秘書長
秘書
辦事員
書記官
校對
監印

国民政府任命程潜为湘鄂临时政务委员会主席的命令手稿

1927年10月15日，国民政府决定西征讨唐（生智）和北伐并进，以李宗仁、程潜及朱培德部西征，由程潜指挥第六军、第十三军、第四十四军，出皖南，攻唐生智之江右军刘兴部。17日，程潜就任军事委员会委员、主席，主持军务。18日，程潜下令对属于唐生智的第三十六军发起进攻。21日，程潜自南京赴芜湖，指挥所部由长江南西进。

11月5日，国民政府任命程潜为湘鄂临时政务委员会委员主席。8日，第六军攻占富池口，击败属于唐生智的第八军。10日占半壁山，11日占阳新。11月12日唐生智通电下野，14日西征军进占汉口后，将武汉政治分会取消。

1928年1月1日，因有传何键、刘兴、李品仙、周斓等唐生智旧部与蒋介石有联络，程潜、白崇禧决定继续对湘用兵。1月15日，程潜、白崇禧分兵三路进军湖南，剿抚兼施，于17日占岳阳，21日强渡汨罗江，突破唐军南岸防线直逼长沙。不料，此时第四十四军军长叶开鑫中途倒戈，袭击程潜第六军，第六军损失甚重，程潜急调部队驰援，于22日将叶部击溃。25日，第七军和第十四军占据长沙，李品仙退湘南，何键等退湘西，程潜、白崇禧又兵分两路继续追击。

2月21日，叶开鑫第四十四军与程潜接洽改编，23日湖南叶琪部通电议和停战，愿受改编。3月4日，李品仙、刘兴、周斓等通电停战，支持北伐。3月11日，程潜、白崇禧等将领联衔通电宣布西征任务已毕，克日移师北伐。

中華民國國民政府令

程潛應即免予查辦此令

中華民國國民政府印

中華民國十七年十二月三日

国民政府发布程潜“免予查办”的命令

武漢政治分會扣留程潛通電

中央黨部，國民政府，各部院長，泰安蔣總司令，新鄉馮總司令，太原閻總司令，各省各政治分會，各總司令，各總指揮，各軍師旅長，各省政府各級黨部，各報館均鑒，第六軍軍長兼四路總指揮湘鄂臨時政務委員會主席程潛素行暴戾，好亂性成，西征以來，日益恣睢，驕悍之情，時形言論，迨主持湘政，匪特對於一切政務，毫無進行，而財政紊亂尤達極點，所有收入，既不劃歸湘鄂財政整理委員會掌管，又不公佈用途，從兩湖善後會議財政公開辦法於不顧，偶一問及，輒復惡聲相向，同人等屢進忠告，充耳無聞，其一種跋扈飛揚，自作威福之態，倘仍任其掌握政權，兼治軍隊，勢必形成割據，貽患無窮，同人等爲黨國前途計，兩湖政治統一計，鞏固北伐後方計，特於本日開特別會議，公同議決，依據政治分會暫行條例第二條第三項之規定，將該軍長暫行監視，應請鈞會即交政府明令，免去本兼各職，以維紀律，而定人心，除湖南省政府，應即尅期成立，藉維湘局，業經呈請中央分別任命外，特此佈達，即盼鑒察，中央政治會議武漢分會主席李宗仁叩箇(二十一)印，

武汉政治焚毁扣留程潜的通电

1928年3月24日，两湖善后会议在长沙开幕，由程潜任主席。不想此后程、桂矛盾日渐明显，武汉政治分会曾数度开会密议将程潜扣留撤职。

5月19日，程潜接到武汉政治分会的开会通知，遂与白崇禧从长沙赴武汉。20日，政治分会主席李宗仁在会上首先宣布拥护蒋介石，并宣布接受蒋委任的湘鄂政务委员会主席和第四集团军总司令职务，同时任命程潜为第四集团军副总司令。程潜坚辞不就，李宗仁盛气逼人，于21日再次开会时突然将程潜扣押于汉口，并通电“程潜素行暴戾，好乱成性，西征后更飞扬跋扈，把持湘政，本日特别会议议决将程潜暂行监视，请即明令免其本兼各职”。

5月23日，中央政治会议议决将程潜免职“听候查办”。第六军因群龙无首，内部矛盾迭起，部队迅速分化，残部由代军长张轸率领撤往江西，再退福建，终被缴械收编，程潜十余年艰辛组创的第六军再度被蒋介石消灭。

11月24日，程潜获释，但仍受监视。28日对程潜宣布解除监视。12月4日，国民政府明令程潜“免于查办”，但行动的自由仍被控制。此后，程潜寓居上海，以读书写诗，消磨岁月，长达7年之久。

程潜位于上海马斯南路（现思南路）85号和87号的居所旧影

1930 年 4 月至 11 月，蒋介石同阎锡山、冯玉祥、李宗仁等，在河南、山东、湖南等省进行的大规模新军阀混战，史称“中原大战”。

“中原大战”历时 7 个月，双方动员兵力 110 万人以上，支出军费 5 亿元，死伤 30 余万人，战线绵延数千里，是中国近代史上规模最大的一次军阀混战。这次大战，以蒋介石的获胜告终，使他完成了对全国形式上的统一。

此时，程潜赋闲在家，眼见如荼战火，生灵涂炭，心如刀绞，却无能为力。程潜的母亲也在这一年不幸病逝，他闻知慈母去世，于是年秋携带家眷，由上海返回故里，重新安葬母亲。

程潜亲书母亲的墓碑文

2009 年再次重修后的墓地

重修程母钟老太君墓记事

公元二零零九年八月正值纪念湖南和平解放六十周年，程潜将军之女程瑜，回乡首倡重修祖母之墓。

孙：　程熙、瑜、文、欣、丹玉、煜、炯、博乾、博权、孟孝、博陶、博璧、博能、博文

钟氏家人：钟武雄

外孙：　林可冀

友人：徐贵轩、姜国华、程惠

策划：　程不吾、谭映天

设计：　徐同生

施工：　板杉乡大屋垅村

公元二零零九年九月刊

2009 年再次重修后的重修记事

程母鍾大君慈恩頌
世愚姪湖南省政
治協商委員會委員
蕭仲祁拜撰
男潛謹書
大君系出醴陵潭塘
鍾氏以一八五二年
農歷十月十四日誕
生幼承家訓孝和慈
勤年十九得配程門
若鳳公孝敬翁姑和
睦族鄰慈愛人羣勤
勞紡績咸止于善人
无間言聿在當時羣
仰典型揆之今日允
稱模範生男衣慶衣
斯女德貞細貞及季
子潛在清政府統治
下鳳公朝勤夕作大
君茹苦含辛鞠育子

女義方是訓備歷艱
劬使潛留學日本參
加中国同盟會致力
国民革命凡倒滿討
袁護国護法諸役莫
不為民前驅或慶之
大君則曰男兒以身
許国除暴安民分內
事耳何以慶為績而
不輟或勸止之則又
曰人貴自食其力耳
吾不欲以口腹累人
故樂為之一九二七
年夏潛領軍北伐間
關回里覲謁慈顏子
女重繞膝下大君樂
甚謂潛曰兒自幼出
言无偽今尚如故吾
无憂矣祗領慈訓倥
傯赴鄂轉戰江西掃

程潜于 1961 年为母亲书写的墓志铭（一）

蕩逆氛翌年春攻克
南京肅清巨憝蔣逆
包藏禍心毀滅綱理
手訂三大政策瘋狂
反共肆行屠殺潛于
其時奔馳寧漢力圖
匡救反為所噬因身
夏口以貽大君之憂
斯為懺己羅織未成
逼迫赴滬大君留養
長沙旅寓于一九三
零年農六月十八日
卒年七十有八子女
號泣孫曾悲傷禮葬
于葉子山麓值抗日
軍興未由封樹潛銜
謹綴碑辭系以頌曰
疊疊母儀清明在躬
含和博愛積德有終
手澤劬勤有典有則

悲累歲于解放後參
與社會革命暨建設
事業在多快好省大
躍進人民公社三面
紅旗光輝照耀下翊
贊鴻猷爰鑴斯石以
紀親恩而與潛友善
妻六十年久稔懿徽
夙夜匪懈至誠无息
衛国安民本立道生
各食其力遐爾化成
煌煌懿訓詔兒无偽
藏之中心永保弗墜
葉山蒼蒼慈雲迴翔
貞珉煓煥亦世彌光
一九六一年
五月吉日立
長沙石工廠技術員
舒熙鴻龍華生
徐德生合刊

程潛于 1961 年为母亲书写的墓志铭（二）

第三部分

艰苦抗战

1931—1945

1931 年“九一八”事变爆发后 3 个月，蒋介石宣布下野。程潜于同年 12 月被任命为国民政府委员、国民党中央执行委员，但他仍闲居上海。1932 年 1 月 30 日，程潜在上海创办半月刊《南针》杂志社，他既是主编又是撰稿人，常以“养伏”、“针人”、“颉华”、“爱华”作为笔名发表文章，主张一致抗日，成为力主全民族抗日的在野派代表人物。直到 1935 年 3 月，程潜才在老部下杨杰的推荐下重新获得军职，任军事委员会上将高等顾问。同年 12 月，早已复出的蒋介石辞去参谋总长兼职，改由程潜继任，这标志着他正式复出，并跻身国民政府军政要员之列。

程潜就职后，立即着手制订《中国国防计划纲领及程序实施方案》，他主张加强国防建设和积极对日备战。1936 年 6 月，陈济棠联合李宗仁发动“两广事变”，程潜数次奉派南下，先入广东，继入广西，为和平奔走作出贡献。1936 年 12 月，西安事变爆发，程潜被增选为军事委员会常务委员，并与唐生智、朱培德等联名电促张学良“猛醒”，尽快释放蒋介石。在此期间，他先后兼任中央军校校务委员、国防会议会员，并任官陆军二级上将（1936 年 1 月 11 日），获颁国民革命军誓师十周年纪勋章（1936 年 7 月 9 日）、一等宝鼎勋章（1936 年 11 月 12 日）。

1937 年 7 月，抗战全面爆发。程潜先是被任命为大本营参谋总长，继又调任第一战区司令长官，指挥 3 个集团军、16 个军计 25 万余人的兵力，在平汉铁路北段沿线阻击日军（10 月 2 日—12 月 18 日）。在这次战役中，程潜曾于石家庄沦陷后依靠仅有的 4 个师的预备队，在漳河一带布防，他写下遗嘱、亲临前线，并鼓励将士说：“大敌当前，有进无退。中国虽大，也没有多少地方可退了，战死在阵地上是最光荣的！”程潜以沉着冷静的指挥，成功稳定了平汉铁路北段的战局。

1938 年 2 月，程潜兼任河南省政府主席、河南全省保安司令，随后他指挥所属两个集团军、6 个军团、20 个军计 35 万人的兵力实施运河垣曲间黄河两岸作战 (1938 年 2 月 7 日—6 月 10 日）。这次战役有力支援了友军第五战区在台儿庄方向的大捷，并一度在豫东地区发起攻势作战，有效地阻击了日军的进军步伐。

1938 年 11 月，程潜调任天水行营主任，他率领指挥机构从洛阳移驻西安，承担起整个北部战场（辖 7 个战区）的作战指导工作。1939 年 3 月 7 日，日军航空部队突然对西安发起猛烈轰炸，程潜虽幸免于难，却也因防空洞坍塌身负重伤，手下官兵牺牲 64 人（含中将 2 人、少将 2 人）。5 月 13 日，程潜晋任陆军一级上将，他继续秉承孙中山遗愿，坚持国共合作，与第十八集团军驻西安办事处主任林伯渠（曾任第六军副党代表）密切往来，曾掩护一些共产党人和进步人士从事抗日活动。

1940 年 5 月，程潜奉调重庆，担任军事委员会副总参谋长兼战地党政委员会主任委员。当参谋总长何应钦于 1944 年 10 月调任盟军中国战区陆军总司令时，他又奉命代理参谋总长，全权负责制订对日作战计划及指导方针。1945 年 8 月 15 日，日本天皇宣布无条件投降，中国获得了抗日战争的最后胜利。程潜因在抗战期间著有功绩，先后获颁青天白日勋章（1943 年 10 月 10 日）、银质棕榈叶勋饰自由勋章（1945 年 7 月 6 日，美国）、胜利勋章（1945 年 10 月 10 日）、忠勤勋章（1946 年 1 月 11 日）。

辛未冬感詩五首 民國二十年
去年夏予罹家艱苦塊之中久廢吟咏今年九月十
八日日本忽以兵力據我東三省推其召侮之由不能
無感因綴衷而成此詩十二月十八日記
燕雀爭巢居火焰燎堂宅蚌鷸持沙渚
漁人伺岸側嗟彼挾彈兒少小昵邪慝
累惡已慢藏妄意更豐殖鄰家務兼併
由來非一夕高臺曲未終奄忽傾其國
藩籬寄童昏本以資羽翼器重匪所秉
東望悲難塞
風回黑青起霧凝白日薄清灝忽然汨
災害時並作人有二三心同方聚衆惡
親交判胡越肢體自束縛既背宗盟訓
遑恤國土削狂走若瘈犬干戈成戲謔
夸者甘死權僉壬復從臾蜉蝣振采衣
聊趁朝曦樂
天步何艱難斯民阸窮困我聞富實區
頻年有遺殣若人工兩端大邦久作鎮
倉庾自豐盈黎庶自饑饉無端務遠略
羣權偶相趁狡童睨其傍勢位幾同殉
析辨豈不容毫釐謬失算古訓詎可違
動則生悔吝
外侮久莫禦兄弟猶鬩牆一朝逞私忿
連兵徒自戕黠者爾何意乘時潰大防
文獻千古遺棄擲同粃糠宗主偶假借
辯飾何張皇豈知背中道人鬼羅其殃
不義終自崩作偽安可常獨怪茫昧者
相附共披猖
鴟鴞惡高飛荆榛便止託每憑風雨夕
腐鼠快一攫戚戚誰家子舉動何輕薄
權勢偶相假風浪卒然作他人各有心
謏謂可忖度利害須臾判誰能重然諾
本意求權榮終焉葬孤壑反覆自貽戚
中心寧不怍

1930 年的中原大战使国家元气大伤，又逢长江中游，洪水为灾，粮产基地，顿成泽国，内忧纷至，外患乘之。1931 年 9 月 18 日，日本军队又在沈阳发动“九一八事变”，致使东三省沦陷。程潜身逢国难，不顾家艰，乃赋此忧时之诗

从 1931 年开始至 1935 年，中国处于危难之际，日本帝国主义得寸进尺，先后发动“九一八事变”（1931 年）、“一·二八事变”（1932 年）、“榆关事变”（1933 年）、“华北事变”（1935 年），使东三省及热河先后成为伪满洲国领土，冀东实行“自治”，一片片大好河山沦陷在日本侵略军的铁蹄之下。《上海协定》《塘沽协定》《何梅协定》，这些丧权辱国条约更使中华民族到了最危险的时刻。可是程潜这位极力主张全民族抗日的爱国将领，却如浅水困龙，无由申志！

1931 年 9 月 18 日，日本军队在沈阳突然发动事变，14 年抗日战争由此爆发。12 月 24 日，程潜在代理国民政府主席——老友林森的介绍下，被任命为国民党第四届中央执行委员。12 月 28 日，又被任命为国民政府委员。程潜虽趁蒋介石再次下野的机会重新拥有政治身份，但实际仅有名义并无任何实权，仍在上海蛰伏。

1932 年 1 月 28 日，淞沪抗战爆发。30 日，程潜在上海创办半月刊《南针》杂志，他既是主编又是撰稿人，常以“养伏”、“针人”、“颉华”、“爱华”作为笔名发表文章，主张一致抗日，成为力主全民族抗日的在野派代表人物。

一月廿八日日軍侵淞滬後感詠
豺鼠何囂囂狐狸何麌麌日夕事內訌
昏瞀忘外侮鼙鼓一朝來奔竄失倫序
戎狄肆貪婪勢發誰為阻舊歲摧藩籬
今春闖堂廡遂使烽燧警倏忽彌海宇
制夷無長策自古皆用武偏軍挫其銳
虜意始稍沮誓盟豈可恃禍釁終難杜
立國貴人和內安外乃禦

“一·二八淞沪抗战”爆发后，程潜义愤填膺，写下《一月廿八日日军侵淞沪战后感咏》

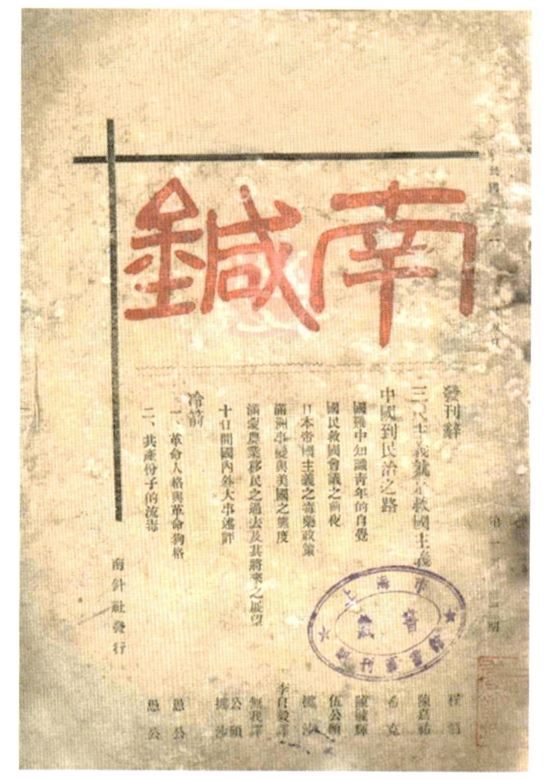

程潜创办的《南针》创刊号的封面

發刊詞

程潛

凡一種革命運動之進行，必其主義，能適合當時社會之需要，方能發生偉大之力量，革命政黨，乃能應運而生。否則社會不需要其主義，或其主義已成歷史的遺迹，則雖由少數人組織一政黨，必不能發生何種力量，或延展其生命，不僅此也，苟社會上需要其主義，即縱令無顯明的政黨組織，其主義亦足以爲革命之原動力，徵之史實然也。如盧梭之自然主義影響於法國大革命，馬克斯主義之影響於社會革命，甘地主義之影響於印度革命，三民主義之影響於中國國民革命是也。

我國自甲午庚子以後，強鄰環伺，恣其侵凌，鐵鐐橫加，日臻危境，當時國人已漸次感覺，需要革命，故辛亥武昌義旗一舉，而清社爲墟，惜民元以來，軍閥迭起，內亂頻仍，外侮日急，肇之匪禍天災，交相侵迫，以致民生日促，國勢日衰，民族之消沈，幾如江河日下，國家已淪於次殖民地矣，而全國國民所迫切需要者爲何？即一「有主義能領導國民革命，以解放中華民族，提高國際地位，

（1）

《南针》创刊号发刊词

1935年3月3日，程潜得到老部下一时任参谋次长杨杰的推荐，被聘任为军事委员会上将高等顾问。同年11月12日，国民党第五次全国代表大会召开，早已复出的蒋介石在会上表示“抱定最后牺牲之决心，而为和平最大之努力，期达奠定国家民族复兴之目的”，随后提出国防建设和对日战争准备等议题。

军事委员会随即开始加紧军队准备、调整指挥机构。此时，参谋次长杨杰向蒋介石再次推荐程潜出山，他认为“当今国难当头，我党必须精诚团结，携手同心，御敌于国门之外，像程潜这样有才华的将领，总不能让他做‘寓公’吧。他的资历、能力比我强，当参谋总长胜任有余”。杨杰的这番说辞成功说动了蒋介石。

在此情况下，程潜先于11月22日当选国民党第五届候补中央执行委员、12月2日当选中央政治委员会委员，继于12月18日被任命为军事委员会参谋总长，就此正式回归军政。程潜到职后，组织参谋本部人员拟订《民国二十六年度国防作战计划》，至1937年1月完成“甲案”与“乙案”两份稿本，3月修订完成。其中的“甲案”，成为之后淞沪会战初期作战的指导方针。

1936年1月11日，程潜被叙任官位为陆军二级上将。2月19日兼任中央陆军军官学校校务委员。7月9日获颁国民革命军誓师10周年纪念勋章。7月14日兼任国防会议会员。

新任參謀總長

程潛宣誓就職

中央派李烈鈞監誓

（南京）新任參謀總長程潛、於三十日晨國府紀念週後、在府補行宣誓就職禮、中央派李烈鈞監誓、各院部會長官均參加觀禮、就位後、奏樂、由林主席領導行禮、卽行授印禮、次行宣誓就職禮、禮畢、由李烈鈞致訓云、此次新政府組織、中央選賢任能、海內引領企望甚殷、而於軍事高級人選、尤加注意、本來我國民族、向愛和平、亦以國際盟約、九國條約、非戰公約、各國必能共同遵守、故對於軍事不甚講求、自歐戰以還、列强莫不擴充軍備、精益求精、在此等强權爭奪之下、欲建立國家、非有充份之武力、不足以保持領土之完整、維持世界之和平、我國科學落後、經濟凋敝、因此軍備未能與列强並駕齊驅、又以素愛和平、近年以來、領土遂日被侵佔、時時受人壓迫、國難增重、雖世界亦有主張公理者、未能濟事、由此言之、參謀本部、職掌國防責任、更爲重大、程同志追隨先總理革命、担任軍事重要工作多年、受命爲參謀總長、自易求參謀勤務之精進、關於國防設備、必能策劃至善、以副政府之倚重、中央同人甚望程同志勉之、繼林主席訓詞、略謂近數年來、國家因爲天災人禍外患的交相煎迫、政府對於軍事國防、沒有多大的力量去做、同時國家經濟、也感覺非常缺乏、但是一個國家在世界上雖然環境不好、自己也應當有一個適當的準備、近代的軍事國防、要恃有高深的學問數年來政府因併力從事勦共由於蔣委員長的專心規劃、現在幸已告一段落、以後對於外來的侵逼、自應爲及早預防的準備、程同志對黨國努力效忠、此次受任爲參謀總長、深慶爲國得人、希望程同志於艱苦困難中、格外努力、以副中央暨全國人民之望、順祝程同志康健、末由程潛答詞、程潛拜受參謀總長大命之日、不勝惶恐、自度學識淺薄、深懼不克當此重任、惟以國難方殷、身爲黨員、忝列軍籍、有一分才力、卽應盡一分責任、加以軍事委員長及諸同志之訓勉、義不容辭、業於前二十三日由委員長指授方略、先行到部視事、今日舉行宣誓典禮之後、蒙中央監誓委員授與訓示、主席授與訓示、敬聆之下、謹以至誠接受、銘刻五中、就職以後、自當遵從中央黨部、國民政府、軍事委員會之指導、督率本部職員、加緊努力工作、以求參謀業務之精進、而副中央之期望、謹答、十一時禮成、（三十日中央社電）

《申报》对程潜就任参谋总长一事的报道（1935年12月31日）

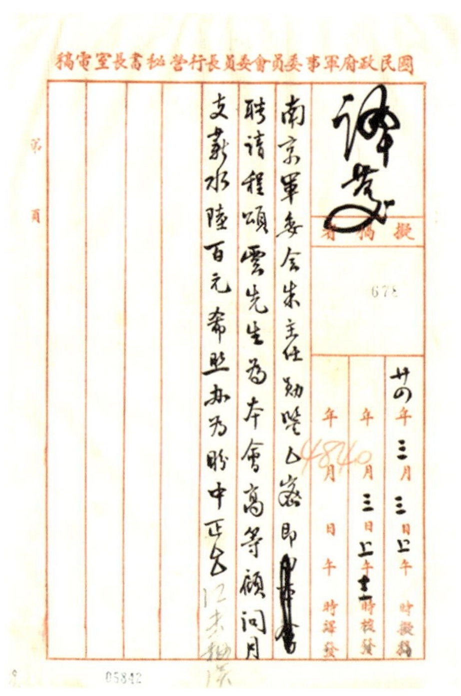

國民政府軍事委員會委員長行營秘書長室電稿

擬稿 廿四年三月三日上午 時

核發 年 月 三日上午十一時

譯發 年 月 日 午 時

南京軍委會朱主任勳鑒：巳密。即聘請程頌雲先生為本會高等顧問，月支薪水陸百元，希照辦為盼。中正

05842

蒋介石聘任程潜为军事委员会高等顾问的手令

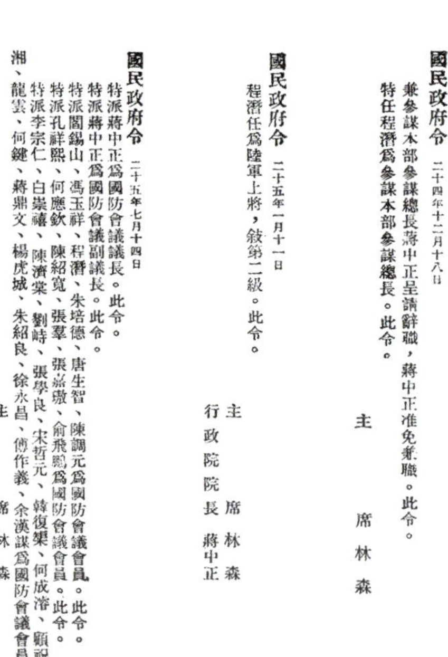

國民政府令 二十四年十二月十八日

兼參謀本部參謀總長蔣中正呈請辭職，蔣中正准免兼職。此令。

特任程潛爲參謀本部參謀總長。此令。

主　席　林　森

國民政府令 二十五年一月十一日

程潛任爲陸軍上將，敘第二級。此令。

主　席　林　森

行政院院長　蔣中正

國民政府令 二十五年七月十四日

特派蔣中正爲國防會議議長。此令。

特派蔣中正爲國防會議副議長。此令。

特派閻錫山、馮玉祥、程潛、朱培德、唐生智、陳調元爲國防會議會員。此令。

特派孔祥熙、何應欽、陳紹寬、張羣、張嘉璈、俞飛鵬爲國防會議會員。此令。

特派李宗仁、白崇禧、陳濟棠、劉峙、張學良、宋哲元、韓復榘、何成濬、顧祝同、劉湘、龍雲、何鍵、蔣鼎文、楊虎城、朱紹良、徐永昌、傅作義、余漢謀爲國防會議會員。此令。

主　席　林　森

程潜担任参谋总长、任官陆军二级上将、兼任国防会议会员的命令

程潜就参谋总长职后与次长杨杰（右）、熊斌（左）合影

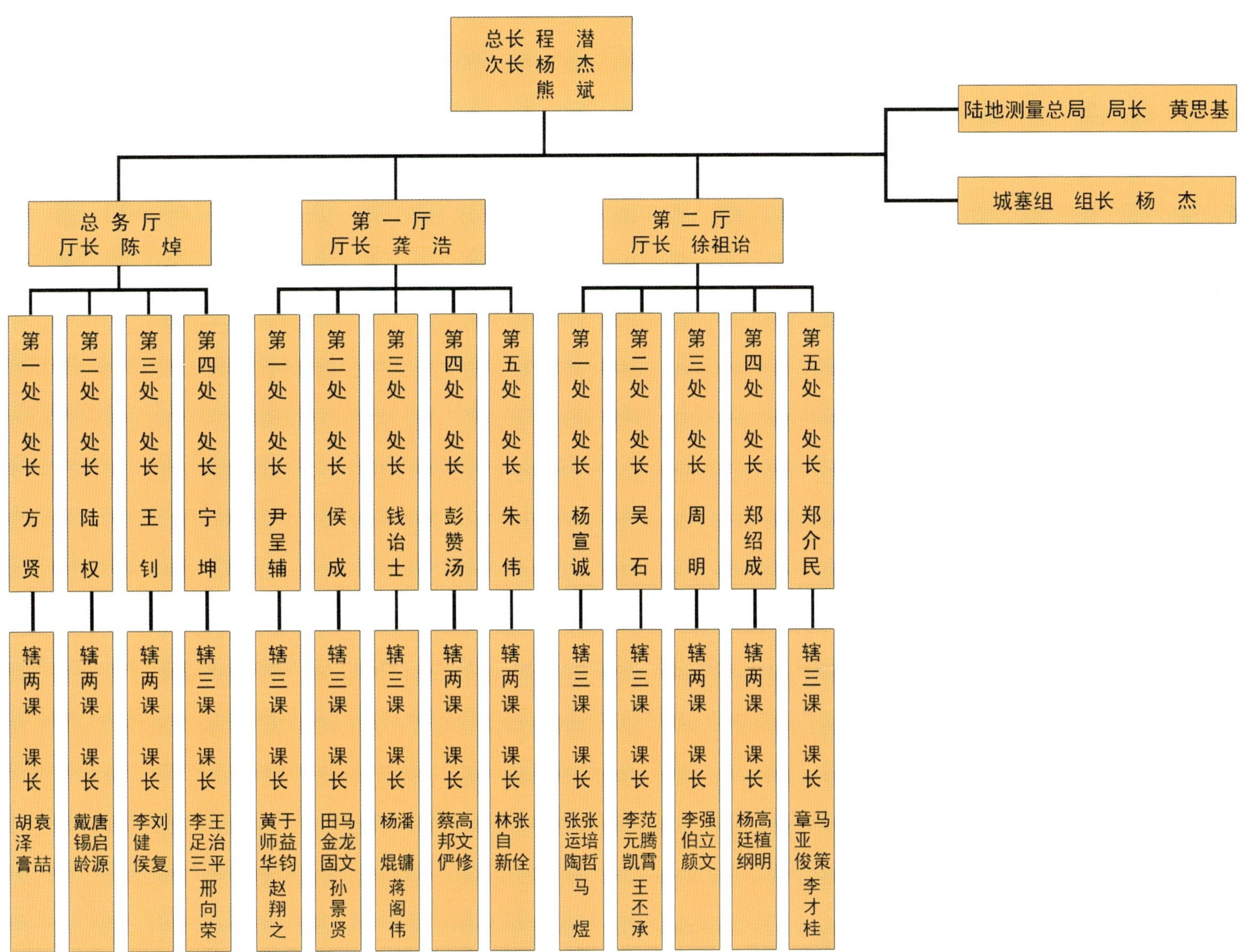
参谋本部组织表
1936年6月
总长 程潜
次长 杨杰
熊斌
陆地测量总局 局长 黄思基
城塞组 组长 杨杰
总务厅 厅长 陈焯
第一厅 厅长 龚浩
第二厅 厅长 徐祖诒
第一处 处长 方贤
第二处 处长 陆权
第三处 处长 王钊
第四处 处长 宁坤
第一处 处长 尹呈辅
第二处 处长 侯成
第三处 处长 钱诒士
第四处 处长 彭赞汤
第五处 处长 朱伟
第一处 处长 杨宣诚
第二处 处长 吴石
第三处 处长 周明
第四处 处长 郑绍成
第五处 处长 郑介民
辖两课 课长 袁喆 胡泽膏
辖两课 课长 唐启源 戴锡龄
辖两课 课长 刘复 李健侯
辖三课 课长 王治平 李足三 邢向荣
辖三课 课长 于益钧 黄师华 赵翔之
辖三课 课长 马龙文 田金固 孙景贤
辖三课 课长 潘镛 杨焜 蒋阁伟
辖两课 课长 高文修 蔡邦俨
辖两课 课长 张铨 林自新
辖三课 课长 张培哲 张运陶 马煜
辖三课 课长 范腾霄 李元凯 王丕承
辖两课 课长 强立文 李伯颜
辖两课 课长 高植明 杨廷纲
辖三课 课长 马策 章亚俊 李才桂

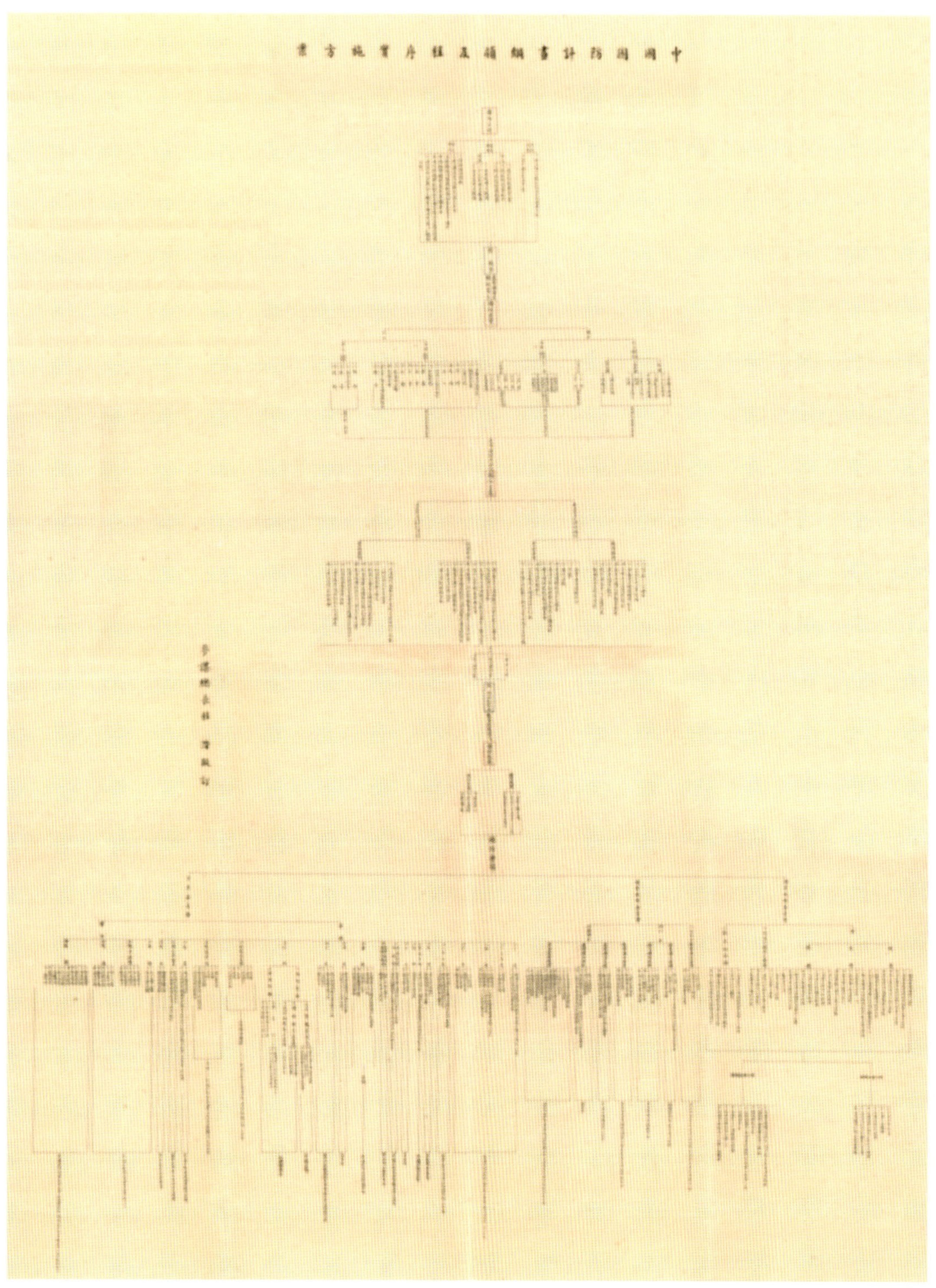

程谦就任参谋总长后，亲自拟订的《中国国防计划纲领及程序实施方案》

1936年，程潜时任参谋总长，巡视江苏、河南等地。到南京悼念10年前攻占南京时的阵亡将士。难忘1927年（丁卯）3月6日，江右军占领芜湖，又分兵三路向当涂推进，17日取当涂，22日攻采石矶、溧水，23日进入南京之往事，留下“春风吹宿草，凄凄断人肠”伤感。巡江阴，至镇江，驰汤山，达徐州，过连云港到河南安阳漳河。一路感怀，是时国难日亟，内忧方殷，盱衡国势，忧心忡忡。纵情丘壑，忧国情殷。

民國二十五年丙子

清明雨華臺弔丁卯金陵陣亡將士墓

佳節維清明重來陟高岡追懷十年事
灑淚不能忘江流浩如往山勢峻若常
惟此纍纍塚屹然增道傍多士久從予
戮力奮戎行捐生重衛國發蹤愧乖方
想其摧陷時寧復計存亡生為萬夫表
死為三軍光歲月忽已徂塹壘猶相望
春風吹宿草萋萋斷人腸

春巡江陰

江南春色佳瞻望盡青山芊芊皋蘭平
娟娟綠野繁鎖鑰嚴重鎮巡閱首要津
浩渺信天塹周衛良海門自從夷秋盛
久苦兵甲煩設險非一朝力竭財亦殫
顧茲傷凋敝何以固屏藩回舟警滄流
終夜百憂攢

鎮江

東流江水黃京口海潮白圻岸徧巡行
旅館聊棲息川原隱華秀星月帶春色
戍角起城樓漁歌鼓漣碧洪濤晝夜逝
陰雲今古積北固舊披堅金焦新荷戟
屏藩已千載水陸欣重歷遊覽豈予事
慮深情轉戚

湯山道中作

密雲自東馳時雨灑崇朝戎事不可稽
驅車出遠郊亭午陽威布流火復凝霄
衢術坦蕩中往來何喧囂居肆矜工苦
耕野憫農勞揮斤汗如霖操耒膚若燒
誰家繁華子逃暑趨金焦感此惻中懷
歸途成短謠

秋巡徐州

江南春歷覽江北秋巡遊揚帆渡浦口
振旆出徐州瀛海正揪波淮泗尚安流
涼飇吹四野禾黍實平疇陸行窮阪道
水涉困船舟訪古物莫賞懷新景不收
緬邈爭戰場愴念豪俊儔東望長太息
誰知我心憂

連雲港

東巡沿瀛壖秋獮討軍實徐方昔衝要
海邑今起越茲行迩周覽自朝至日沒
望洋指扶桑縱舟凌窮髮港灣水亦迷
山高巖復密形勝此稱險綢繆苦難悉
攻奪方競新技巧豈無匹寧云備不周
毋謂敵可忽

由安陽至漳河

馳車出鄴城朔風吹不斷塵飛蔽清霄
木落明芳甸茲邦扼燕趙曹公昔營建
河漳左右流形勝古今炫及今患顛危
豈尚懷安宴如何賢哲士沉冥不可見
千年雄恢地斯民實疲倦北望陰霾興
臨河淚如霰

1936年6月1日，“两广事变”爆发。11日，何应钦、程潜等联名致电陈济棠等人停止率部入湘，26日再电劝陈济棠、李宗仁、白崇禧等退兵。6月30日，陈济棠、李宗仁、白崇禧电覆何应钦、程潜等，有所申辩。7月2日，何应钦、程潜等电陈济棠、李宗仁、白崇禧，请来京出席二中全会。18日，陈济棠在蒋介石的分化收买策略下，众叛亲离，被迫下野，李宗仁则据广西继续反蒋。

7月25日，蒋介石准备以武力解决广西问题，程潜于此时不计李宗仁曾拘禁他的旧恶，希望蒋、桂双方能以民族存亡为先，大局为重，将广西问题和平解决。为此，程潜主动参与到蒋、桂之间的和平斡旋工作，他先给李宗仁麾下的高级参谋刘斐（醴陵同乡）致电，内言“中国要抗日，就不应再打内战，而应敦劝蒋、桂双方和解，以免自毁抗日力量”。刘斐接电后表示同意，并“应程潜之约，以私人资格”斡旋和平。程潜随后又动员何应钦联名电蒋，提出和平解决的建议。8月3日，程潜电劝李宗仁、白崇禧离桂北上就职。8月8日，程潜亲自坐船南下，12日抵达广州后亲自说服坐镇广州的蒋介石。

1936年8月8日，程潜奉命出使广州，由上海坐船出发前与淞沪警备司令杨虎（上图）、参谋次长杨杰、上海市市长吴铁城（下图）留影

1936 年 8 月 12 日，程潜（手持礼帽者）抵达广州后受到第四路军总司令余汉谋（左三）的热烈欢迎

1936年8月26日，程潜在广州电告李宗仁、白崇禧，说明南京中央对广西采取的态度是“和平解决”。31日，李宗仁、白崇禧电迎居正、程潜前来南宁商谈“和平”事宜。

9月2日，程潜、朱培德、居正携蒋介石亲笔函抵达南宁，3日与李宗仁、白崇禧会商和平方案。4日，广西代表刘斐携李宗仁、白崇禧函随同程潜等到广州，谒见蒋介石，广西问题得到和平解决。16日，程潜、黄绍竑自广州到南宁，商讨广西善后。17日，程潜偕李宗仁、黄旭初到广州，再次谒见蒋介石。22日，程潜完成任务自广州返回南京，并于11月12日获颁一等宝鼎勋章。

事后，李宗仁对程潜这种以德报怨的品德深为感戴，他在回忆录中写道：“颂老受一时之屈，事后对我未尝有片言的抱怨，其胸怀的豁达，实属可钦，而我本人则引为终身之疚，至尽悔之。”

12月12日，张学良、杨虎城联合发动“西安事变”，以“兵谏”的形式将蒋介石扣押，他们呼吁立即停止内战，一致对外。位于南京中央常务会议及政治会议立即决议加委程潜等6人为军事委员会常务委员，准备营救蒋介石及处理其他相关事宜。14日，程潜、唐生智、朱培德等电促张学良“猛醒”。25日，在中共中央和周恩来的主导下，使蒋介石接受“停止内战，联共抗日”的主张，事变得以和平解决。

程潜兼任中央军校校务委员时（摄于1936年，南京）

1936年9月2日，居正（右三）、程潜（右二）、朱培德（右四）乘坐飞机抵达南宁议和，在机场受到李宗仁（左三）、白崇禧（右一）、黄旭初（左二）的欢迎。程潜在见到白崇禧时曾说道：“果能相见以诚，和衷共济，即使要我磕八个响头也愿意。”广西与中央对峙，至此和解

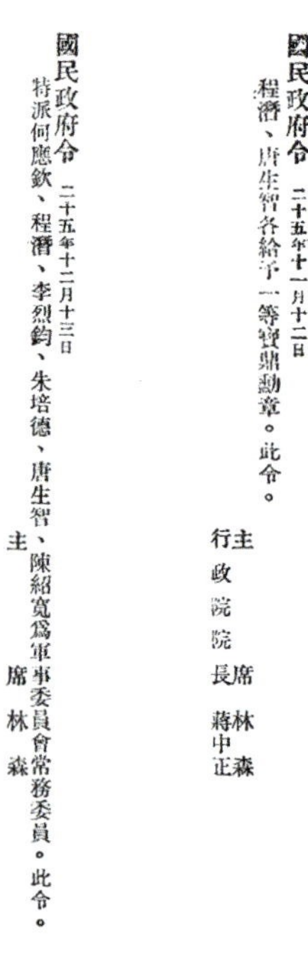

國民政府令 二十五年十一月十二日
程潛、唐生智各給予一等寶鼎勳章。此令。
主席 林森
行政院院長 蔣中正

國民政府令 二十五年十二月十三日
特派何應欽、程潛、李烈鈞、朱培德、唐生智、陳紹寬爲軍事委員會常務委員。此令。
主席 林森

程潜被授予一等宝鼎勋章、被任命为军事委员会常务委员的命令

程潜抵达南宁机场后与前来欢迎的李宗仁握手

1937 年 3 月 28 日，程潜启程前往南宁前，在南京明故宫机场与欢送者合影

程潜即将登机前留影

“两广事变”是指 1936 年 6 月至 9 月，占据广东的陈济棠粤系和广西的李宗仁新桂系，借抗日运动之名义，反抗不积极抗日却一直处心积虑要吞并两广的、位于南京中央蒋介石的政治事件。该事件几乎触发了一场新的内战，但经过多方努力，最终以双方达成政治妥协而和平结束。

1937 年 3 月，广西军队正式接受改编，李宗仁、白崇禧也接受了国民政府委任的第五路军总司令、副总司令之职。3 月 28 日，参谋总长程潜作为南京中央代表，乘坐飞机再次前往南宁，以监誓官的身份参加李、白的宣誓就职典礼。

程潜在李宗仁（左二）、白崇禧（左一）的介绍下与前来机场的桂军将领逐一握手

李宗仁、白崇禧在程潜的监誓下，宣誓就职第五路军总司令、副总司令

程潜抵达南宁后与桂军将领合营。右二起：黄绍竑、白崇禧、程潜、李宗仁、黄旭初、李品仙、夏威

监誓结束后，程潜与桂军将领合营。右三起：李宗仁、程潜、白崇禧、刘斐

保卫卢沟桥的中国军队第二十九军士兵

1937年7月7日，日军在北平发动“卢沟桥事变”，遭到中国守军第二十九军的奋起抵抗，抗日战争全面爆发。事变发生后，日军一面玩弄“停战”阴谋，声明采取“不扩大”方针，一面却从伪满洲国、朝鲜、日本本土抽调10万军队扩大侵略。7月26日，日军占领廊坊。28日对北平郊区的中国军队发起进攻。29日，南苑发生激战，守军官兵伤亡5千余人，第二十九军副军长佟凌阁、第一三二师师长赵登禹也在抗击日军时壮烈牺牲。当天，北平沦陷。30日，天津沦陷。

平、津陷落后，中国军队在平汉铁路、津浦铁路沿线层层设防，阻敌南下。8月20日，程潜被任命为大本营参谋总长。9月23日代理第一战区司令长官。此时，日军以平、津为据点，兵分四路向山西、山东、绥远、河南发动大举进攻，华北方面军第一军以四个师团约10万人，沿平汉线急速南攻，9月24日攻陷保定，直逼石家庄，程潜于此时驰赴邢台坐镇指挥。

10月8日，正定沦陷。10日，石家庄沦陷。10月19日，日军又分三路渡漳河发起进攻，20日占领保漳一带高地，战局危殆。程潜亲自指挥关麟征第五十二军于21日拂晓发起反攻，夺回高地，将日军压迫到漳河岸边。11月11日，第一集团军总司令宋哲元为保存实力弃守大名，程潜被迫加紧调整部署，激励官兵奋力抵御，与日军相持近3个月，平汉线战局渐趋稳定。

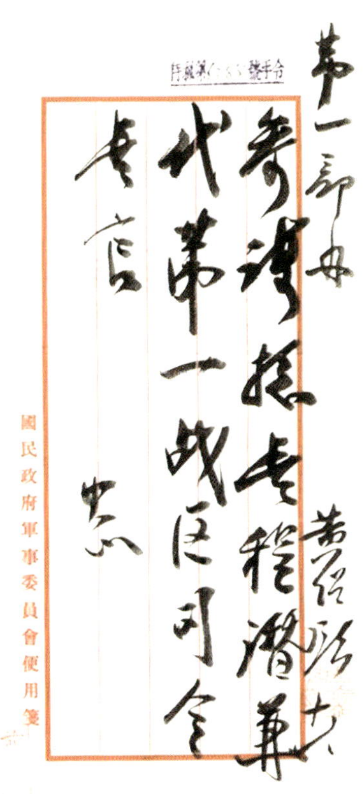

蒋介石任命程潜代理第一战区司令长官的手令

程潜代理司令长官后与兼参谋长林蔚、兼参谋处长张秉钧合影

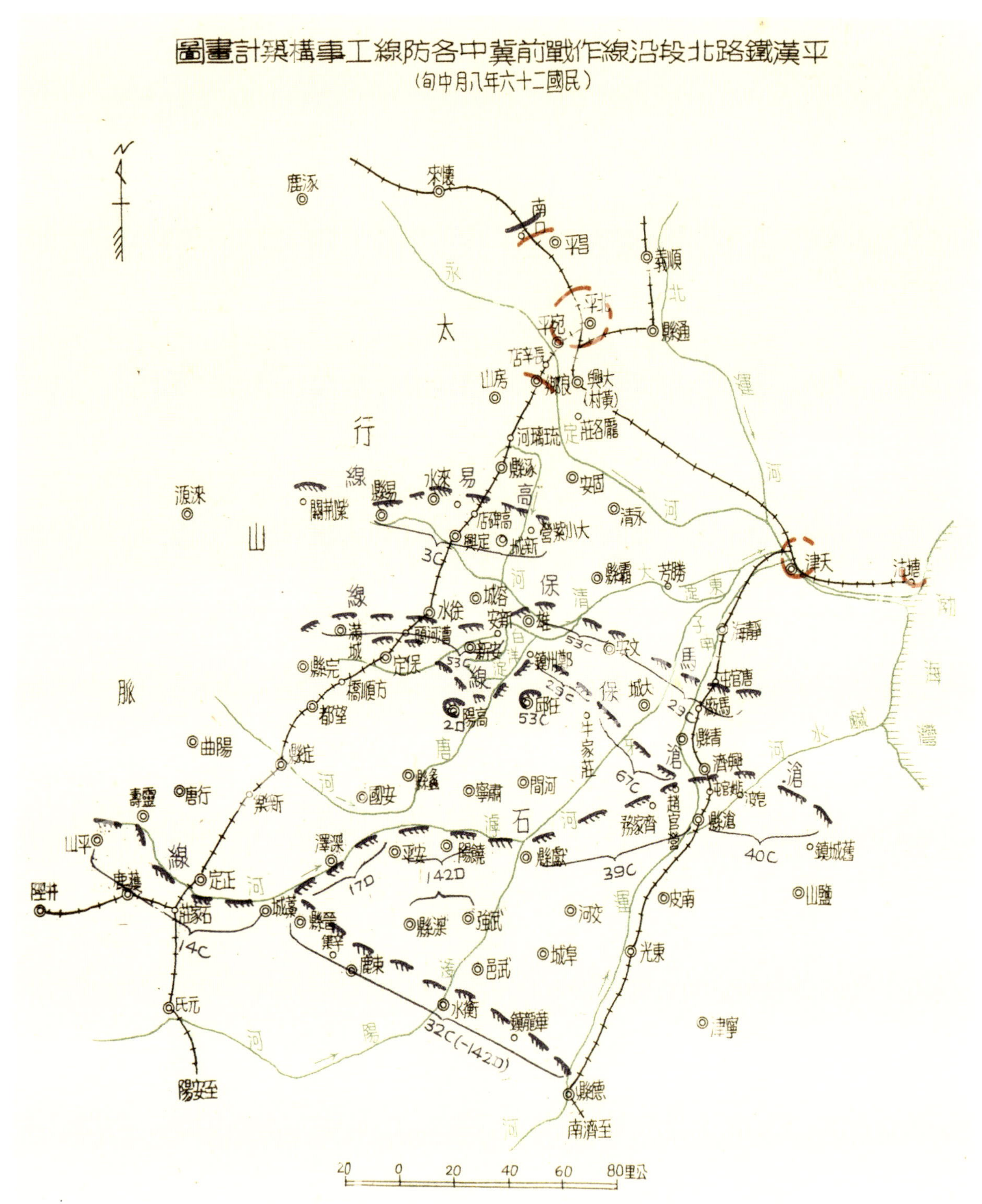

程潜为了在平汉铁路北段沿线有效阻击日军，负责制订出冀中各防线工事构筑计划图

抗戰四十二韻

民國二十七年

夜半槐槍見，妖氛遍朔方。文猶聯王敦，
釁已肇東牆。睿算無遺闕，微忠忝贊襄。
普天齊憤慨，億眾共輸將。禍變延淞瀆，
風煙及太行。伐謀欣迅決，破虜快騰驤。
夙恨兇殘甚，寧辭遏禦長。冠懷徒逐逐，
予陣自堂堂。結隊來鵝鸛，橫行縱虎狼。
飛車投矢石，鬬艦擾江洋。雞狗同罹劫，
童嬰亦被殃。飄離紛坰野，轉徙接帆檣。
河北隄如潰，蘇南燄更狂。宵烽千里熾，
露版萬言詳。秉鉞追姜尚，揮戈效魯陽。
壯心雄豹略，獨將奮鷹揚。選銳嚴前衛，
蒐材備後防。憑鄗過許鄭，躍馬渡洺漳。
忻縣攻何急，并州守未遑。連城容豕突，
比戶任梟張。設險全資敵，臨奔始發藏。
金湯旋陷落，白下頓倉皇。敗卒排山倒，
孱軍背水戕。乘虛侵益亟，肆虐恥難償。
王師深兢惕，偏裨盡激昂。馳驅令頗牧，
籌策倚平良。否吉宜生泰，屯貞必返康。
豫燕尊節制，濟兗附聲光。左翼維徐甸，
中權控武昌。泗淮鏖戰苦，沂嶧互爭忙。
流血驚漂杵，陳尸慘積邙。地雖渲濊濁，
國尚固苞桑。殪兕情殊烈，當熊意倍強。
幾經逢挫折，詎肯讓披猖。得道原多助，
佳兵本不祥。直詞昭內外，浩氣貫穹蒼。
彼早衰而竭，吾仍毅以剛。抗加哀者勝，
剝復理之常。大辱安能忍，茲仇孔勿忘。
廿年吳可沼，九世紀終亡。憲宿甘三徙，
齊盟詩一匡。平倭期旦暮，收淚喜相望。
吹臺禊集不得新字

續抗戰四十二韻 並序

靳仲雲以重九游集鎮平菩提寺，用杜甫《九日藍田崔氏莊》詩分韻賦詩，為予拈得還字見寄。予既不與其會，又值軍事方殷，自大營移洛一作後，不託於音者已數月矣。惟念今春曾為抗戰四十二韻，邇來戰鬬尤烈，不可不紀，因續成是篇，寄示仲雲。

擾攘風雲中，鞅掌戎馬間。豈不懷佳節，
畏此簡書煩。客從南陽來，貽我一錦箋。
上序結嘉會，下言賦詩篇。邀我同制作，
分韻適得還。顧我移洛後，羽檄正紛紜。
嘯歌以咏志，良無此餘閑。東夷亂華夏，
況復已經年。兵連非一地，釁構本多端。
奉命總軍旅，努力遏狂瀾。振策臨河朔，
河朔虜氛羶。憑軾望江南，江南妖霧纏。
慘澹滬寧淪，赤血濁清川。逼迫晉魯陷，
空城凝寒煙。冬去春又來，日月如循環。
烽燧連百城，覬覦及中原。徐淮邊顛沛，
梁陳苦播遷。塗炭將何訴，瘡痍誰為憐。
浩浩黃[洪]河水，中夜忽瀰漫。蕩漾阻凶鋒，
迴軍遂南旋。馬當將失律，水陸隳重關。
幸有精良卒，甘為溝壑填。匡霍遙相望，
江漢同騰奔。追逐勇益厲，壯烈各爭先。
鏖戰四閱月，殺敵無萬千。虜尸橫曠莽，
玄黃共新鮮。詭謀不獲逞，毒燄肆其殘。
哀我熊羆士，頃爾如倒懸。天地忽變易，
山川頓掀翻。湛湛霑戎衣，咻咻呻野田。
堅壘既盡毀，雄鎮隨之捐。慘哉千里目，
黃菊亦無妍。勝敗有何常，師貴策其全。
智者計遠大，愚者爭目前。不覩虎狼兇，
兇盈當自顛。不見蛇蠍毒，毒極將自殲。
制敵固有術，於今豈無傳。不震亦不逸，
不憂亦不歡。蓄氣毋自餒，同力能回天。
奮迅大化中，從容以任艱。行遠必由邇，
登高庸自顛。持此語諸子，茲義倘足宣。

抗日战争爆发后，程潜担任平汉线方面指挥。1938 年 1 月起，程潜在河南一带指挥抗战军事。这两首诗文都是当时所作

國民政府令 二十七年二月二日

任命程潛、龔浩為河南省政府委員。此令。

任命程潛兼河南省政府主席。此令。

主　席　林　森

行政院院長　孔祥熙

國民政府令 二十七年二月二十四日

兼河南全省保安司令商震另有任用，商震應免兼職。此令。

任命程潛兼河南全省保安司令。此令。

主　席　林　森

行政院院長　孔祥熙

程潜被任命为河南省政府主席、委员、全省保安司令的命令

1938 年 1 月 17 日，程潜在郑州正式成立第一战区司令长官司令部，辖两个集团军 30 多个师。2 月 2 日，程潜兼河南省政府主席。3 日，就职后发表了治豫纲领。2 月 8 日，日军 4 个师团大举进攻豫北，程潜指挥所部奋勇抵抗，不料右翼宋哲元部节节败退，防线被突破，程潜急派援兵策应宋哲元部，并调骑兵北渡黄河，向道清线以南、平汉线以东地区发起攻击，解宋哲元部之危，迫使日军不敢继续贸然侵犯河南。

3 月，程潜指挥第一战区部队作为外围策应，在山东临沂、峄县一带牵制打击日军，配合李宗仁第五战区作战。与此同时，为加强第五战区战斗力，程潜奉命抽调所属第五十九军前往增援临沂守军——庞炳勋第三军团。第五十九军军长张自忠与庞炳勋曾同为冯玉祥部属，在 1930 年的中原大战中，庞炳勋被蒋介石收买，倒戈一击，使张自忠几遭不测。抗战全面爆发后，张自忠曾说："任何战场我均可以死相拼，唯独不愿与庞炳勋在同一战场。"

当张自忠奉命增援庞炳勋部后，张自忠感到十分为难，不愿出发。程潜知道后，便谆谆开导，他说："你与庞炳勋的宿怨，纯系私仇。目前民族危亡，我们应抛弃前嫌，共报国仇。为挽救民族于水火，即使牺牲个人生命，也在所不辞，何必计较个人恩怨？我与李宗仁将军也有个人私怨，他于 1928 年将我无理扣押，对我进行人身攻击，现在我们不也在一起共同指挥抗日吗？"程潜的一番话使张自忠疑虑皆消，张自忠急率所部驰援临沂，成功解庞军团之围，接连两次击退日军，对友军在台儿庄的大捷作出贡献。

担任河南省政府主席时的程潜（摄于 1938 年 2 月，洛阳）

程潜在陕西秋林与第二战区司令长官阎锡山会晤

4月6日，程潜亲抵徐州，会同李宗仁、白崇禧指挥，取得台儿庄大捷。5月初，程潜指挥所部在豫东鲁西积极配合徐州会战。5月上旬，日军第十四师团孤军深入，由鲁西猛向陇海线进逼，企图阻断第五战区部队西撤后路。11日，蒋介石电令程潜在兰封地区集中精锐部队歼灭这股日军，并亲赴郑州指挥。5月14日，日军第十四师团强渡黄河，攻陷菏泽，进袭兰封，23日夜占兰封。24日，程潜奔赴开封，设立指挥所，他调整部署，拟定以优势兵力全歼日军第十四师团的计划。25日晨，程潜下令发起总攻，于27日收复兰封，恢复陇海铁路交通，保障第五战区部队的安全撤退。不料东线第八军黄杰所部于28日丢失归德，致使战局逆转。6月1日，程潜被迫令豫东各部向平汉线以西撤退。2日，日军再攻兰封，4日进逼开封。5日，程潜率第一战区司令长官部迁至洛阳。6日开封失守。

为阻挡日军，程潜于6月9日奉蒋介石之命炸开黄河大堤，迫使日军向东后退，但也给当地百姓造成了重大损失。12日，程潜指挥所部6个军发起反攻，相继收复豫北、豫东、鲁西等地。11月17日收复大名。

正在巡视战场的第一战区司令长官程潜（约摄于1938年3月）

第一战区司令长官司令部证章（1938年）

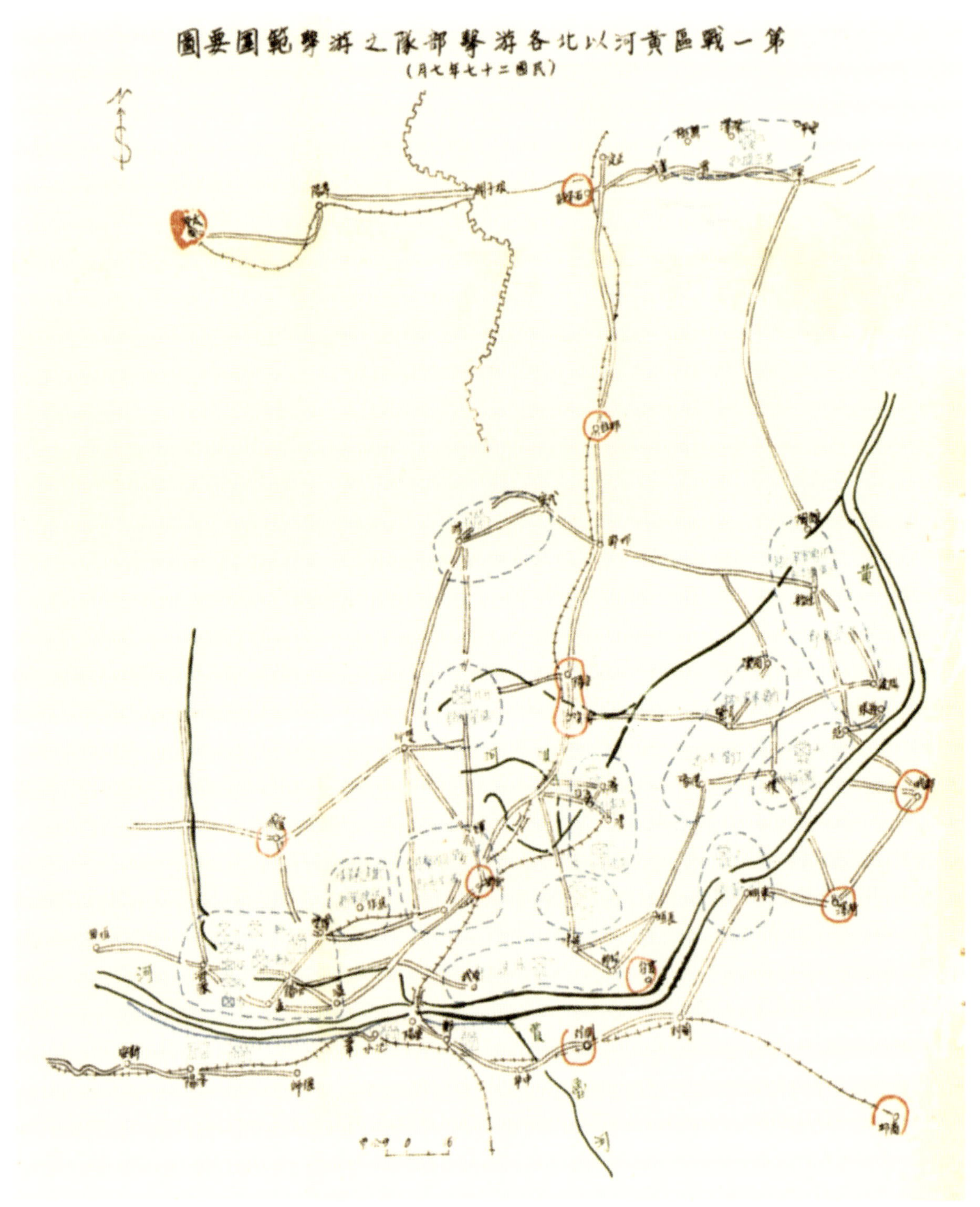

1938 年 7 月，程潜对黄河以北沦陷区布置游击战，图为各游击区位置及范围

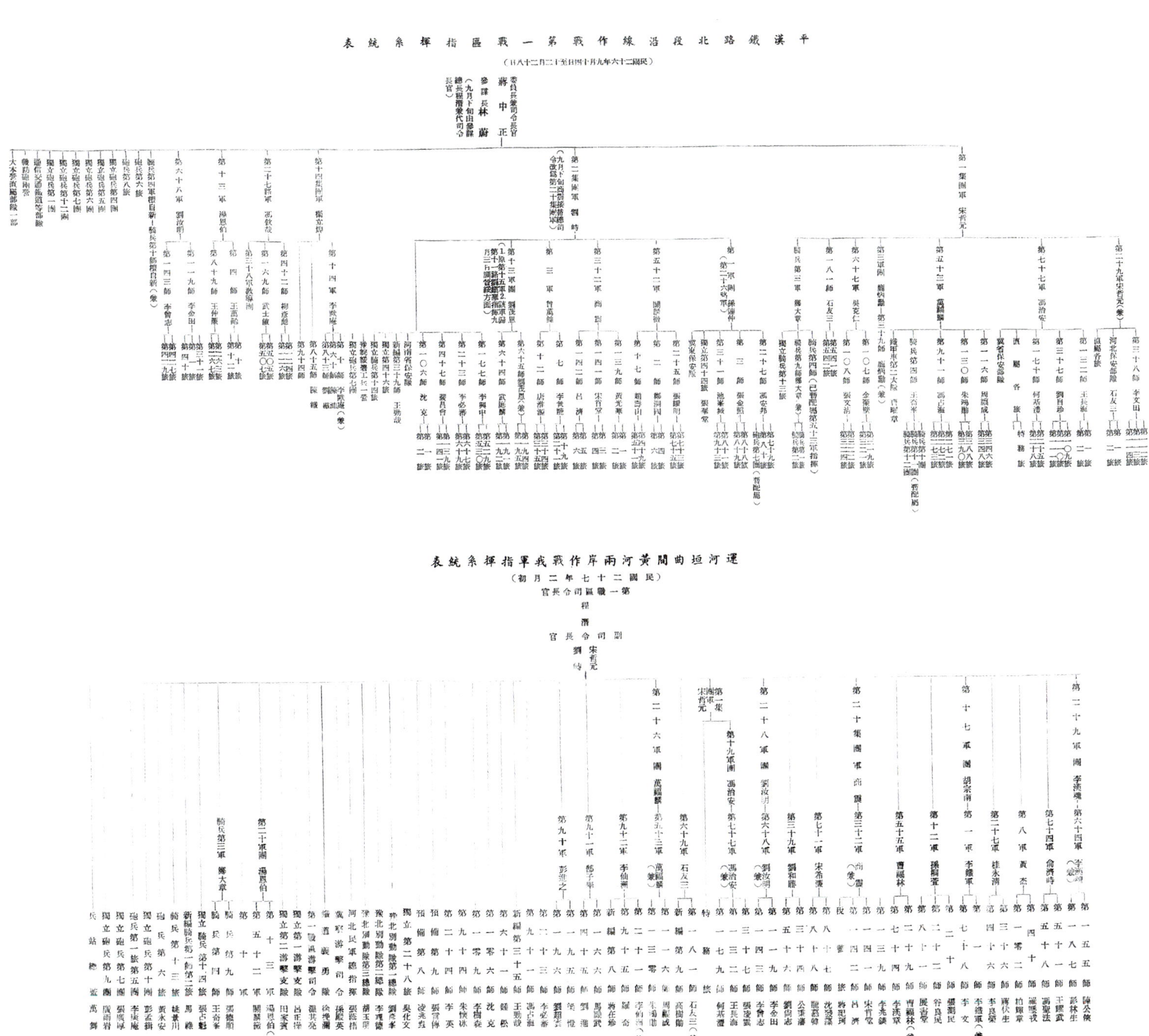

平漢鐵路北段沿線作戰第一戰區指揮系統表

（民國二十六年九月十四日至十二月二十八日）

運河垣曲間黃河兩岸作戰我軍指揮系統表

（民國二十七年二月初）

程潜在担任第一战区司令长官期间，曾指挥过两次战役，分别是平汉铁路北段沿线之作战（1937 年 10 月 2 日—12 月 18 日）和运河垣曲间黄河两岸作战（1938 年 2 月 7 日—6 月 10 日）。图为两次战役的指挥系统表

1938 年 6 月，程潜在总务处副处长陈从志的介绍下，与郭翼青女士相识。通过一段时间的了解，两人情投意合，于 7 月在洛阳喜结连理，结为夫妻。婚后，程潜与郭翼青恩爱有佳，相敬如宾。郭翼青尽心照顾丈夫的饮食起居，嘘寒问暖，为程潜排忧解愁，给予生活乐趣。程潜苦恼时，郭翼青又能多方体贴，百般抚慰。凡是遇到重大问题时，两人有商有量，程潜能虚心倾听夫人的意见。

据郭翼青回忆："他(指程潜)平日沉默寡言，和我只谈家务，情绪好的时候，就带着浓厚的乡土音，向我和孩子们讲述一些历史掌故和古典文学作品。对于政治上的问题，他守口如瓶，几乎是片语不宣。"

1938 年 7 月，程潜与郭翼青在洛阳拍摄的结婚照

1938 年 7 月，程潜与郭翼青在洛阳结婚，此为结婚照

1938 年 10 月，华南和华中重镇广州、武汉相继沦陷。以此为标志，抗日战争开始由战略防御阶段转入战略相持阶段。为调整抗战新阶段的军事战略，军事委员会于 11 月 25 日在衡山举行了为期 4 天的军事会议，史称“第一次南岳军事会议”。

蒋介石主持了这次会议并致辞，并在会中通过了设立战地党政委员会，以及撤销原设行营，新成立桂林、天水两个军事委员会委员长行营的议案。其中，战地党政委员会负责沦陷区的工作，桂林、天水两个委员长行营则分别统一指挥南北两个战场的军事。程潜以第一战区司令长官的身份参加了这次“南岳会议”，他在会中作了辖区内的军事工作报告。

11 月 28 日，程潜被任命为天水行营主任，统辖第一战区（司令长官卫立煌，辖区豫北）、第二战区（司令长官阎锡山，辖区山西）、第五战区（司令长官李宗仁，辖区皖西、鄂北、豫南）、第八战区（司令长官朱绍良，辖区甘、宁、青、绥）、第十战区（司令长官蒋鼎文，辖区陕西），以及两个新设游击战区——冀察战区（总司令鹿钟麟）、鲁苏战区（总司令于学忠）。天水行营的职掌业务如下：一、作战部分，依据战地党政委员会既定方针与指示，主持所辖战区之作战，并与军委会各部联系；二、军政部分，办理所辖战区部队之整理、补充、经理、卫生诸事项；三、军训部分，办理所辖战区内各部之教育、检阅、点验诸事项；四、军法部分，办理所辖战区内与军法有关诸事项。

陕西各界抗敌后援会前方将士慰劳团代表向天水行营主任程潜敬献锦旗（摄于 1939 年 2 月，西安）

程潜（骑马着军服者）与北路慰劳团在西安检阅中央军校第七分校的学生（摄于 1939 年 2 月，西安）

担任天水行营主任时的程潜

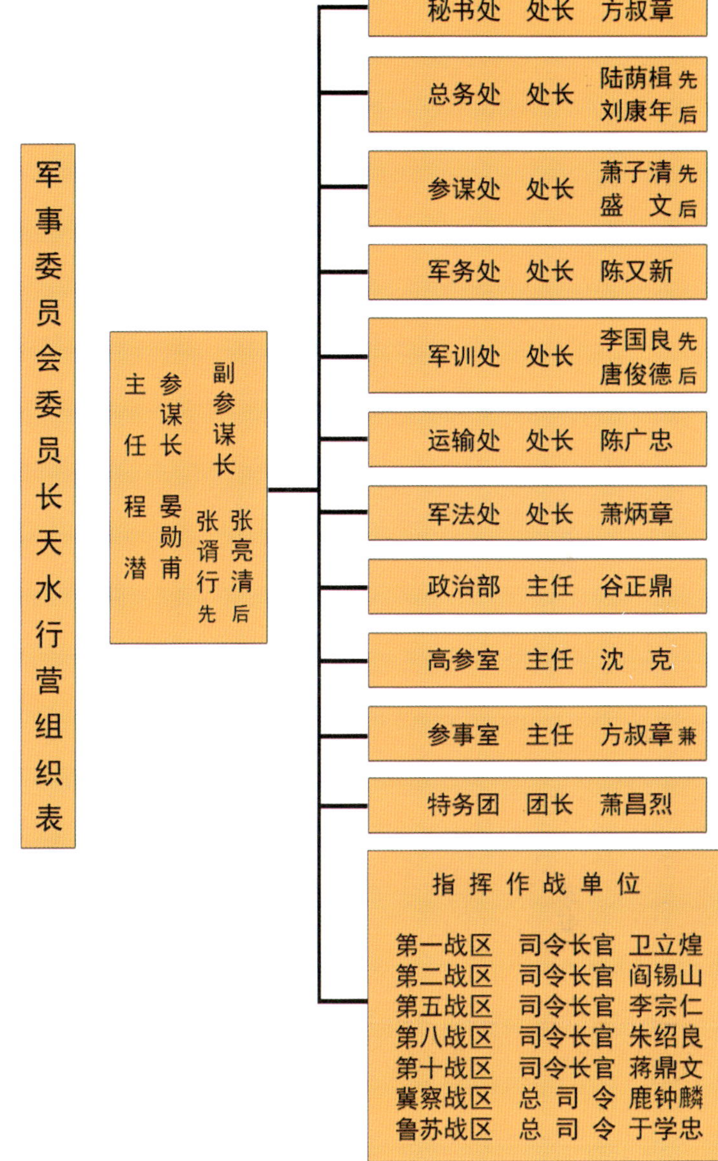

程潜接受新职，即在洛阳抽调原第一战区司令长官司令部人员为基础筹备天水行营。按照原计划，天水行营组成后将立即迁往甘肃天水挂牌办公。但根据先遣参谋实地考察，认为天水过于遥远，且交通不便，并不适合作为行营驻地，因此程潜在经过请示蒋介石获准之后，将行营驻地定在西安，于1939年2月1日正式开始办公。

抗战时期的程潜

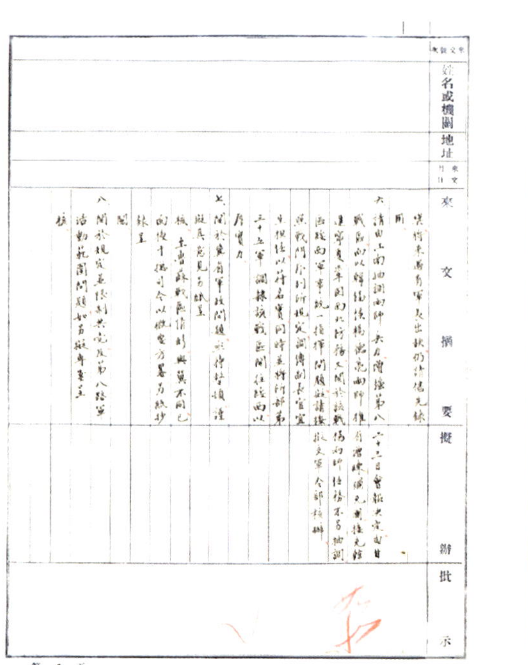

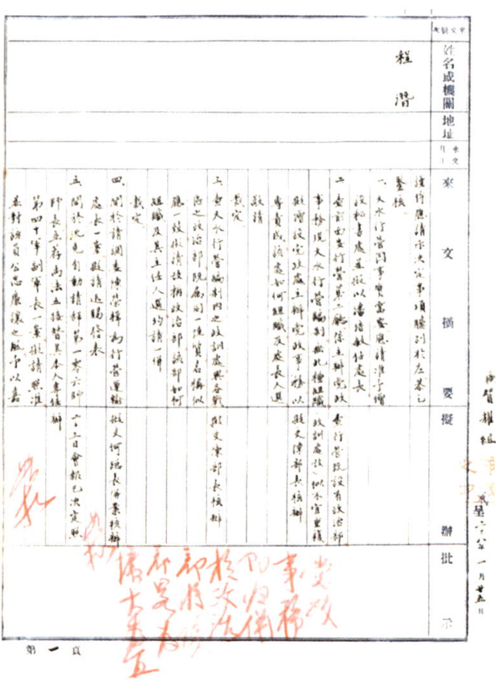

1939 年 1 月 25 日，程潜电军事委员会关于天水行营组织编制及人事报告（红字为蒋介石批复）

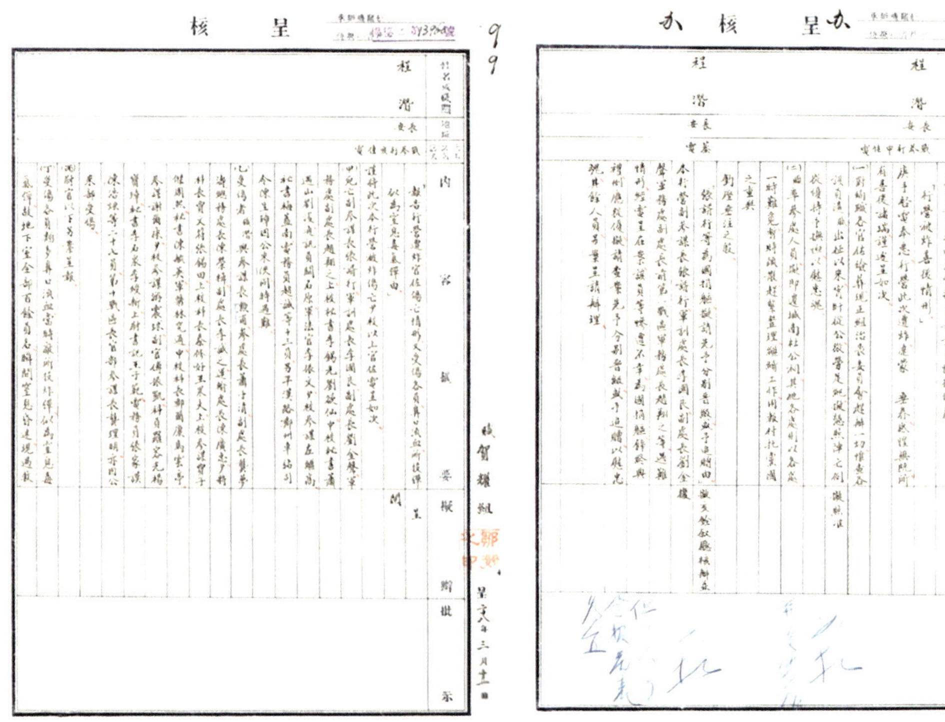

1939 年 3 月 11 日，程潜电军事委员会关于天水行营被炸少校以上官佐伤亡情形报告（蓝字为蒋介石批复）

1939 年 3 月 7 日，日军航空兵 14 架轰炸机对位于西安的天水行营驻地实施猛烈轰炸，程潜虽命所部官兵迅速进入各机关分配好的防空洞内躲避，但因部分防空洞被炸坍塌，导致洞内不少官兵窒息，伤亡惨重。

据统计，有天水行营少将副参谋长张谞行、军训处中将处长李国良、少将副处长刘金声、军务处少将副处长赵翔之 4 位将军遇难，上校及以下官兵也有 60 名遇难。程潜虽被成功救出，但却因一度窒息身体受到损伤，不得不在医院调养了一段时间才得以康复。

1939 年 3 月 7 日下午，日军航空兵 14 架轰炸机对位于西安的天水行营驻地实施猛烈轰炸，程潜与所属百余官兵因防空洞被轰塌惨遭活埋。程潜被抢救出来时已经休克，所幸经医生抢救脱离危险，但副参谋长、军训处李国良、副处长刘金声、军务副处长赵翔之及以下 64 名官兵不幸遇难。

程潜在得知李国良牺牲的消息后悲痛地说道：“国良北伐时期就跟着我，昨天才由重庆飞抵西安，刚到行营来见我就遇到了警报，想不到他进防空洞竟遭惨祸。真是功业未成身先死，长使英雄泪满襟。”

天水行营
少将副参谋长张谞行

张谞行，浙江杭州人，字春笙。保定陆军军官学校第九期步兵科、陆军大学正则班第十期毕业。历任排长、连长、队附、主任、课长、处长。抗日战争全面爆发后，历任参谋本部第一厅少将处长、第一战区司令长官部少将副参谋长、军事委员会委员长天水行营少将副参谋长。1939 年 3 月 7 日在陕西西安遭日军飞机轰炸遇难，时年仅 35 岁。

天水行营军训处
中将处长李国良

李国良，湖南长沙人，字兆彬。日本陆军士官学校中华队第十四期辎重兵科毕业。历任参谋、教官、教育长、部附、总队长、团长、副师长、高级教官、主任、参谋长、兵监、校长。抗日战争全面爆发后，历任军训部中将辎重兵监、军事委员会委员长天水行营军训处中将处长。1939 年 3 月 7 日在陕西西安遭日军轰炸遇难，时年仅 43 岁。

天水行营军训处
少将副处长刘金声

刘金声，河北行唐人，字律初。保定陆军军官学校第六期步兵科、陆军大学正则班第八期毕业。历任排长、连长、营长、团附、团长、参谋长。抗日战争全面爆发后，历任第六十一军少将参谋长、第一战区司令长官部少将高级参谋、军事委员会委员长天水行营军训处少将副处长。1939 年 3 月 7 日在陕西西安遭日军轰炸遇难，时年仅 44 岁。

天水行营军务处
少将副处长赵翔之

赵翔之，河北清苑人，原名文立。保定陆军军官学校第五期步兵科、陆军大学正则班第十期毕业。历任排长、连长、团附、教官、参谋、课长。抗日战争全面爆发后，历任参谋本部上校课长、第一战区司令长官部军务处少将处长、军事委员会委员长天水行营军务处少将副处长。1939 年 3 月 7 日在陕西西安遭日军轰炸遇难，时年仅 42 岁。

“三七惨案”发生后，程潜为遇难的 64 名官兵树碑纪念。图为墓碑文字拓片（原碑已毁）

中華民國對日抗戰之第三年三月七日日本空軍襲炸長安行營死官佐士兵六十四人事聞贈官卹金如例以其月二十九日葬於翠華山麓聚魄瘞蛻既封既樹嗚呼諸君子奉公殉職奮乎百世可謂忠烈也已潛忝總師干頑敵

未殲多士遽殞感念袍澤悲愴無既爰銘貞石以垂不朽其辭曰　太華峻矣可以步行黃河廣矣可以葦杭惟有浩氣上塞旻蒼惟有丹心橫被八荒數不可計譬莫能方嗟爾多士實國之良如何不弔遽為國殤不有死者國胡以

強成仁取義終古流芳

軍事委員會委員長天水行營主任程潛撰並書

中華民國二十九年月日立

碑文如下：中华民国对日抗战之第三年 3 月 7 日，日本空军袭炸长安行营（编者注：即天水行营），死官佐士兵 64 人。事闻，增官恤金如例，以其月 29 日葬于翠华山麓，聚魄臧蜕，既封既树。呜呼！诸君子奉公殉职，奋乎百世，可谓忠烈也已。潜忝总师干，顽敌未歼，多士遽殒，感念袍泽，悲怆无既，爰铭贞石，以垂不朽。其辞曰：

太华峻矣，可以不幸。黄河广矣，可以苇杭。

惟有浩气，上塞旻苍。惟有丹心，横被八荒。

数不可计，譬莫能方。嗟尔多士，实国之良。

如何不吊，遽为国殇。不有死者，国胡以强。

成仁取义，终古流芳。

（原碑已无存，根据原碑拓片拼接而成）

1939年5月13日，程潜晋任官位为陆军一级上将。同年7月，军事委员会决定在西安开办西北游击干部训练班，由蒋介石兼任主任，程潜和白崇禧、陈诚兼任副主任，胡宗南兼任教育长。西北游干班的教育训练实行精神、政治、军事并重，课目分为“精神训练”、“政治训练”和“军事训练”。每期受训期限为3个月，结业后一般分配到部队训练基层军事骨干，编组游击队伍，或派往敌后开展游击作战。

程潜对西北游干班的教育十分关心，曾亲笔题词“一心一德”，并常亲自为学员讲课。1940年1月，西北游干班第二期学员举行开学典礼，程潜亲自前往参加，并发表讲话，鼓励受训学员努力学习，以完成新的使命。程潜在讲话中说道：“现在中国的抗战，处在一个最严重的阶段，这个阶段将比从前更艰巨。这就要求我们自己的精神要比从前更振奋，自己的决心要比从前更坚定。要能够这样再接再厉，不屈不挠，才可以克服当前的困难，打倒残暴的敌人，获得最后的胜利。”程潜认为“中国的抗战是与争取世界和平紧密相关的，它不仅是远东和平之所依赖，而且是世界和平之所依赖。只有中国抗战取得成功，远东的和平才有保障，世界和平的基础才能稳定”，并告诫受训学员在学习期间要“充实了学问的力量，充实了精神的力量，受训时间满了，回到各部队去，再把部队中的新生力量培养起来，充实起来，源源的培养，源源的充实，这种力量，虽然新陈代谢，却永远没有缺乏的恐慌”。最后，程潜阐述了当前要肩负起新的使命，他说：“第二期的抗战战略上，游击战是相当重要的。沦陷区的战场上，游击战的使用极为广泛，这种战略能够收到良好的战果，游击干部却是决定的关键。因为游击队不仅要与正规军密切配合，而且要和民众密切配合；不仅要在前线广泛发动，而且要在敌后广泛发动。”

程潜在担任天水行营主任期间，仍然执行孙中山先生的遗教，坚持国共合作，慎重处理国共两党关系。一方面，他制止了陕甘宁边区绥德专员何绍南制造“摩擦”事端、阴谋破坏国共合作的图谋。另一方面，他对进步人士和一些共产党员的抗日活动予以掩护。当时被扣押的共产党“嫌疑犯”达300多人，程潜都予以释放。由于程潜是对日作战的强硬派，成为侵华日军的眼中钉。

担任天水行营主任的程潜

1941 年 12 月 7 日，日本海军偷袭美国，轰炸了夏威夷珍珠港的战舰和军事目标。350 余架日军飞机对珍珠港海军基地实施了两波袭击，投下穿甲弹，并向美军的战列舰和巡洋舰发射鱼雷。美军毫无防备，他们在爆炸的巨响中醒来，仓促自卫。整场先发制人的袭击在 90 分钟内结束，彼时，日本炸沉了美军 4 艘战列舰和两艘驱逐舰，炸毁 188 架飞机，受损的建筑、船只和飞机则更多。攻击中约有 2400 名美国人丧生，另有 1250 人受伤，这是对美国的一个巨大震骇。攻击过后，日本正式向美国宣战。次日，美国总统罗斯福发表了著名的“国耻演讲”，随后签署了对日本的正式宣战声明。几日之内，纳粹德国与意大利向美国宣战，而美国也迅即予以了宣战回应。

12 月 9 日，中华民国国民政府在抗战全面爆发的第五个年头，终于正式对日本宣战。

太平洋大戰感賦 并序

近月，日本佯與美會談太平洋問題，忽於十二月八突攻南洋羣島及夏威夷羣島，遂啓大戰。

黷窮謂可長，吞噬將無鄰。詭詐謂可常，橫暴將一尊。世有此囚殘，合謀擾坤垠。凌人藉曲説，計功逞强權。洶如水逆行，炎若火燎原。堤防信宜豫，焦爛寧畏艱。譬彼虎豹兇，咆哮山林間。陷穽在其側，貪饕卒被殲。譬彼鷹鸇猛，搏擊方高騫。增繳起於下，折風隨殞顛。强梁不得死，亢悔數則然。天道相乘除，萬物當並存。惟仁乃無敵，惟信始能羣。時變縱無極，至理終不泯。

德人尼采倡言權力意志，滿足本能，流極至於殘忍，久已風靡彼土矣狂飈所扇，遠及東方。倭族本去野蠻未久，浸淫尤易。此近日與德連結、荼毒世界之所由來也。吾國崇尚中道，人已兩立，與近世民主國家所揭櫫之公理、正義，自有不可顛撲者在。詩意在闢尼采曲説。彼希特勒諸人者，特因緣時會，暫起一時，固其小焉者耳。

程潜所作《太平洋大战感赋》

1940 年 5 月，程潜奉调陪都重庆，担任军事委员会参谋本部副参谋总长兼战地党政委员会主任委员。程潜到职后一方面辅助参谋总长何应钦拟订全国各战区作战指导方针，另一方面着手战地党政委员会的工作事宜。却没想到，程潜还未开始正式办公，战地党政会的人事已经全部由蒋介石先行委派，这使他在党政会处处受制，无法施展，唯一一个延聘大学教授为顾问的计划也在无形中夭折。

在重庆，程潜一如既往地继续坚持国共合作，共同抗战，他常与周恩来、林伯渠等中共中央领导人联系，共商抗日大计，还利用自己的职位和声望，掩护一些共产党人、进步人士从事抗日救亡活动。

程潜担任副参谋总长后留影（1940 年 5 月，重庆）

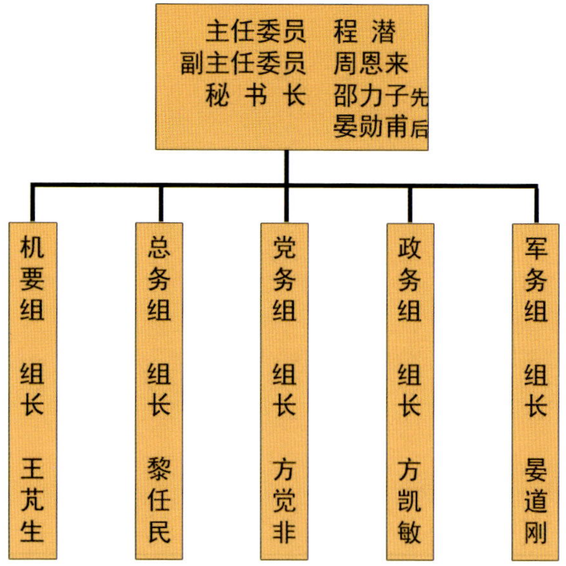

1943年2月，战地党政委员会裁撤，程潜随之被免去主委虚职，专任副参谋总长。同年10月10日，国民政府对在抗日战争中著有贡献的高级军政人员授勋嘉奖，其中程潜获颁被军人视为最高荣誉的青天白日勋章。1944年6月，蒋介石鉴于新疆发生内乱，拟派程潜担任新疆省政府主席，入新平定乱局，但经再三讨论，最后改派吴忠信入新主政。同年12月，参谋总长何应钦奉派兼任盟军中国战区陆军总司令。由于何应钦要将工作重心逐步转移到新成立的4个方面军，以及即将的在东南地区实施战略反攻作战，因此参谋本部的日常工作由代理参谋总长的程潜主持。

1945年5月21日，程潜当选国民党第六届中央执行委员。7月6日，美国政府对部分在反法西斯战线上作出贡献的中国军人颁发勋章，程潜名列其中，获银质棕榈叶勋饰自由勋章。抗日战争胜利之后，国民政府又对有功人士授勋嘉奖，程潜先后获颁胜利勋章（1945年10月10日）和忠勤勋章（1946年1月11日）。

担任副参谋总长时期的程潜

1943 年 10 月 16 日，盟军东南亚战区总司令蒙巴顿访华，在重庆与中国、美国高级将领合影
前排左起：萨默维尔、史迪威、程潜、蒙巴顿、何应钦、白崇禧、迪尔；
二排左起：商震、张治中、吴铁城、熊式辉；三排左起：刘峙、俞飞鹏、戴笠；
四排左起：不详、林蔚、刘斐、不详；五排左起：陈绍宽、不详、钱大钧；六排左二：杨宣诚

1944 年 9 月 6 日，美国总统罗斯福特使纳尔逊、赫尔利访华，在重庆与中国军队的高级将领合影
前排左起：程潜、何应钦、纳尔逊、史迪威、赫尔利、徐永昌；纳尔逊身后为张治中；
二排左起：不详、钱大钧、陈绍宽、白崇禧、贺国光、杨宣诚；三排左起：朱世明、周至柔

1945年1月1日，蒋介石在重庆举行元旦阅兵活动。参谋总长何应钦（中）、副参谋总长程潜（左）、白崇禧（右）陪同检阅时合影

何应钦于1944年秋在重庆召开军事会议，此为相关影像截图

程潜担任副参谋总长时摄

國民政府令

蔣中正給予勝利勛章。此令。

何應欽、程潛、[illegible]

……各給予勝利勛章。此令。

國民政府令

何應欽、程潛、白崇禧、徐永昌、陳誠、張治中、商震、龐炳勳、何成濬、李濟深、于學忠、何鍵、俞飛鵬、陳紹寬、陳儀、[illegible]、鄧錫侯、賀耀組、錢大鈞、劉文輝、潘文華、王纘緒、黃旭初、張鈁、龍雲、張群、黃紹竑、劉建緒、馮玉祥、陳濟棠、金漢鼎、呂超、唐生智、蔣鼎文、[illegible]之江、萬福麟、宋子文、蔣宋美齡、周至柔、黃光銳、毛邦初、賀國光、熊斌、劉斐、林蔚、俞大維、劉士毅、王俊、袁守謙、黃少谷、秦德純、徐思平、錢卓倫、張道藩、陳方、周亞衛、羅卓英、徐培根、劉詠堯、曾養甫、張鎮、[illegible]、祝紹周、曹浩森、谷正倫、張篤倫、裴存藩、戴笠、羅澤闓、萬耀煌、康澤、田士捷、李益滋、王東原、王懋功、高樹勳、馬法五、[illegible]、李惟果、香翰屏、黃琪翔、蔣經國各給予忠勤勛章。此令。

程潜获颁胜利勋章和忠勤勋章的命令

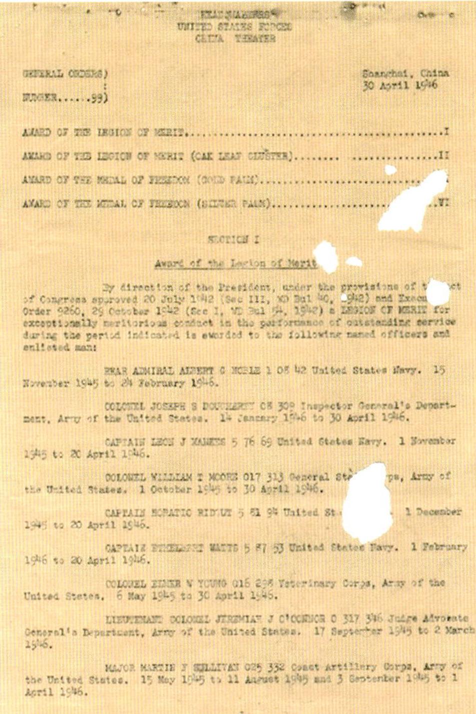

HEADQUARTERS
UNITED STATES FORCES
CHINA THEATER

GENERAL ORDERS)
NUMBER......99)

Shanghai, China
30 April 1946

AWARD OF THE LEGION OF MERIT..............................I
AWARD OF THE LEGION OF MERIT (OAK LEAF CLUSTER)........ II
AWARD OF THE MEDAL OF FREEDOM (GOLD PALM)..............III
AWARD OF THE MEDAL OF FREEDOM (SILVER PALM)..............IV

SECTION I

Award of the Legion of Merit

By direction of the President, under the provisions of the act of Congress approved 20 July 1942 (Sec III, WD Bul 40, 1942) and Executive Order 9260, 29 October 1942 (Sec I, WD Bul 54, 1942) a LEGION OF MERIT for exceptionally meritorious conduct in the performance of outstanding service during the period indicated is awarded to the following named officers and enlisted man:

REAR ADMIRAL ALBERT G NOBLE 1 08 42 United States Navy. 15 November 1945 to 24 February 1946.

COLONEL JOSEPH S DOUGHERTY O 309 Inspector General's Department, Army of the United States. 14 January 1946 to 30 April 1946.

CAPTAIN LEON J MANESS 5 76 69 United States Navy. 1 November 1945 to 20 April 1946.

COLONEL WILLIAM T MOORE O17 313 General St[illegible], Army of the United States. 1 October 1945 to 30 April 1946.

CAPTAIN HORATIO RIGBUT 5 81 94 United St[illegible] 1 December 1945 to 20 April 1946.

CAPTAIN [illegible] WATTS 5 87 53 United States Navy. 1 February 1946 to 20 April 1946.

COLONEL ELMER W YOUNG O16 298 Veterinary Corps, Army of the United States. 6 May 1945 to 30 April 1946.

LIEUTENANT COLONEL JEREMIAH J O'CONNOR O 317 346 Judge Advocate General's Department, Army of the United States. 17 September 1945 to 2 March 1946.

MAJOR MARTIN F SULLIVAN O25 352 Coast Artillery Corps, Army of the United States. 15 May 1945 to 11 August 1945 and 3 September 1945 to 1 April 1946.

-1-

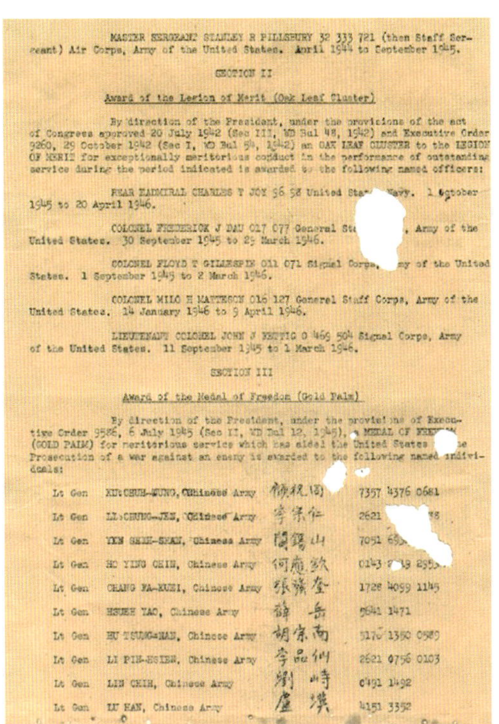

MASTER SERGEANT STANLEY H PILLSBURY 32 333 721 (then Staff Sergeant) Air Corps, Army of the United States. April 1944 to September 1945.

SECTION II

Award of the Legion of Merit (Oak Leaf Cluster)

By direction of the President, under the provisions of the act of Congress approved 20 July 1942 (Sec III, WD Bul 40, 1942) and Executive Order 9260, 29 October 1942 (Sec I, WD Bul 54, 1942) an OAK LEAF CLUSTER to the LEGION OF MERIT for exceptionally meritorious conduct in the performance of outstanding service during the period indicated is awarded to the following named officers:

REAR ADMIRAL CHARLES T JOY 56 58 United St[illegible] Navy. 1 October 1945 to 20 April 1946.

COLONEL FREDERICK J DAU O17 077 General St[illegible], Army of the United States. 30 September 1945 to 25 March 1946.

COLONEL FLOYD T GILLESPIE O11 071 Signal Corps, [illegible]y of the United States. 1 September 1945 to 2 March 1946.

COLONEL MILO H MATTESON O16 127 General Staff Corps, Army of the United States. 14 January 1946 to 9 April 1946.

LIEUTENANT COLONEL JOHN J KROTIG O 469 504 Signal Corps, Army of the United States. 11 September 1945 to 1 March 1946.

SECTION III

Award of the Medal of Freedom (Gold Palm)

By direction of the President, under the provisions of Executive Order 9586, 6 July 1945 (Sec II, WD Bul 12, 1945), a MEDAL OF FREEDOM (GOLD PALM) for meritorious service which has aided the United States in the prosecution of a war against an enemy is awarded to the following named individuals:

Lt Gen	KU CHUH-TUNG, Chinese Army	顾祝同	7357 4376 0681
Lt Gen	LI CHUNG-JEN, Chinese Army	李宗仁	2621 [illegible]
Lt Gen	YEN HSI-SHAN, Chinese Army	阎锡山	7051 [illegible]
Lt Gen	HO YING CHIN, Chinese Army	何应钦	0143 [illegible]
Lt Gen	CHANG FA-KUEI, Chinese Army	张发奎	1728 4099 1145
Lt Gen	HSUEH YAO, Chinese Army	薛岳	5641 1471
Lt Gen	HU TSUNG-NAN, Chinese Army	胡宗南	5170 1350 0589
Lt Gen	LI PIN-HSIEN, Chinese Army	李品仙	2621 0756 0103
Lt Gen	LIN CHIH, Chinese Army	刘峙	0491 1492
Lt Gen	LU HAN, Chinese Army	卢汉	4151 3352

-2-

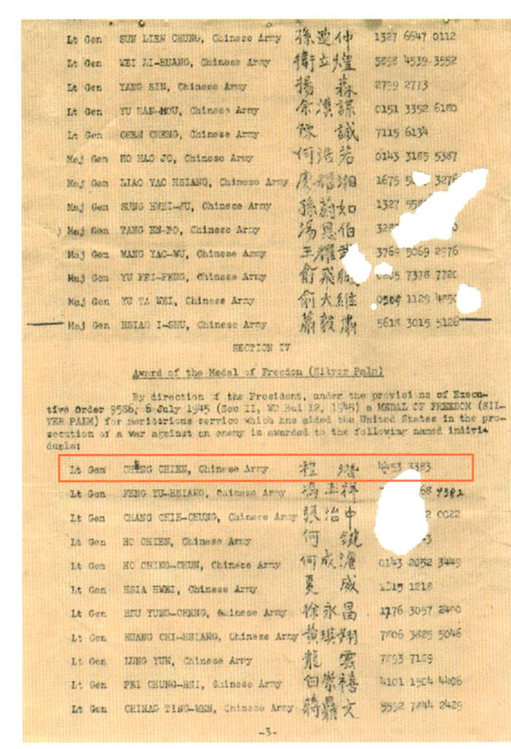

Lt Gen	SUN LIEN CHUNG, Chinese Army	孙连仲	1327 6647 0112
Lt Gen	WEI LI-HUANG, Chinese Army	卫立煌	5898 4539 3552
Lt Gen	YANG SEN, Chinese Army	杨森	2799 2773
Lt Gen	YU HAN-MOU, Chinese Army	余汉谋	0151 3352 6180
Lt Gen	CHEN CHENG, Chinese Army	陈诚	7115 6134
Maj Gen	HO HAO JO, Chinese Army	何浩若	0143 3185 5387
Maj Gen	LIAO YAO HSIANG, Chinese Army	廖耀湘	1675 [illegible]
Maj Gen	SUNG HSHI-JU, Chinese Army	孙蔚如	1327 [illegible]
Maj Gen	TANG EN-PO, Chinese Army	汤恩伯	[illegible]
Maj Gen	WANG YAO-WU, Chinese Army	王耀武	3769 5069 2976
Maj Gen	YU FEI-PENG, Chinese Army	俞飞鹏	[illegible] 7378 7720
Maj Gen	YU TA WEI, Chinese Army	俞大维	[illegible] 1129 [illegible]
Maj Gen	HSIAO I-SHU, Chinese Army	萧毅肃	5618 3015 5126

SECTION IV

Award of the Medal of Freedom (Silver Palm)

By direction of the President, under the provisions of Executive Order 9586, 6 July 1945 (Sec II, WD Bul 12, 1945) a MEDAL OF FREEDOM (SILVER PALM) for meritorious service which has aided the United States in the prosecution of a war against an enemy is awarded to the following named individuals:

Lt Gen	CHENG CHIEN, Chinese Army	程潜	[illegible] 3383
Lt Gen	FENG YU-HSIANG, Chinese Army	冯玉祥	[illegible] 7382
Lt Gen	CHANG CHIH-CHUNG, Chinese Army	张治中	[illegible] 0022
Lt Gen	HO CHIEN, Chinese Army	何键	[illegible]
Lt Gen	HO CHENG-CHUN, Chinese Army	何成濬	0143 2052 3449
Lt Gen	HSIA WEI, Chinese Army	夏威	1115 1218
Lt Gen	HSU YUNG-CHENG, Chinese Army	徐永昌	1776 3057 2490
Lt Gen	HUANG CHI-HSIANG, Chinese Army	黄琪翔	7806 3825 5046
Lt Gen	LUNG YUN, Chinese Army	龙云	7893 7189
Lt Gen	PAI CHUNG-HSI, Chinese Army	白崇禧	4101 1504 4406
Lt Gen	CHIANG TING-WEN, Chinese Army	蒋鼎文	5592 7844 2429

-3-

图为第一批自由勋章获得者名单

Lt Gen	SHANG CHENG, Chinese Army	商震	0794 7201
Lt Gen	YU HSUEH-CHUNG, Chinese Army	于学忠	0060 1331 1813
Maj Gen	CHANG CHO, Chinese Army	张卓	1728 0587
Maj Gen	CHEN CHIN CHENG, Chinese Army	陈金城	7115 6855 1004
Maj Gen	CHAN MING JEN, Chinese Army	陈明仁	7115 2494 0088
Maj Gen	CHIUEH HAN CHIEN, Chinese Army	阙汉骞	7067 3352 7505
Maj Gen	CHOW FU CHENG, Chinese Army	周福成	0719 4395 2052
Maj Gen	FENG HAN CHI, Chinese Army	冼汉杰	[illegible] 0267
Maj Gen	HAN CHUN, Chinese Army	韩浚	[illegible]
Maj Gen	HAN LIEN CHENG, Chinese Army	韩练成	[illegible] 2052
Maj Gen	HO SHAI LAI, Chinese Army	何世礼	0143 0013 4409
Maj Gen	HSU HSI LIN, Chinese Army	徐希麟	1776 1585 7792
Maj Gen	HU LIEN, Chinese Army	胡琏	5170 2780
Maj Gen	HUANG TAO, Chinese Army	黄涛	7806 3447
Maj Gen	KUAN LIN CHENG, Chinese Army	关麟征	7070 7792 1794
Maj Gen	LAI KWANG TA, Chinese Army	赖光大	6351 0342 1129
Maj Gen	LEE MI, Chinese Army	李弥	2621 1736
Maj Gen	LENG HSIN, Chinese Army	冷欣	0397 2946
Maj Gen	LI YU-TANG, Chinese Army	李玉堂	[illegible] 3768 1016
Maj Gen	LIANG HUA-SHENG, Chinese Army	梁华盛	[illegible]
Maj Gen	LU CHUN-CHUAN, Chinese Army	卢浚泉	[illegible]
Maj Gen	MA TSUNG-LIU, Chinese Army	马崇六	7456 [illegible]
Maj Gen	MOU T'ING-FANG, Chinese Army	牟廷芳	3684 [illegible]
Maj Gen	PAI YU SHENG, Chinese Army	伍雨生	4101 7183 3932
Maj Gen	SHIH CHIAO, Chinese Army	石觉	4258 6030
Maj Gen	SHIH CHUNG-CHENG, Chinese Army	施中诚	2457 0022 6134
Maj Gen	SUN LI-JEN, Chinese Army	孙立人	1327 4539 0086
Maj Gen	TING CHI-PAN, Chinese Army	丁治磐	0002 3112 4149
Maj Gen	TSAI, WEN-CHIH, Chinese Army	蔡文治	5591 2429 3112

-3-

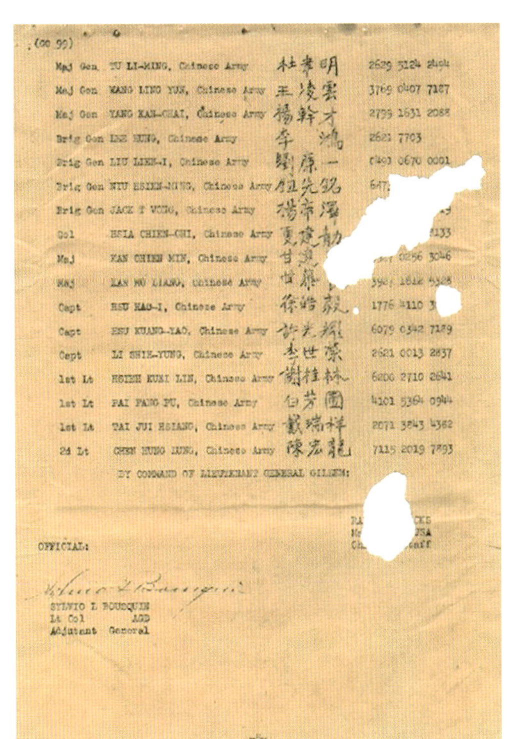

(GO 99)

Maj Gen	TU LI-MING, Chinese Army	杜聿明	2629 5124 2494
Maj Gen	WANG LING YUN, Chinese Army	王凌云	3769 0407 7187
Maj Gen	YANG KAN-CHAI, Chinese Army	杨干才	2799 1651 2088
Brig Gen	LEE HUNG, Chinese Army	李鸿	2621 7703
Brig Gen	LIU LIEN-I, Chinese Army	刘廉一	0491 0670 0001
Brig Gen	NIU HSIEN-MING, Chinese Army	钮先铭	647[illegible]
Brig Gen	JACK T YOUNG, Chinese Army	杨帝泽	[illegible]
Col	HSIA CHIEN-CHI, Chinese Army	夏建勣	[illegible]
Maj	KAN CHIEN MIN, Chinese Army	甘建民	[illegible]
Maj	LAN MO LIANG, Chinese Army	甘模良	[illegible]
Capt	HSU HAO-I, Chinese Army	徐浩毅	1776 [illegible]
Capt	HSU KUANG-YAO, Chinese Army	许光耀	6079 0342 7159
Capt	LI SHIH-YUNG, Chinese Army	李世荣	2621 0013 2837
1st Lt	HSIEH KUEI LIN, Chinese Army	谢桂林	6200 2710 2641
1st Lt	PAI FANG-FU, Chinese Army	白芳圃	4101 5364 0944
1st Lt	TAI JUI HSIANG, Chinese Army	戴瑞祥	2071 3843 4382
2d Lt	CHEN HUNG LUNG, Chinese Army	陈宏龙	7115 2019 7893

BY COMMAND OF LIEUTENANT GENERAL GILLEM:

[illegible]
Chief of Staff

OFFICIAL:

SYLVIO L BOUSQUIN
Lt Col AGD
Adjutant General

-5-

从1945年7月6日开始，美国政府陆续将自由勋章授予在反法西斯战场上著有勋绩的中国军民。第一批颁发80枚，其中获得金质棕榈叶勋饰自由勋章的有23人，获得银质棕榈叶勋饰自由勋章的有57人。

程潜位列银质棕榈叶勋饰自由勋章获得者之首。

中国代表、军令部部长徐永昌在日本投降书上签字

盟军代表麦克阿瑟在日本投降书上签字

芷江洽降会议现场实况

1945年7月17日，美、英、苏三国首脑在柏林西南近郊的波茨坦举行会议。三国首脑讨论了结束对日作战的条件和有关对日本战后处置的方针，并通过了由美、英、中三国签署的决议——《中美英三国促令日本投降之波茨坦公告》（简称《波茨坦公告》）。苏联于8月8日对日宣战后加入公告。公告宣布：盟国对日作战将继续到日本完全停止抵抗为止，日本政府必须立即投降。

8月6日和9日，美军先后在日本广岛和长崎投下原子弹；9日，苏联参战。日本政府被迫于10日通过中立国瑞士向中、美、英、苏发出乞降照会。8月14日，日本天皇向议会宣布接受《波茨坦公告》，颁布投降诏书。

8月15日中午，日本天皇裕仁通过广播公开宣读诏书，表示无条件向盟国投降。当天下午，蒋介石以盟军中国战区统帅名义，电令日本中国派遣军司令官冈村宁次“停止一切军事行动”。17日，冈村宁次复电蒋介石，并派副参谋长今井武夫作为洽降代表。8月21日，今井武夫一行8人，由汉口乘飞机抵达湖南芷江。当天下午，中国战区日军洽降会议正式举行。23日，陆军总司令部参谋长萧毅肃将备忘录第一至第五号交由今井武夫转冈村宁次，详细规定了受降事项。下午，洽降会议结束，何应钦召见今井武夫，并告之日本投降书签字地点定为南京。

9月2日上午9时，日本政府的投降仪式在停泊于东京湾的美军战列舰“密苏里”上举行。日本新任外相重光葵代表日本天皇和政府、陆军参谋总长梅津美治郎代表大本营在投降书上签字。随后，接受投降的同盟国代表、盟军最高统帅麦克阿瑟上将、美国代表尼米兹海军上将、中国代表徐永昌上将、英国代表福莱塞海军上将、苏联代表杰列维亚科中将，以及澳、加、法、荷、新西兰等国代表依次签字。至此，3个法西斯轴心国中的最后一个国家——日本正式投降，第二次世界大战以法西斯轴心国的失败和反法西斯同盟国的胜利而告终。

日本天皇裕仁通过广播宣读投降诏书

DOCUMENTS

JAPANESE SURRENDER

日军投降书全貌

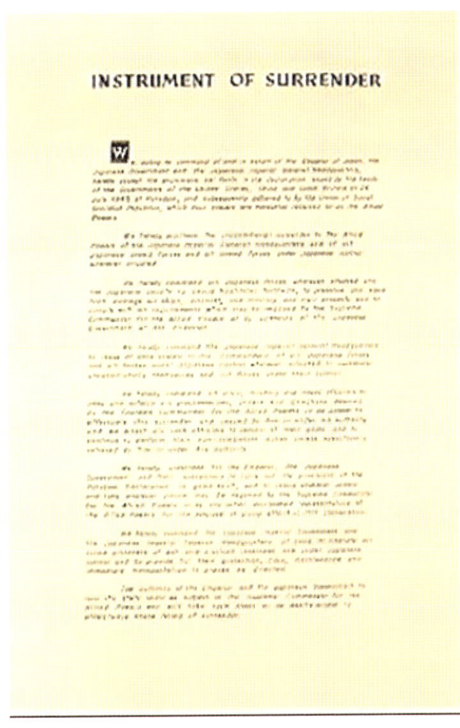

INSTRUMENT OF SURRENDER

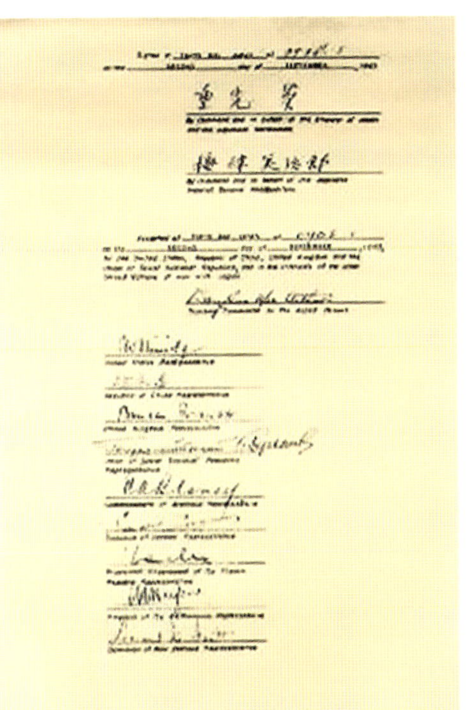

代参谋总长程潜陪同蒋介石在庆祝大会后坐车巡阅市区，并与重庆市民一同庆抗战胜利

陪都熱烈慶祝勝利

蔣主席驅車巡視市區

百餘萬市民歡呼致敬

主席乘車巡視

报纸关于“和平之声”庆祝活动的报道

现场庆祝实况

1945 年 9 月 1 日，国民政府文官处致电重庆市政府，称“奉主席规定，9 月 3 日为悬旗庆祝抗战胜利之第一日，并着全国各地方同于是日上午 9 时整鸣放解除警报或汽笛 10 分钟后，随即鸣放礼炮 101 响，以归一律”。

9 月 3 日上午 9 时整，“和平之声”在重庆上空响起，市电力公司拉响了解除警报的长音，各工厂、轮船也同时鸣放汽笛，持续 10 分钟之久。随着嘉陵江上的军舰鸣礼炮 101 响，陪都各界庆祝胜利大会在较场口广场隆重举行。庆祝活动持续了 3 天。9 月 3 日的庆祝大会结束后，重庆城内举行了盛大的游行。游行队伍有 7 万人。他们从较场口出发，经中兴路、林森路、打铜路、民族路、青年路、民生路、中山一二三路、国府路，至川东师范广场（现文化宫附近）为解散集中地点。

9 月 4 日下午 5 时，蒋介石在军事委员会大礼堂举行盛大茶会，招待各国驻华使节及盟国将领 600 余人应邀参加。当天晚上，重庆各界又举行了盛大的火炬游行。

1945 年 9 月 3 日，蒋介石和代参谋总长程潜在庆祝大会后巡阅，和重庆市民同庆抗战胜利

侵华日军参谋长小林浅三郎将投降书呈递给何应钦

南京受降仪式现场实况

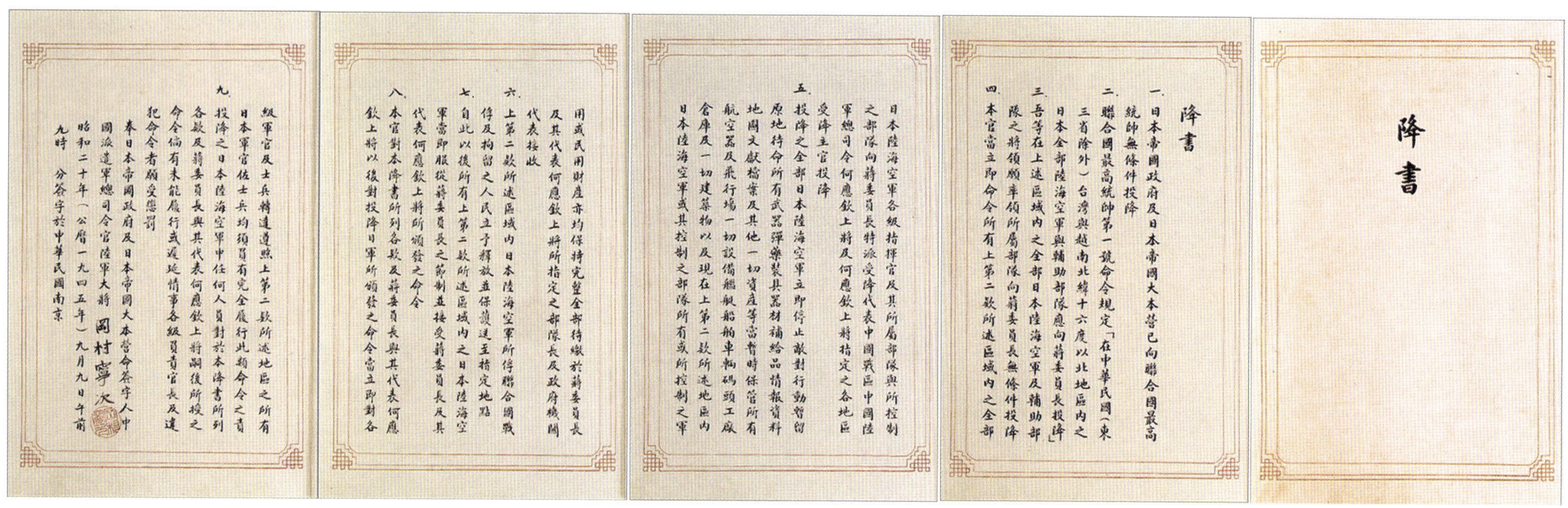

降書

降書

一、日本帝國政府及日本帝國大本營已向聯合國最高統帥無條件投降

二、聯合國最高統帥第一號命令規定「在中華民國（東三省除外）台灣與越南北緯十六度以北地區內之日本全部陸海空軍與輔助部隊應向蔣委員長投降」

三、吾等在上述區域內之全部日本陸海空軍及輔助部隊之將領願率領所屬部隊向蔣委員長無條件投降

四、本官當立即命令所有上第二款所述區域內之全部日本陸海空軍各級指揮官及其所屬部隊與所控制之部隊向蔣委員長特派受降代表中國戰區中國陸軍總司令何應欽上將及何應欽上將指定之各地區受降主官投降

五、投降之全部日本陸海空軍立即停止敵對行動暫留原地待命所有武器彈藥裝具器材補給品情報資料地圖文獻檔案及其他一切資產等當暫時保管所有航空器及飛行場一切設備艦艇船舶車輛碼頭工廠倉庫及一切建築物以及現在上第二款所述地區內日本陸海空軍或其控制之部隊所有或所控制之軍用或民用財產亦均保持完整全部待繳於蔣委員長及其代表何應欽上將所指定之部隊長及政府機關代表接收

六、上第二款所述區域內日本陸海空軍所俘聯合國戰俘及拘留之人民立予釋放並保護送至指定地點

七、自此以後所有上第二款所述區域內之日本陸海空軍當即服從蔣委員長之節制並接受蔣委員長及其代表何應欽上將所頒發之命令

八、本官對本降書所列各款及蔣委員長與其代表何應欽上將以後對投降日軍所頒發之命令當立即對各級軍官及士兵轉達遵照上第二款所述地區之所有日本軍官佐士兵均須負有完全履行此類命令之責

九、投降之日本陸海空軍中任何人員對於本降書所列各款及蔣委員長與其代表何應欽上將嗣後所授之命令倘有未能履行或遲延情事各級負責官長及違犯命令者願受懲罰

奉日本帝國政府及日本帝國大本營命簽字人中國派遣軍總司令官陸軍大將 岡村寧次

昭和二十年（公曆一九四五年）九月九日午前九時 分簽字於中華民國南京

日本投降书全貌

1945 年 9 月 9 日上午 9 时，南京中央军校大礼堂举办的受降仪式正式开始。中国陆军总司令何应钦作为中方代表正式接受侵华日军的投降。

仪式结束后，何应钦发表讲话：“敬告全国同胞及全世界人士，中国战区日本投降签字仪式已于 9 日上午 9 时在南京顺利完成，这是中国历史上最有意义的一个日子，这是八年抗战的结果。中国将走上和平建设大道，开创中华民族复兴的伟业。”

随后，中国陆军总司令部副参谋长冷欣奉何应钦之命，携带冈村宁次签字的投降书，于当天中午乘坐专机飞往重庆，准备向蒋介石呈递投降书。

1945 年 9 月 10 日上午 9 时，在重庆国民政府大礼堂外举行的日本投降书呈递仪式。站立最前方者为蒋介石。
第一排右起：鹿钟麟、何成濬、朱绶光、白崇禧、程潜、冯玉祥、孙科、于右任、戴季陶、王宠惠、邹鲁

第四部分

内战转折

1946—1949

抗日战争胜利之后，代理参谋总长的程潜奉命于1945年12月兼任武汉行营主任。由于战后整军的需要，程潜迟至1946年2月才启程前往武汉组建行营机构，并在4月被免去代理参谋总长的职务，专任武汉行营主任一职（1946年7月改称武汉行辕，1948年5月改组为武汉绥靖公署）。1946年6月，内战全面爆发，程潜奉命指挥所属两个绥靖区和两个集团军对中原解放军发起攻击，不可避免地卷入到这场战争的旋涡中。蒋介石为拉拢程潜，不仅委以高官厚禄，还对其勋奖有加，先后颁授其一等云麾勋章(1947年3月14日）、河图勋章（1948年1月1日）。12月，制宪国民大会召开，程潜作为主席团成员参加会议。

从1947年开始，程潜指挥的部队陆续增加到1个绥靖公署、5个绥靖区计10余万人。但对于手握重兵的程潜来说，却再次陷入国民党内部的政治斗争中。蒋介石一方面利用程潜牵制李宗仁新桂系在华中地区的力量，另一方面又派保密局特务监视程潜。这使程潜的处境日益艰难，他的内心也不断充满矛盾和痛苦。程潜一度寄希望于参政竞选副总统走出困境，却又因国民党内的派系斗争和利益交换而被迫妥协，退出选举。

1948年6月，时任武汉绥靖公署主任的程潜被任命为湖南省政府主席。一个月后，武汉绥靖公署也迁至长沙，并改组为长沙绥靖公署。程潜以主政湖南，且兼任省保安司令、省军管区司令、省民防司令的机会，尝试谋求局部和平，他希望能以此举“力求湖南人民免于炮火之灾害，地方免于流血与糜烂”，于是暗中委托族弟程星龄作为全权代表，秘密与中共地下党取得联系。

1949年4月，中国人民解放军继“三大战役”之后又发起渡江战役，并迅速解放中华民国的首都——南京。此时程潜已经向中共中央表明自己和平解决湖南问题的态度，并考虑到和平起义必须要有可以信任的适当人选为其掌握兵权，便设法把自己的学生陈明仁(曾在大本营陆军讲武学校就读）调入湖南，代其掌兵权，共商和平大计。

1949年6月，程潜起草了关于湖南起义的备忘录，他向中共中央主席毛泽东承诺“一俟时机成熟，潜当揭明主张，正式通电全国，号召省内外军民一致拥护以八条二十四款为基础的和平，打击蒋、白残余反动势力”。毛泽东阅后亲自复信，表示对程潜“决心采取反蒋反桂及和平解决湖南问题之方针极为佩慰”，并同意了程潜提出的若干起义条件。

1949年8月4日，经过周密策划，由程潜、陈明仁领衔的《长沙和平起义通电》正式发出，他们宣布脱离中华民国政府，接受中共中央提出的“国内和平协定”，“今后当以人民立场，加入中共领导之人民民主政权”。程潜的这一举动，受到全国人民的赞扬，毛泽东和朱德也向程潜和湖南起义官兵发出贺电，内言“诸公率三湘健儿，脱离反动阵营，参加人民革命，义声昭著，全国欢迎，南望湘云，谨致祝贺”。

长沙起义后，程潜以湖南人民临时军政委员会主任委员（旋改称湖南人民军政委员会主任委员）的身份继续主持湖南军政。1949年9月，程潜受毛泽东邀请，前往北京筹备和出席全国政协第一届全体会议。程潜抵达北京后，受到毛泽东、朱德、周恩来、林伯渠等人的热烈欢迎，毛泽东还在中南海设宴为他洗尘。在全国政协会议中，程潜当选为中央人民政府委员。一个月后又被任命为中华人民共和国中央人民政府人民革命军事委员会副主席。同年11月，程潜返回长沙后不久，又被任命为中南军政委员会副主席，此后他长驻长沙，主持湘政，为新中国的建设继续作出贡献。

1945 年 12 月 22 日，美国特使马歇尔访华即将抵达重庆，程潜（左一）与白崇禧（左二）等人前往机场迎接

抗日战争胜利后，国共两党开始谋求和谈。1945年8月28日，毛泽东率领中共中央代表团从延安飞抵重庆，开始了为期43天的重庆谈判。10月10日，国共双方代表签订《政府与中共代表会谈纪要》，即《双十协定》，并公开发表。国民政府接受中共提出的“和平建国”的基本方针。双方协议“必须共同努力，以和平、民主、团结、统一为基础”，“长期合作，坚决避免内战，建设独立、自由和富强的新中国”。

在谈判期间，时任代理参谋总长的程潜曾与毛泽东互相拜访，畅谈时局。对此，程潜在回忆录中是这么写的：重庆谈判期间，他（指毛泽东）于9月20日下午先后拜访了叶楚伧、陈立夫、贺耀组和我。以后我专程拜访了毛主席。我们互相叙旧，漫谈时局。在谈到未来全国将要实行由下而上的普选时，毛主席主张我参加竞选，说：“竞选副总统搞成了，好主持国共和谈；如果搞不成。你就只要个湖南。”我说：“我没有钱，搞人家不赢。”毛主席说：“你跟你的部下商量，找他们想办法嘛！”这一席话，对此后程潜决定参加竞选中华民国副总统影响深远。

《双十协定》虽然签订，但国共两军的军事冲突却时有发生。对此，美国总统杜鲁门派遣特使马歇尔前往中国，参与“军事调停”。马歇尔于12月21日抵达南京与蒋介石会面，一天后又飞往重庆，与中共代表周恩来、叶剑英、董必武见面。在马歇尔的要求下，国、共、美三方联合成立“调停小组”，并于1946年1月10日达成停战协议，13日夜12时正式生效。然而，停战依然遥不可及。

武汉行营旧影

1946 年 10 月 20 日，程潜在武汉长江轮船上留影

1945 年 11 月 9 日，长沙成立“湖南善后建设协进会”，程潜被推举为名誉理事。11 月 11 日，程潜出席在重庆召开的战后复员整军会议。17 日又参与会商东北问题。12 月 20 日，程潜奉命兼任武汉行营主任，但因整军需要迟至 1946 年 2 月 17 日才由重庆飞抵武汉组建行营，并于 26 日开始办公。3 月 22 日，军事委员会免去程潜的代参谋总长职务，命他专任行营主任。此时归属程潜指挥的计有两个绥靖区、两个集团军和一个警备总司令部，计 10 万余人，其辖区为河南南部及湖北、湖南、江西三省。

程潜正式就任武汉行营主任后认为“国家经过八年抗战，创伤很重；今后，应着重绥靖地方，安抚流亡，恢复地方秩序，繁荣经济，苏复元气”，他希望所属的军政部署能够“励精图治，勿负民望”。由于当时国共两军时有武装冲突，《停战协定》几成一纸空文。

军事委员会委员长武汉行营组织表

（1946年7月改称国民政府主席武汉行辕）

- 主任　程潜
- 副主任　孙蔚如　王缵绪　唐式遵
- 参谋长　郭忏先　王天鸣（代）后
- 副参谋长　王天鸣
- 秘书长　鲁荡平（未到职）

- 办公厅　主任　尹呈辅
- 政治部（后改称新闻处）　主任（处长）　萧赞育先　阮齐后
- 参谋处　处长　邓定远
- 军务处　处长　冯疑
- 交通处　处长　杨继荣
- 总务处　处长　蒋虎志
- 政务处　处长　方觉慧先　贾伯涛后
- 经理处　处长　钟岳峻
- 外事处　处长　姚悟千
- 军法处　处长　冯其吾
- 警卫团　团长　张镜白

指挥单位

- 第六绥靖区　司令官　周岩
- 第七绥靖区　司令官　王陵基
- 第十集团军　总司令　欧震
- 第二十七集团军　总司令　李玉堂
- 武汉警备总司令部　总司令　郭忏兼

国民政府主席武汉行辕组织表

（1947年2月1日机构改组后）

国民政府主席武汉行辕组织表
（1947年2月1日机构改组后）

- 主任　程潜
- 副主任　王缵绪　孙蔚如　潘文华　唐式遵　张轸
- 参谋长　王天鸣（代）先　刘膺古后
- 副参谋长　王天鸣
- 秘书长　邓介松

- 办公室　主任　冯疑
- 新闻处　处长　阮齐先　冯剑飞后
- 总务处　处长　蒋虎志先　方霖后　康朴后
- 第一处（军务）　处长　贾伯涛
- 第二处（情报）　处长　黄藩初
- 第三处（参谋）　处长　邓定远先　颜梧后
- 第四处（交通）　处长　杨继荣
- 军法处　处长　冯其吾先　刘振群后
- 民事处　处长　唐洪烈
- 警卫团　团长　张镜白

指挥单位

- 川黔湘鄂边区绥靖公署（后改称川陕鄂边区绥靖公署）　主任　潘文华
- 第五绥靖区　司令官　张轸
- 第七绥靖区　司令官　萧之楚
- 第十五绥靖区　司令官　康泽
- 第十六绥靖区　司令官　霍揆彰
- 第十七绥靖区　司令官　刘膺古
- 武汉警备司令部　司令　彭善先　阮齐后

武漢行營正式成立

第六戰區長官部定月底結束

【漢口二十六日發專電】武漢行營今日宣佈成立，並就第六戰區長官部原址辦公。[illegible]參謀長，副參謀長王天鳴，[illegible]湘平，政務處長方[illegible]，參謀處長郭定遠，軍務處長（人名電碼不明），經理處長[illegible]校，總務處長[illegible]忠，交通處長楊[illegible]，軍法處長[illegible]武，外事處長人選未定，政治部[illegible]作之，人事科長王文泉，科長以下，概以六戰區長官部人員充任。編餘軍官上校以下[illegible]軍官總隊，將官呈請軍委會另派工作。又六戰區長官部業定本月底結束。

武汉行营成立的相关报道
（《大公报》1946 年 2 月 28 日）

程潜担任武汉行营主任时留影

程潜在武汉怡和村（1947 年）

1946 年 6 月，蒋介石悍然撕毁《停战协定》，内战全面爆发。7 月 19 日，武汉行营改称武汉行辕，程潜仍担任主任。9 月，中原解放区所属部队成功突围后，程潜便指挥所部担负华中地区的守备任务。同年 11 月，程潜当选为制宪国民大会主席团成员。

1947 年 4 月 17 日，程潜当选国民党中央政治委员会委员。5 月 22 日，武昌学生举行反内战游行。31 日，反动军警宪特将武汉大学团团围住，并在 6 月 1 日拘捕武汉大学教授和学生时发生冲突，致使 3 名学生中弹身亡。6 月 2 日，程潜向行辕副参谋长王天鸣、武汉警备司令彭善问询此事，悲愤地说：“向手无寸铁的学生开枪，岂有此理！惨案发生前我一无所知，但作为行辕主任，我有不可推诿的责任。”事后，彭善被撤职查办。

程潜担任武汉行辕主任时留影

制宪国民大会现场实况

1946年11月12日，国民大会在南京国民大会堂召开。参加大会的只有国民党、青年党、民社党的代表，以及胡适、王云五、傅斯年、胡霖等“社会贤达”1600多人。

大会推选吴稚晖为会议主席，蒋介石与程潜等46人为主席团成员，洪兰友为秘书长。这次大会的中心任务是制定《中华民国宪法》，故又称为“制宪国大”。蒋介石致开幕词，并将王宠惠、吴经熊、雷震等在会前修改补充、又经蒋亲自删改的“宪法”草案递交立法院、民社党、青年党和“社会贤达”审议，最后递交国民大会审议。经过41天的讨论，大会通过了《中华民国宪法》。

制宪国民大会是南京国民政府为了完成制定《中华民国宪法》而召开的会议，但是这部宪法却否认了人民民主自由的权利，否认联合政府责任内阁制而推行总统独裁制，否认地方自治原则而推行中央集权制，故又被称为“伪宪法”。对此，拒绝参会的共产党、民主同盟、民主建国会、民主促进会、九三学社等民主党派和不少无党派民主人士纷纷发表严正声明，否认由国民党主导的这次国民大会及其制定的宪法。

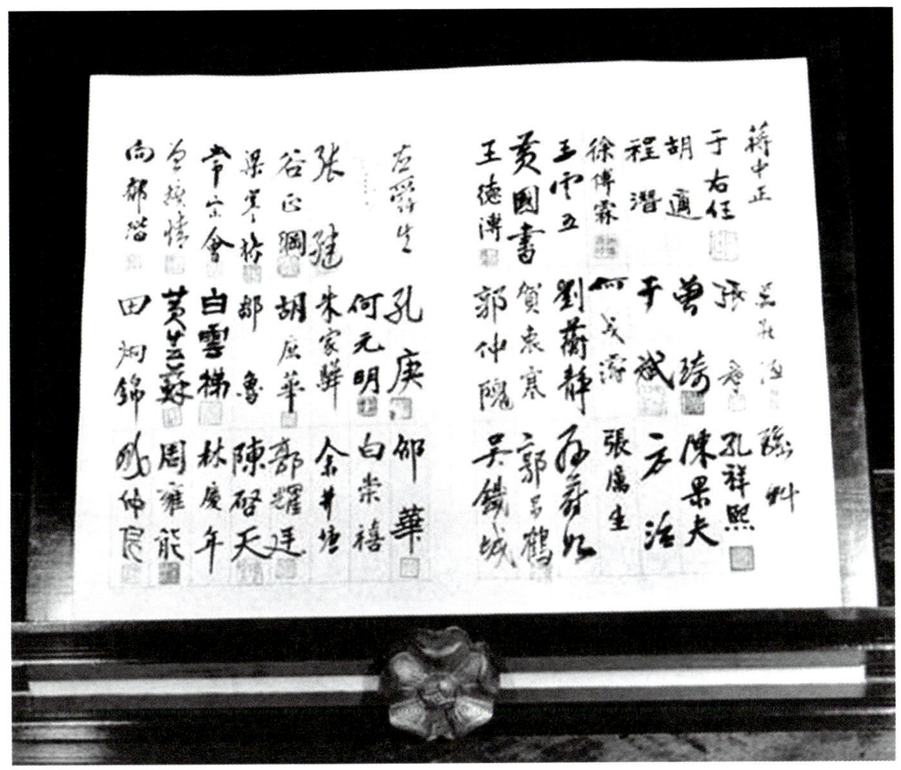

制宪国大签到簿（最上排右四为程潜签名）

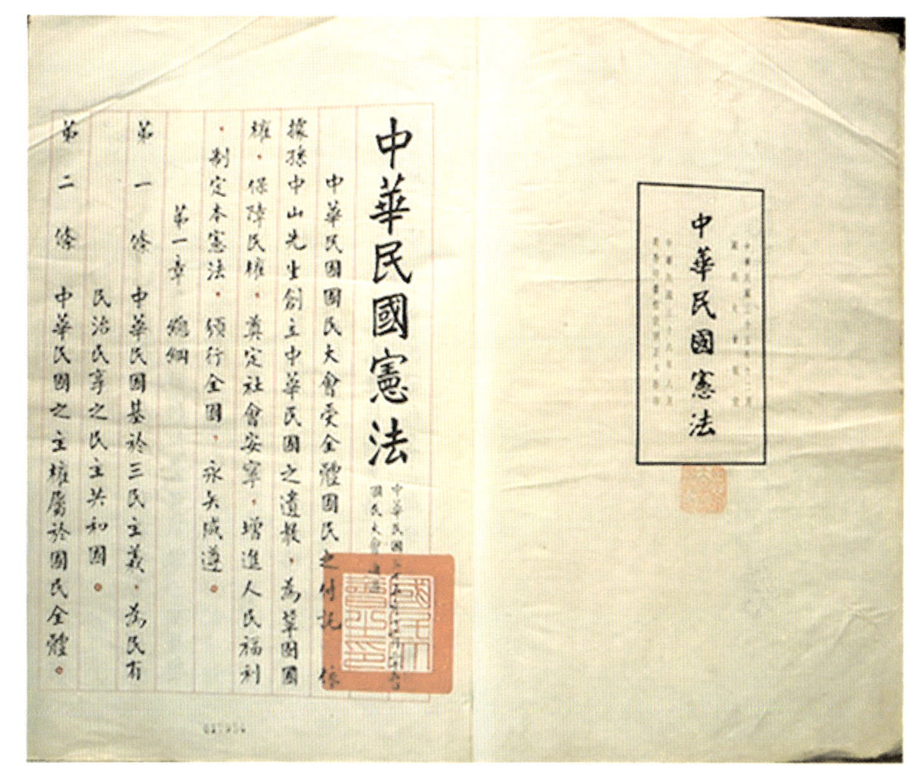

中華民國憲法

中華民國國民大會受全體國民之付託，依據孫中山先生創立中華民國之遺教，為鞏固國權，保障民權，奠定社會安寧，增進人民福利，制定本憲法，頒行全國，永矢咸遵。

第一章 總綱

第一條 中華民國基於三民主義，為民有民治民享之民主共和國。

第二條 中華民國之主權屬於國民全體。

制宪国大的产物——《中华民国宪法》

参加制宪国大时的程潜

制宪国大第十二次会议由主席团成员程潜担任大会主席并发表讲话

国大主席团成员合影（1946 年 11 月 25 日），左五程潜、左六吴稚晖、左七蒋介石、左八于右任

擁戴蔣主席為總統
武漢人士成立助選委會
並推薦程潛競選副總統

【本報漢口二十三日專電】武漢各界二十三日午後假德明飯店舉行擁戴蔣主席競選首任總統和程潛先生競選副總統茶會，到三鎮人士二百餘人，公推何成濬致詞，介紹胡鍔後，續由程潛、萬耀煌、劉文島、李書城、夏光宇等十

商得經濟部同意，凡號地檢驗由農林部單獨辦理，內銷檢驗由農、經兩部合辦，重要對外貿易口岸由經濟部單獨辦理，但在技術上須與農林部取得密切聯繫。上項農產品包括蠶絲、畜產、林產在內，關係與經濟部商訂詳細辦法後，即開始工作。

程潛
競選副總統

【中央社漢口二十二日電】武漢行轅新聞處處長馮劍飛，二十二日於記者招待會中稱：程潛主任，將參加副總統競選。

报纸关于程潜竞选中华民国副总统的报道。左为《大公报》2 月 24 日报道，右为《益世报》2 月 23 日报道

助选团负责人何成濬、贺耀组

1948 年 1 月 22 日，程潜正式宣布参加竞选中华民国副总统，并组建助选班子，由何成濬、贺耀组主持，筹集助选资金一亿元法币，赶写《程朱理学的研究》，以论证自己的政治主张。随后，程潜命人洗印肖像照千余，连同著述题名盖章赠送他人，通过多种方式争取湖南、湖北的国大代表支持自己参选，又派专人前往东北地区进行竞选争取活动。

2 月 23 日，程潜在武汉各界的助选运动茶会上致辞，以“相期无负平生”为题，阐明自己参加竞选副总统的意向。3 月 7 日，在长沙中山堂湖南各界欢迎大会上，程潜以“国家与地方”为题，精辟地分析了当时一些错误的论调。3 月 8 日在汉口妇女节大会上，程潜以“论妇女问题”为题，阐明了他当时的政治见解和对妇女问题的看法。3 月 11 日在湖南大学操场演讲，以“思想与教育”为题，向师生们畅谈了自己的经历和做人的哲理。3 月 21 日，程潜亲率助选团成员由武汉到南京。

程潜竞选中华民国副总统时所用照片

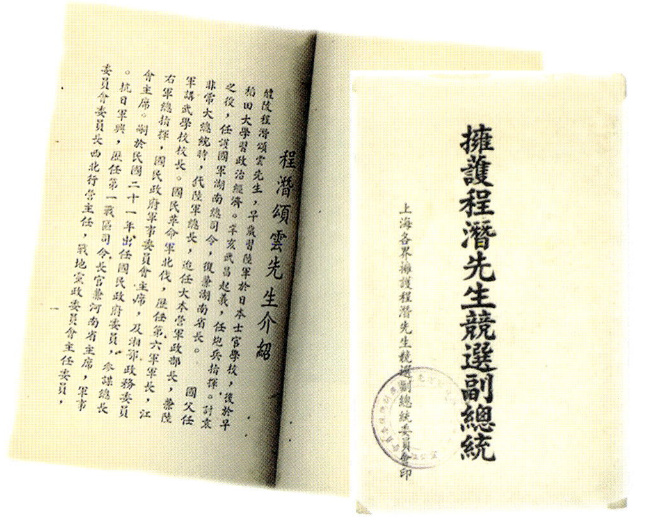

程潛頌雲先生介紹

醴陵程潛頌雲先生，早歲習陸軍於日本士官學校，復於早稻田大學習政治經濟。辛亥武昌起義，任炮兵指揮。討袁之役，任護國軍湖南總司令，復兼湖南省長。國父任非常大總統時，代陸軍總長，迨任大本營軍政部長，兼陸軍講武學校校長。國民革命軍北伐，歷任第六軍軍長，江右軍總指揮，國民政府軍事委員會主席，及湘鄂政務委員會主席。嗣於民國二十一年出任國民政府委員，參謀總長。抗日軍興，歷任第一戰區司令長官兼河南省主席，軍事委員會委員長西北行營主任，戰地黨政委員會主任委員，

一

擁護程潛先生競選副總統

上海各界擁護程潛先生競選副總統委員會印

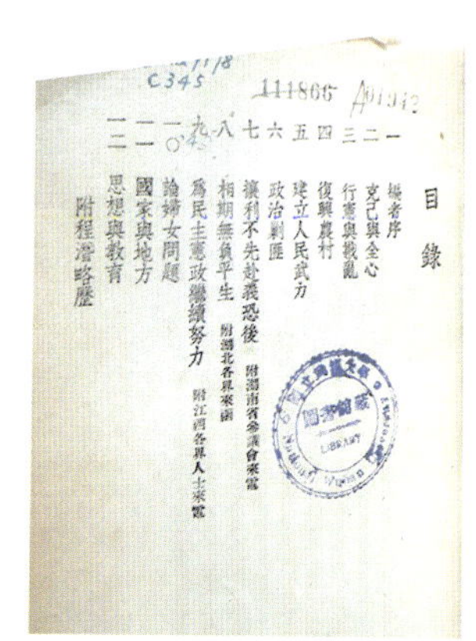

目錄

一 編者序
二 克己與全心
三 行憲與戡亂
四 復興農村
五 建立人民武力
六 政治剿匪
七 讓利不先赴義恐後　附湖南省參議會來電
八 相期無負平生　附湖北各界來函
九 爲民主憲政繼續努力　附江西各界人士來電
一〇 論婦女問題
一一 國家與地方
一二 思想與教育
一三 附程潛略歷

程潛最近言論

民國三十七年三月印行

程潜竞选中华民国副总统时出版的书籍

1948 年 4 月，程潜（前排左起第十一人）与参加行宪国民大会的湘籍代表留影

國民大會公告

茲依照總統副總統選舉罷免法第五條並同法
第四條第一項第一款之規定開列副總統候選人名單
并依同條第一項第二款之規定以連署提出之代表人
數多寡為先後公告之
副總統候選人名單
孫科
于右任
李宗仁
程潛
莫德惠
徐傳霖

第一屆國民大會第一次會議主席團
中華民國三十七年四月二十日

程潜竞选中华民国副总统。右图为大会公告，显示有6位候选人其余5位分别是孙科、于右任、李宗仁、莫德惠、徐传霖

民国大会堂原貌

程潜竞选副总统时所用照片

第一届国民大会现场实况

1948 年 3 月 29 日，第一届国民大会在南京开幕，程潜等连日分别招待国大代表。4 月 20 日，国民大会主席团公告副总统候选人，计有孙科、李宗仁、程潜、于右任、莫德惠、徐传霖 6 人。23 日，国民大会初选副总统，李宗仁、孙科、程潜得票较多。24 日举行第二次副总统大选，李宗仁、孙科、程潜均未获得过半数票。这时，蒋介石竟在幕后操纵为孙科拉选票，25 日李宗仁致函主席团，谓“有人以党之名义压迫统制”，程潜、李宗仁均宣布放弃竞选副总统，孙科无奈也宣布退出。

4 月 25 日，中央常委会推举白崇禧、王宠惠、张群等向李宗仁、孙科、程潜解释误会，盼停止“互相攻击之宣传”，国民大会主席团也推举胡适、于斌、曾宝荪等分别探访李宗仁、孙科、程潜，劝说他们继续参加竞选。

4 月 28 日，国民大会举行第三次副总统选举，李宗仁、孙科得票较多，程潜宣布退出。29 日，国民大会举行第四次副总统选举大会，李宗仁以 1438 票当选为中华民国第一任副总统。

蒋介石发表竞选总统演说

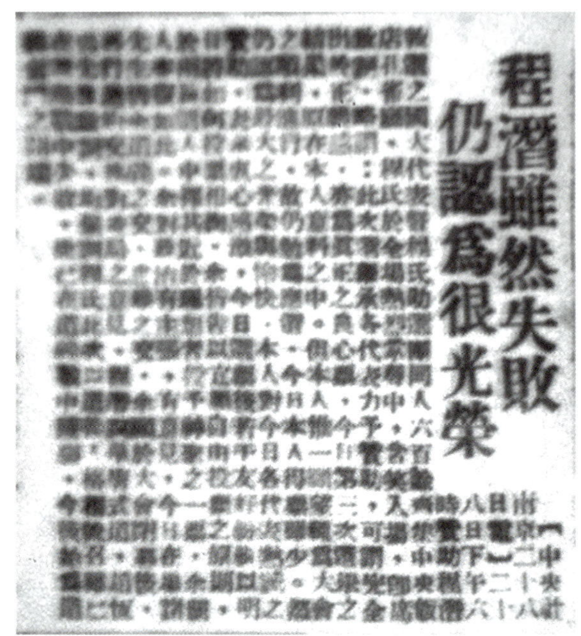

程潛雖然失敗仍認爲很光榮

程潜竞选失败的新闻报道

《湖南日报》1948年6月28日关于程潜竞选副总统失败的报道：

“二十八日下午六时赞助程潜竞选之国大代表暨程氏助选团同人六百余齐集中央饭店孔雀厅，程氏于热烈掌声中，含笑入场，即席致辞，略谓：此次选举承各位代表力予赞助，可谓完全出于正义感，亦为真正之良心票，今日第三次选举之结果，原在本人意料之中。但本人唯一愿望为大会之顺利进行，故仍勉为应选。今日本人得票虽少，然仍认为最大之光荣与愉快。本人对今日各代表热诚之赞助，表示衷心感激，今日竞选后若干友好纷纷以明日看如何投票相余皆告以宜票自由投票之原则，于两竞选人中择其对于理想者投予神圣之一票。余国人本应如此。余对政治有主张，有意见，今日在场诸先生同余道义之交，忠臻之交，余愿于大会闭幕后，我们选时交换对时局之意见。”

蒋介石和李宗仁在总统、副总统就职仪式上

分别当选总统和副总统的蒋介石、李宗仁走出休息室

前排左起：1. 茅祖权；2. 陈立夫；3. 戢翼翘；4. 邵力子；5. 莫德惠；6. 章嘉呼图克图；7. 王宠惠；8. 戴季陶；9. 邹鲁；10. 孙科（孙科身后为程潜）；11. 郭德洁；12. 宋美龄；13. 蒋介石；14. 李宗仁；15. 张群；16. 居正；17. 于右任；18. 周钟岳；19. 何应钦；20. 钮永建；21. 王云五；22. 刘哲；23. 何鲁之；24. 谷正纲

中華民國總統副總統

1948年5月4日，程潜被推举为“中国宪政协进会”理事长。5月30日，武汉行辕改组为武汉绥靖公署，程潜仍担任主任。6月22日，程潜被任命为湖南省政府主席，此后陆续兼任省军管区司令（7月1日）、长沙绥靖公署主任（7月21日，由武汉绥靖公署改称）、省保安司令（9月1日）、省民防司令（1949年3月1日）等职。

此时在战场上，国民党军队接连失利，但新桂系的军队却没有遭到解放军歼灭性打击。现在李宗仁当上了副总统，白崇禧又拥重兵坐镇九省通衢的武汉重镇。蒋介石认为如果再让白崇禧把湖北、湖南、广西连成一片，后果将十分严重。湖南是通往广西的咽喉要道，必须物色适当人选掌握。程潜系国民党元老，在湖南素有威望，和新桂系又有宿怨，让他到湖南最为合适。蒋介石此举既可拉拢程潜，又可牵制新桂系，可谓是一箭双雕。但蒋介石也对程潜不是很放心，便安排了一批亲信如李默庵、黄杰、王劲修、刘嘉树、杨继荣等黄埔军校毕业生随程回湘，名为辅佐，实为监视。

7月24日，程潜带着新任省府秘书长邓介松、民政厅厅长邓飞黄、建设厅厅长王恢先、委员戴季陶、陆瑞荣、萧作霖等人从武汉乘坐专列抵达长沙。此时的程潜，内心无比惆怅。不仅如此，他还面临着尖锐棘手的问题——蒋介石与李宗仁的新桂系矛盾素深，自己夹在当中左右为难，两头受气。

当天中午，程潜在省府大礼堂进行了回湘主政的第一次演说，他丢开秘书长邓介松准备的讲稿说道：“我这次来湖南，很多老朋友将我比作‘家长’回到老家当家，我听到这句话非常不安。我今年六十有七了。我们这个大家庭，多少老兄弟、小兄弟在家里受苦受难，叫我这个当家的怎么去安慰他们的悲痛，满足他们希望呢？想来想去，不管我是不是家长，这里总是我的家，我不来当家则已，既然来当家，就要设法兴家，至少也不败家。”几句家常话，使台下反应热烈。

8月10日，程潜偕省政府成员在省府大礼堂正式宣誓就职。

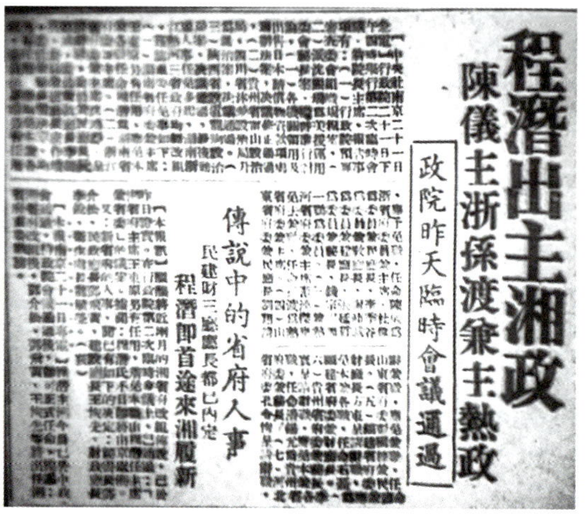

程潛出主湘政

陳儀主浙係渡兼主熱政

政院昨天臨時會議通過

傳說中的省府人事

民建財三廳長都已內定

程潛即首途來湘履新

程潛宣誓就職

【中央社長沙十日電】湘省府主席程潛，暨全體省委及各廳長，十日上午十時在省府禮堂宣誓就職。湘高法院長余覺，代表政院監誓。程氏領導宣誓，略謂：「一遵守憲典，遵從民意，為全省人民謀福利，盡忠職守，為國家民族除禍亂，如枉法營私，違背誓言，願受全省人民之制裁及國法嚴厲之處分」，十一時許禮成。

报纸关于程潜就任湖南省政府主席的报道。左为1948年8月11日《益世报》，右为1948年6月22日《湖南日报》

湖南省政府大门排楼旧影

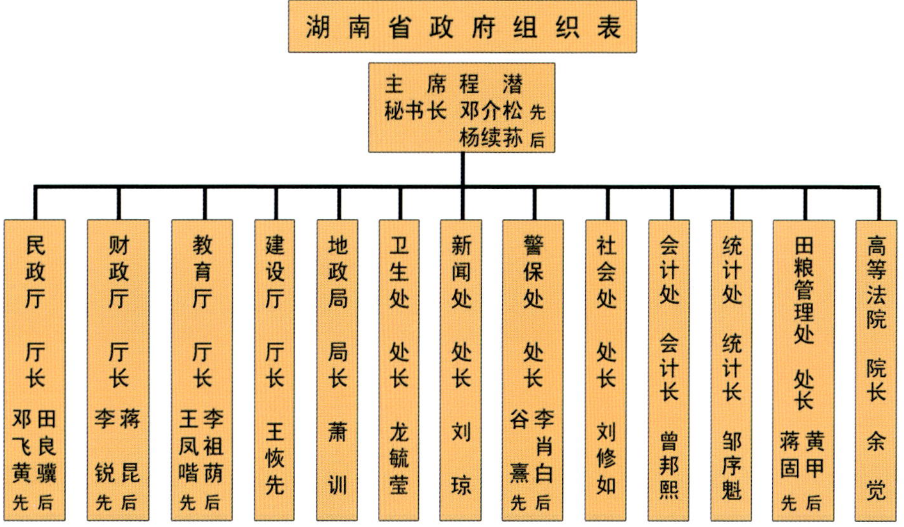

既不殖财亦不植党

决以政绩以谢湘人

程氏在欢迎会致词
民国三十七年七月二十四日

我这次回来担任省政府主席，很多好朋友比作家长回来当家，我听这句话非常不安，我们这个大家庭现在不是破落户吗？多少老兄弟小兄弟在家受苦受难，叫我这个当家的怎么去安慰他们的悲痛，满足他们的愿望？想来想去，不管我是不是一个家长，这里总是我的家，我不来当家长则已，既来当家自然要设法来兴家，至少也不敢败家。我没有偌大的私房来补贴家用，但是我绝不假公济私增加私房，老实告诉大家，我没有半文外汇，我只在醴陵原籍及省城附近有田租四百石，历年收入都是近邻远亲用掉了，我打算连所有权也送与地方作公益之用，我来当家等于做工，我的衣食住行是要公家供给的，此外我绝不殖财，也不植党。凡是跟我共同工作的公教人员及军警，我一样要为他们及他们的妻子求谋衣食住行的最低限度的需要。所有农工商各界同胞，我希望并且要设法使得各能维持并且提高生活，这是我多年以来的主张，我一定要在湖南实行民生主义的经济建设，我心里想能否实现那不是我个人一手一足之力，也不是一朝一夕之功，这个艰巨的工作必须我全省同胞，尤其是公务员一心一德共同努力。

今天我只能提出原则以答谢各位欢迎的盛情，我的施政计划会向省参议会提出的，我是三民主义的信徒，曾经亲闻国父的面命，我是儒学的研究生，平生服膺周濂溪先生公诚之教，求身体力行，我是民主政治的先锋队，参与制宪务求兑现，今后我之所为如有行不顾言之处，请大家毫不客气地指责我，各位如果同意我的做法，就请尽力协助，为政不在多言，请各位恕我简略。

末了，我得以当家的立场要求大家节约一切时间和金钱的浪费，必须力戒，现在水灾惨重，我们应当赶紧救灾，我们工作之余还应当随时修省，今天各界欢迎的深情厚谊，我已经感激不尽，时局艰难，军政纷繁，我就任以后诸事待理，无暇应酬各方友好宴会，恕我不能参加，务请原谅为幸。

——1948.7.25《湖南日报》

1948年9月，人民解放军攻克济南，揭开了战略决战的序幕。随后开始的辽沈战役，则震撼了国民党蒋家王朝。程潜的主要幕僚邓飞黄在其弟、中共党员邓力群的影响下倾向中共，对“戡乱剿共”早已动摇，认为国民党败局已定，内战绝无前途，投向共产党才是唯一的出路。在邓飞黄的串联下，程潜的身边有一批倾向中共的幕僚，如邓介松、萧作霖等人。程潜受到他们的影响，于9月19日下令撤销专门“反共”的“戡乱委员会”，包括县、市分会。命令下达后，在湘进步人士认为这是程潜转变的一个信号，而反动分子则为之大哗。9月30日，程潜迫于压力，又亲自手书《“戡乱”建国五项公约》。这是给蒋介石看的。

程潜回湘两月有余，虽政令多变、心中矛盾，但对扩充实力、消除政敌，却是不遗余力。因为程潜虽然以绥署主任兼省主席身份带了一班人马来长沙，但他仍然感到处境艰难，障碍不少。其一是以张炯为首的省党部CC集团暗中为难，遇事作梗；其二是和三青团互相勾结的省参议会议长、老军阀赵恒惕的残余势力也有所图谋，不甘就此销声匿迹；三是长沙警备司令蒋伏生利用其职权自行其是，不愿拥护程潜。为此，程潜和邓介松、邓飞黄、萧作霖商议，决定利用两邓和CC派有联系的条件，采取分化瓦解、各个击破的方法，排除政敌。

邓介松和邓飞黄首先说服省党部的社会处长刘修如、地政局长朱有为、萧训等几个主要骨干靠拢程潜，使张炯在省党部成为孤家寡人，不得不辞去党部主委之职。张炯一走，程潜取而代之，经国民党中央批准，于1948年10月11日就职。

对省参议会，邓介松、邓飞黄先劝说副议长唐伯球转向支持程潜。程潜与赵恒惕交恶由来已久，程潜回湘以后，长沙盛传：“冤家路窄，赵将不得好死。”赵恒惕闻知寝食不安。一天，萧作霖以省保安副司令的身份去赵恒惕的寓所，闲谈之间提出必要时派半个班来保卫赵恒惕的安全。赵恒惕疑是程潜派兵软禁自己，吓得立即称病离开长沙到上海休养，不久便提出辞职。省参议会酝酿改选，名为改选，实际上程潜已内定唐伯球为议长。

对蒋伏生则比较难办，萧作霖建议程潜电请国防部扩大衡阳警备司令部编制。在得到批准后，程潜将蒋伏生调为衡阳警备司令，并保留其湖南军管区副司令之职。蒋伏生欣然赴任，长沙警备司令的要职改由刘进继任。

剔除了异己，程潜集长沙绥靖公署主任兼湖南省政府主席、省党部主任委员、省保安司令、省军管区司令五大要职于一身，掌党政军大权于一身，就此站稳了脚跟。程潜深知掌握军队的重要性，早在回湘之前，就请准南京国防部在湖南成立5个国防师。程潜回湘后，立即着手进行编训工作。至11月上旬，两个军共6个师的人事编员全部发表：驻湖南的为第一〇二军，军长成刚，辖第六十二师、第二三二师、第三一四师。集训地点：第六十二师在醴陵、株洲，第二三二师在湘西，第三一四师在临湘、岳阳。另将本省下半年的新兵全部拨归该军，由绥署副主任兼陆军第三训练处处长黄杰组织编训，另有第二十三军驻江西（后脱离控制）。驻在常德的另一位绥署副主任李默庵，通过人事关系，把老底子第十四军（军长张际鹏）从湖北调到湖南。李默庵想把第十四军留在常德，由他扩编指挥，黄杰则坚持让他统一编训，程潜两头为难，便决定由绥署直接指挥。程潜在编组正规军的同时，对地方部队进行了扩编，他将原来的省保安大队扩编为3个旅，每旅辖3个团。

在国内一片祈愿和平气氛的形势下，程潜采取了一些靠拢人民的实质性措施：停止征兵，减少征粮，开释政治犯，扣押把黄金、白银偷运往南京的中央银行长沙分行经理，这些行为直接触犯了南京政府的利益，造成了湖南地方与南京政府的正面冲突。

1949年1月14日，中共中央主席毛泽东发表关于时局的声明，提出同国民党政府进行和平谈判的“八项条件”。这在程潜的部属中引起很大震动，主和、主战两派争执激烈。此时程潜已经决定走和平道路，他大声呵斥叫嚣要上山打游击的主战分子“真是寻死”。

当国民党政府拒绝接受中共八项和平主张后，中国人民解放军于4月发起渡江战役，一路势如破竹，横扫江南，顺利占领中华民国首都南京。在这种形势下，经过中共湖南地下党组织的努力，程潜逐渐表明了倾向和平解决湖南问题的态度，并考虑到和平起义必须要有适当的人为自己掌握兵权，便想方设法地把曾是大本营陆军讲武学校学生的第一兵团司令官陈明仁从武汉调回湖南，共商和平大计。

程潜在长沙策划湖南各界争取和平的行动，早已被白崇禧察觉。1949年5月6日，白崇禧由武汉飞往桂林，在长沙停留时，专门会晤程潜，当着程和众记者说：“当今中国，实无和平可言，局部和平，等于分化我们……傅作义的局部和平办法，你们看到没有，那个局部和平就是缴械。”暗示他对湖南的和平运动已不能容忍。因此，白崇禧认为程潜的左右思想不纯，尤其是对其身边的邓介松、程星龄、萧作霖更为疑虑。在白崇禧此次长沙之行的胁迫之下，程潜不得已接受邓介松辞去秘书长的职务，免去刘进的警备司令，改以陈明仁继任。

1948 年 9 月，中央军校同学在长沙举行聚餐盛会以欢迎程潜。此为会后留影（前排中间着白装者为程潜，右边为黄杰，左边为刘嘉树）

长沙绥靖公署组织表

主任 程潜

副主任 唐式遵 黄杰 刘膺古 刘嘉树 李默庵 方天 唐星 刘兴

参谋长 刘嘉树 王天鸣

副参谋长 王天鸣先 杨继荣后 谢慕庄后

秘书长 刘岳厚

第一处（军务）	处长	李昊后 曾坚先
第二处（情报）	处长	罗杏芳后 谭讷后 王力先
第三处（参谋）	处长	廖秉凡后 谢慕庄后 颜梧先
政工处	处长	谢一中后 文心珏先
经理处	处长	张石筠
预算处	处长	马培荪
总务处	处长	李拔夫后 康朴先
新闻处	处长	陈应庄
警卫团	团长	程元后 娄剑如先

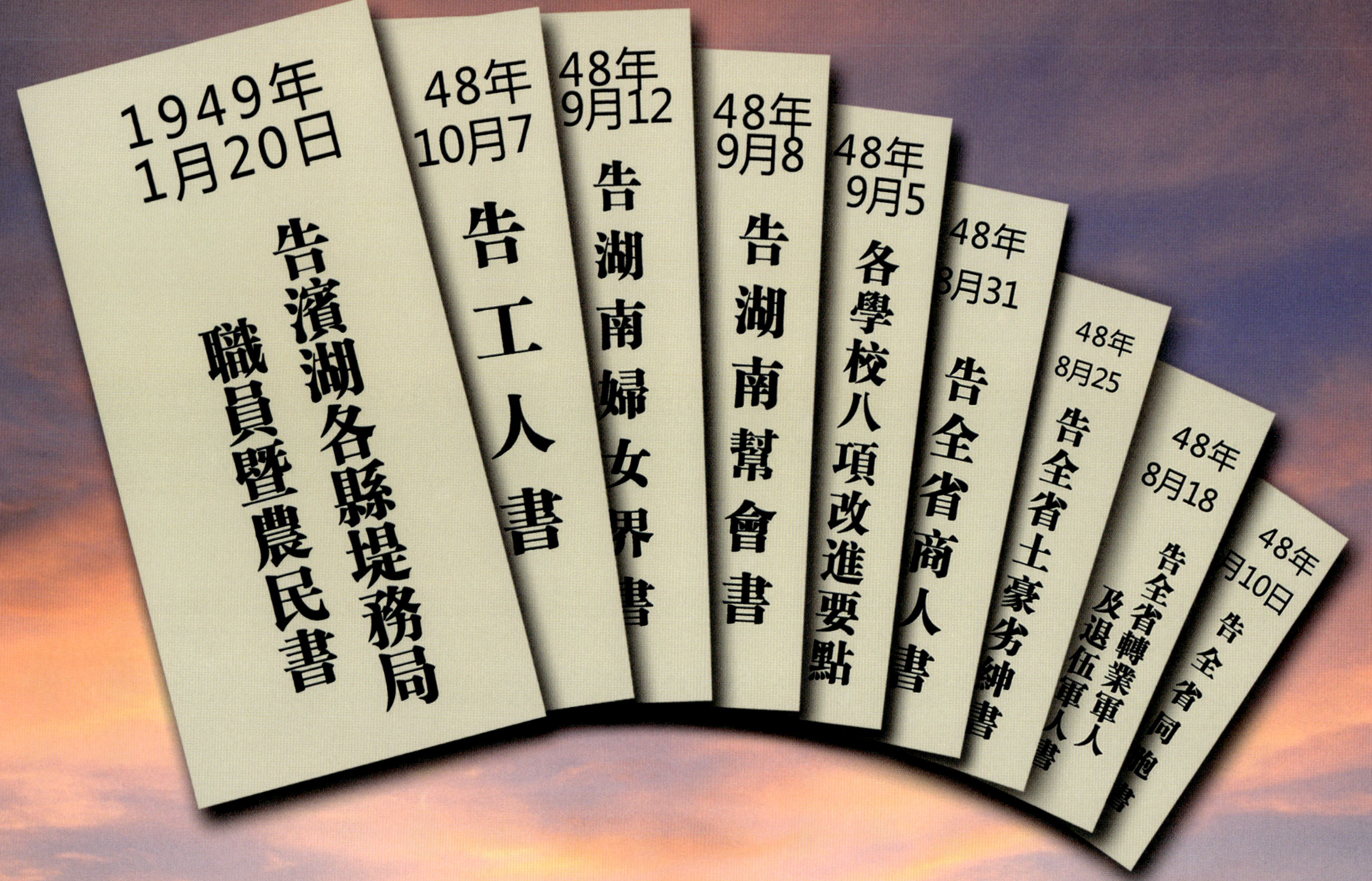

在程潜主湘的短短一年中，从他对工农兵学商各界公开发表文告、撰写文章和各种会议上的讲词中，看到他以三民主义和周敦颐先贤的“公诚”理学精神告诫湘人，敬业反贪、发展经济、惩匪治乱、稳定物价、反对内战、力争和平、率部起义，为保湖南全省免于战火，翻开了历史新的一页。

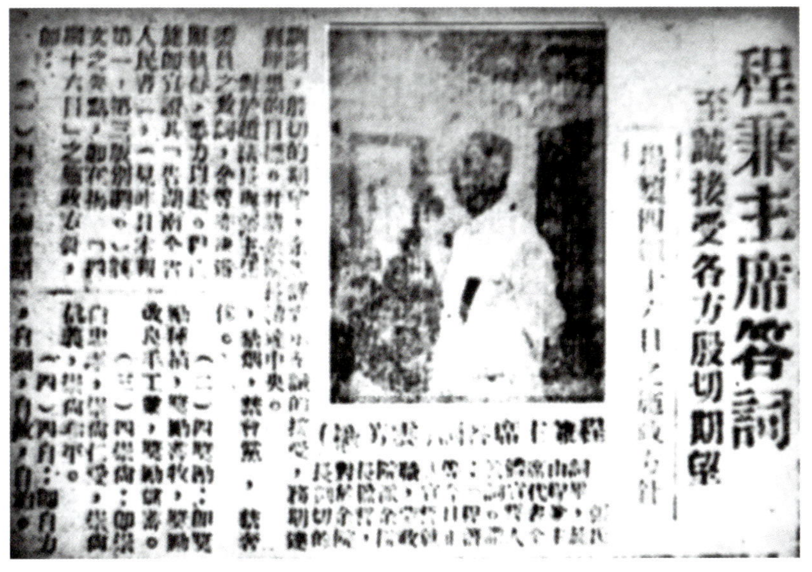

程兼主席答詞

至誠接受各方殷切期望

程兼主席暨各廳委今行宣誓就職典禮

當日登報發表告全省同胞書

程兼主席就任后首次招待记者

强调其施政方针浅近易行
勉湘人自立自强自救自治

会场设省府大礼堂内，下午1时许，被邀参加者40余人，省府诸厅委亦陪同在座，按预先排定之座位就席后，程氏身着绸质长衫，缓步进入会场，面带笑容，与来宾一一点头，状至喜悦。

程氏于席间起立发言，首先对于本省新闻界过去的“爱国家，爱湖南”的精神和成就，表示赞许，并且希望今后仍然一本过去的精神，努力做到成为沟通政府与人民之间的桥梁，一方面为政府传布政令，另一方面宣达人民意愿，特别强调“四纲十六目”，都是浅近易行的事，但是唯其是浅近易行，往反而易为人所忽略。

他说，湖南现在遭遇着重大的难关，内忧、外患，又加上天灾，这局面是很艰难的，他之所以要用这浅近易行的事情来教民治民，也是因为要配合当前这个艰难局面下的迫切需要。例如所提出应奖励的各项，他说这些事情不但人人可行，而且随时可以做到，既不需要美援，又不比仰给贷款，因为“湖南今天必须做到人人自力，人人自强，人人自救，人人自治”。

“湖南今日当务之急，是在于加强自卫与发展国民经济，我们必须做到‘不外求’，而用自己的力量来达到保卫自己，富裕自己的目的。”

程氏的治湘方案是以“四禁”为根本的。他说：“我们如果能彻底完成禁赌，禁烟，禁会党，禁奢侈，那么其他的问题，都可以迎刃而解了，要达到这个目的，绝不是短期可以成功的，因为这所谓‘四禁’并不是以粗暴的手段可以收效的，我们必以中和的政策，用治本的办法，慢慢来做。因为烟、赌、会党、奢侈这些东西都是有其社会根源的，与社会经济，教育等都直接有关，若是我们能从发展国民经济，普及社会教育做起，则待民生富裕，民皆开发以后，社会上的这些下流风气，侥幸心理自然都会消灭的，而烟，赌，会党，奢侈也不禁而自禁了！”

程氏说：“这是我们湖南人一条求生的路，如果不照着这一条路走，便是绝路，便是自取灭亡。”

程氏词毕，即举杯与诸来宾共饮，一时觥筹交错，至下午2时许始散。

告湖南帮会书

1948 年 9 月 8 日

当此戡乱的大时代周年，全国各省的民众，应当一致团结起来，“剿灭共匪”。团结民众，必须健全民众团体的组织。民众团体的组织，如农工商学各种职业团体，是公开的，是合法的，故谓之法团，至于一切非法秘密的组织，均得查禁，帮会组织自然亦在查禁之列。我因为了解你们的前因，知道你们的现状，还可预料你们的后果，所以不惜苦口婆心向你们做一次诚恳的劝诫。我劝诫的动机，不是对你们有什么成见，也不是对你们姑息，我觉得“父兄之教不先，子弟之率不谨”，导人向善本是我中国人固有的道德。

帮会起源于明末清初，这种秘密组织，是当时一般志士、愤士大夫投降清廷，才留下这个革命火种，始意未尝不好，宗旨未尝不正。孙先生和黄克强先生，认为这般人有传统的民族意识，有浓厚的国家观念，有奋斗精神，有牺牲决心，乃引导他们效力于革命伟业。在这一段革命过程中，帮会分子，确曾做到不少的革命事业及相当的血汗功劳，并且有很多可歌可泣的事情，是我们曾亲自所见的。

讲到当时的帮会，组织相当严密，行为也还正当，不料想短短的三十几年间，内容一天天变坏，分子一天天复杂，可以说完全失掉了原来的本质。背离过去毁家济世，现在借会敛财；过去除暴安良，现在恃强凌弱；过去发于义愤，现在勇于私斗；过去有益于民族，现在危害于里间，甚至有为派系利用来攻击异己，为匪盗利用用来杀人越货，游手好闲，衣之食之，更其余事。因此社会上对于帮会，一反过去的观念，你们心目间，你们的传统精神，是不是这样？你们过去的帮规会约，是不是这样？要知道，坏的因素既已长成，必定招致恶果，就是你们本身而论，这样的组织，能不能还让继续保留？

一个组织的产生，他们有时代背景，绝非偶然的事，时代有变迁，组织也有兴废，这是古今中外不易之理。帮会组织，是为着“反满复明”，为着民族革命而产生的。现在清廷早就推翻了，民族革命早就完成了，志愿已酬，目的已达，就是你们不做坏事，仍旧一秉初衷，在一个不同的时代背景下，也无存在的必要，何况你们的组织，本质已变，流弊丛生。

你们如果有从事政治活动的兴趣，尽可加入合法的政治团体，你们如果有从事社会事业的愿望，尽可能参加各种职业团体，有的是平坦大道，有的是公开集团，何苦自暴自弃，甘趋没落呢？

我这次回湘主政，首在安定地方，设若地方不宁静，就谈不到戡乱建国，故我对于安定地方，下了最大的决心，在求安定周年，很明显的是不容许任何捣乱分子存在，不容许任何秘密组织存在。希望你们保持历史上的光荣，听信我的权诫，自动解散你们的组织，纠正你们的错误！每个人都能为现代的好国民，自从这一篇书发布之日起，到本年十一月十五日止，你们应该很坦白地声明脱离帮会，很诚实地改过自新，政府绝不追究既往，一律予以保护，十一月十五日以后，倘若还有组织成参加帮会的人，一经查出，便当从重治罪，绝不姑息。

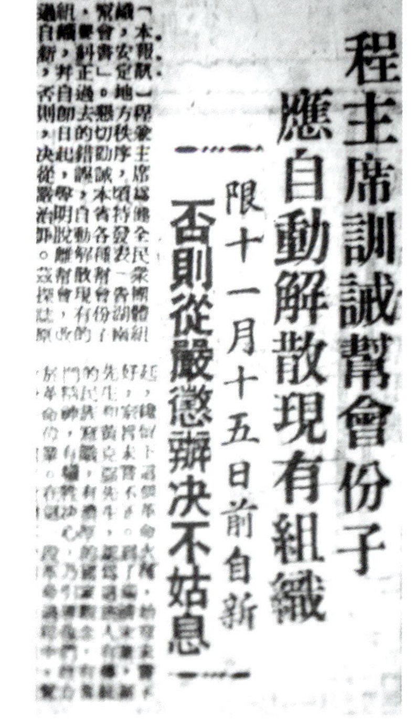
程主席訓誡幫會份子
應自動解散現有組織
—限十一月十五日前自新
否則從嚴懲辦決不姑息—

我为着对你们期望的殷切，不惮烦地进一步来指示你们做人做事的道理，做一个现代好国民，必须具备做国民的条件：

第一，要有服务的人生观。抱定“人生以服务为目的，扫除过去偏激烦闷的心理，肆意斗狠的恶习，自私自利的念头，把故有的狭义精神，由重然诺，明恩德，急万难，轻死生”的友谊行为，扩展到社会国家民族的范围，今日任何方面，只有利害，没有公理正义是非好坏的明确分别，实在需要疾恶如仇，扶弱仰强的勇敢行动，来转移社会风气，昭示新精神，果能本着这种态度，配合国家法治精神，为社会为同胞积极服务，必定可以很快消灭社会不平的现象，建立合理的社会秩序。

第二，要有守法的精神。纠正个人漫无边际、逾闲荡检的浪漫行为，争取国家整个的自由，从尊重群己自由的界限上，养成守法的精神，一方面以神圣的庄严的心情接受法令，一方面以自动自主的态度奉行法令，既不可阳奉阴违，尤不可舞文弄法，大家以守法行法为行动的准绳，必能建立一个新的法治国家。

第三，要有规律的生活。屏除过去浪漫行为，不良嗜好，养成有恒有守的习惯，避免冲动盲动的意气，把自己宝贵的空间时间，用之于裨益身心，裨益社会方面，在生活实践上，尤谋投身于生产事业，不做社会上的寄生虫，不做物资上的消耗者，以一点一滴的血汗贯注到国家大动脉的工业建设系统中，个人的生活才有规律，每个人都成为社会的劳动英雄，社会自然而然会有进步。

以上三点，是我对你们的愿望，也是你们应该做到的，治乱世如理乱丝，我固愿“简令谨诛”，可是为着贯彻我的政令，今后不管帮会不帮会，只问合法不合法，我一定要“执法以绳”纳之正轨！

程潜 1948 年力主修建黄兴北路

1948 年 10 月 10 日

民国时期，长沙市内南北商业主轴黄兴路“南通北不通”，从药王街口至先锋厅一度也被命名为“黄兴北路”。当年，是湖南省主席程潜力生修建了这段老“黄兴北路”。

程潜就任湖南省主席是 1948 年 7 月 24 日。数天后程潜就指示长沙市政当局：“八角亭至先锋厅一带是长沙市南北交通干线，应遵照民国二十九年（1940 年）行政院核准的长沙新市区计划，兴建黄兴北路。”

程潜这一指示，符合长沙民心。抗战期间、长沙就有拉通黄兴北路之议。抗战结束后，时任湖南省主席的吴奇伟也曾提出拉通黄兴路。但这一计划一直没能实现。程潜来到长沙不久，向长沙市长蒋昆提出尽快开展长沙市政建设，首先要拉通黄兴路。蒋昆表态：下最大决心拆让八角亭马路，拉通黄兴北路。随即，蒋昆派人张贴修街告示，挨家挨户告知长沙即将实施黄兴北路建设工程。

1948 年的黄兴路，南起南门口，北面仅到八角亭药王街口、白马巷口再往北即是由小商贩聚集而成的可园商场。为安置可园商场内本金微薄的摊贩，蒋琨持命市政府筹措资金向摊贩借款两亿，让他们自行寻觅经营地点。至于八角亭至先锋厅应拆迁的商户，限期于 1948 年 8 月 15 日前自行对商铺房屋进行拆迁，逾期则由市政府代拆毁。八角亭黄金地段铺面要拆毁，这在市民方面是一种损失。不过，拆迁让街工作却进展顺利且具有成效，不少商户自动搭架进行拆屋。

本市黃興北路
今舉行通車典禮
由程兼主席親臨主持

1948 年 10 月 10 日，抗战胜利后长沙城内最振奋人心的市政工程——“黄兴北路”拆迁贯通工程宣布正式完成。当天下午，在“黄兴北路”最北端先锋厅举行黄兴北路通车典礼。

程潜主持本次通车典礼，并向市民训话。最后程潜 11 岁的女公子程博熙（后更名程熙）为黄兴北路开通剪彩，宣告黄兴路全线通车。

整肅學風·策進教育

程兼主席指示各校改進要點

近年以来，全国各地学潮迭起，本省多数学校虽称安定，而风纪败坏，时生事端者，仍不鲜见。本主席受命兼管湘政，考察学潮之发生，一面固由于社会环境之影响，然另一面，仍当归咎各校本身措施之未臻尽善，学校平时管教不严，学生行动，习于放任，一遇奸党分子或不肖之徒，从中鼓动，即起轩然大波，吾人惩前毖后欲求今后学校之安定与进展，应各切实反省，力自振奋，痛革积习，爰举整饬教务要点八项，务望切实奉行。

一日学校经费，必须公开，教育本清高事业，学校原清苦机关，贪污之风，固所少见，然每以经费，未能公开，贻人口实，因而发生事端者，间亦有之，查部章规定，各校应有经费稽查委员会之组织，所以杜流言，昭大信，注良意美，各校自应遵照实行……

二日征收费用必遵规定，学校征收或代收学生各费，本府历期均有规定，政令攸关，自须切实遵守，今后倘若有额外征收，一经查实，本府决以严厉处分，各校对实寒学生，尤应特加体恤，以减学生负担……

三日设班招生，必守秩度，查本省公私各校之设班，均已依据需要，按照各校设备情形，核定设班计划，各校长应即切实遵守，万不可另以先修班，补习班，或旁听生试读生等名义，任意增设，额外招生。自今以后，务须禁绝，盖予该校长以严厉处分……

四日实行身教改进实词，身教者从言教者颂，今日学校教育欲求管教之成效，各教职员之以身作则，盖应以慈母之精神，循循诱导，以严父之精神，严为管束。如此恩威并济，而后师道以遵而常以立……

五日改进教学提高程度，近年学生程度水准低落，无可讳言。今后各校教学程度应切实遵循制定课程标准实施，万不可任意除灭教材之内容变更难度……

六日教职人员推诚相与，教育事业为教育人员所应共同负责者，是以每一学校之改进，有赖于全校教职员之通力合作，倘意见分歧，则开诚布公，校长采择……

七日革绝嚣风整肃纲纪。学生嚣张之风，由于姑息放任。一遇私欲不遂，于是动轨聚众要挟，妄干校政，目无师长，或罢课游行，应当绝对禁止……

八日清除奸党以竭乱源，“匪党”施虐，危害国家，破坏学校秩序，扰乱社会安宁者，各校长应即时注意，负责调查，并善为开导。如有执迷不悟者，应即分别勒令停学以上八项，各校校长，教职员，切实执行。

1948 年 9 月 5 日

在联合国纪念日会讲词

1948 年 10 月 24 日

诸位先生：

今天是联合国纪念日，全世界参加联合国的五十八个会员国，都同时举行隆重的庆祝，我国不但是联合国主要会员国之一，而且为拥护联合国宪章最真诚、最热烈的一个，我们今天和各位外籍来宾共聚一堂，来纪念这民主精神，战胜极权主义的划时代的庆祝，本人格外感到高兴和愉快，因为我们中华民族和并肩作战的盟邦向来都是爱好和平的民族，我们中国文化的特质，向以仁爱为本，贯彻中庸之道，发挥和平道德为趋向，与西方学说平等博爱自由，心同理同，故能联合世界各国一致努力和平，若极权主义者，是以铁血征服人类为能事，仁与不仁，可以想见。

就今日的局势而言，要想维护世界的永久和平与安全，唯一的希望还是寄托在联合国这个历史上最大的国际机构上，因为联合国产生的目的，是在协助世界人民，努力完成于保证基本人权和人身的尊严与价值，谋求各国男女间的平等，制止侵略行为，消除对于和平的威胁，促进国际合作，增强普遍和平，更进而促成社会的进步，提高人民生活的水准，而全世界的人类，同致于仁。

在这个共同一致的要求下，世界爱好和平的五十八个会员国，经一再的协议，终于在一九四五年（即民国三十四年）六月二十六日共同签订了联合国宪章，此项宪章，于同年十月二十四日开始生效，纪念这种伟大国际组织的诞生，所以把今天定为联合国纪念日，我们今天举行庆祝，是在促请世界人民对于联合国的宗旨与工作有更深的了解，同时还要求全体会员国人民对联合国的神圣任务，予以热烈的拥护和有力的支持。

在湖南省参议会致词

今后局势无论如何演变政治措施务必走向民主

1949 年 1 月 5 日

议长、副议长、各位参议员先生：

在这次冰天雪地的时候，又值淮河、平津战事紧张声中，在座各位先生聚精会神，详细研讨有关政治、经济、军事各项实际问题，共计提案四十余件，均经分组审查，提付大会讨论而成为决议案，其中尤以紧急措施方案，为贵会这一次大会集体研讨的中心课题。这一个方案每一项目，都经过大家郑重考虑的，我现在虽还没有逐项分析过，刚就政治方面第一项来说：“确立民生主义之民主政治，维护大贫合理利益，保障小贫生活安全，正人心以挽颓风，扶元气以培国本。”这正与本府施政纲要所预期的目标相合，即此可见我们无论是有言责的民意机关与有职守的行政机关，都是针对现实，积极讲求革新，务期从艰苦中求安定，从安定中求进步。现实的军事情况和国际形势，无论演变到若何程度，而我们今后的政治措施，务必走向民生主义的民主政治，才能永恒适存于世界，确立中华民国不拔之基。我们中国垂统立极的一贯精神，就在一个中和民生主义的民主政治，就是中和主义而是以全民生计、全民生活为本位的。全民政治加紧造产，改革土地，对外抵制经济侵略，对内铲除掠夺阶层，这是不偏不倚平平荡荡的中道。我们的政治措施，必须朝着这个中道方向努力迈进，才能适合现代的国情，转移国运，安定社会，收拾人心；始能够达成保卫湖南，安定湖南的任务。今天贵会业经得到圆满的成果，所有的议决案就要送到本府各部门分别执行，将来实行的时候，还要期望大家一致协助。贵会近年来关于复员善后，请赈救灾，行宪戡乱，宣达民隐，都是良好的成绩，此次赵议长因病留沪，毅然坚辞，他虽辞去议长的职务，只要早日恢复健康，一样地可以为本省同胞服务，好在继任得人，继续主持会务；又有各位驻会委员经常协助，今后无论是处常应变，随时都可以交换意见，我和本府同寅没有不虚心接纳的。其余的话，我另有一篇文字在元旦特刊发表，可供大家互相商榷，暂不赘口。这次集会恰好十四天，在这十四天当中，大家都非常辛勤，这种为国家、为地方、为人民尽献替的义务和集思广益的精神，我们都很敬佩！现在是很圆满地闭幕了，敬祝各位先生健康！

程兼主席对记者谈话预测

和谈并非不可能并指出要与民众结成一体必须实行民生主义的民主政治

记者昨访谒程兼主席，叩询对于目前和平运动之看法，程氏答称：“恢复和谈，据我看来并非不可能，不过‘共党’此刻恐怕还是在考虑和谈的条件问题，如果双方条件谈得好，自然和得成功。”程氏复谓总统所说：“能战始能和”的话是对的，“但是，要如何才能战呢？”程氏说：“无论是政治也好，军事也好，总不能脱离民众，一旦脱离了民众便不能战。但是要如何才可做到不脱离民众呢？那就是要实行我们的主义。”程氏特别强调我们过去失去民众的支持，是完全因为不曾奉行民生主义与民权主义的缘故。如果我们今后能够彻底实行民生主义的民主政治，则我们的政府必然能与民众结成一体，而获得强有力的支持。程氏精神奕奕，谈锋极健，与记者谈约一小时，纵论当前大势，议论精辟予记者以最深刻之印象。

毛泽东昨发表声明提出和谈

八项条件

1949 年 1 月 14 日

自总统元旦文告重申和平解决中共问题方针以后，中外人士咸期待中共之反应。顷新华社广播陕北十四日毛泽东对时局声明，提出八项条件，作为和平谈判之基础，但其全文中极尽其诋毁政府之能事。致人人怀疑中共究竟有无寻觅和平之诚意，记者深夜以此访问首都政界人士，均因未就全文详加研究，拒绝评论。

兹将此项声明摘录如次：

中国共产党声明，虽然中国人民解放军具有充足力量和充足理由，确有把握在不要很久的时间之内，全部消灭国民党反动政府的残余军事力量；但是，为了迅速结束战争，实现真正的和平，减少人民的痛苦，中国共产党愿与南京国民党政府及其他任何国民党地方政府与军事集团，在下列条件的基础之上，进行和平谈判，这些条件是：

（一）惩办战争罪犯；

（二）废除伪宪法；

（三）废除伪法统；

（四）依照民主原则改编一切反动军队；

（五）没收官僚资本；

（六）改革土地制度；

（七）废除卖国条约；

（八）召开没有反动分子参加的政治协商会议，成立民主联合政府，接收南京国民党反动政府及其所属各级政府的一切权力。

中国共产党认为上述各项条件反映了全国人民的公意，只有在上述各项条件之下所建立的和平，才是真正的、人民的、民主的和平，如果南京国民党反动政府下的人民愿意实现真正的、民主的和平，而不是虚伪的反动的和平，那么，他们就应当放弃其反动的条件，承认中国共产党提出的 8 个条件，以为诸方从事和平谈判的基础。声明最后并令“共军”在实现和平以前，继续其军事行动。

程兼主席电复孙院长

对和谈事提出意见
今后国家局势不论其如何动荡
湘省施政悉以人民利益为前提

1949 年 1 月 22 日

程兼主席昨深夜对记者发表书面谈话称：自蒋总统宣告退休后，各方纷纷以对时局意见为问，余以为蒋总统之退休，自为对全国人民的和平要求之有力表示，极堪敬佩。然吾人回溯以往之最大错误，实为反民生主义之政治措施，今后无论和谈程序如何，自非局部问题；而本省之政治方针，则惟实行民生经济之造产合作与限租限田二大事，此余曾已一再言之。至于开放言论出版自由与释放政治犯，为余之一贯主张；盖人民于政治固应有其天然之绝对自由也。惟查本省近半年来，并无政治犯，而言论出版亦甚自由，今日一切应以人民利益为前提，人民的意志即是政治的最高原则，此为永恒的真理，不论时局如何动荡，余之主张无不以此为依归也。

程兼主席昨复电行政院孙院长，表示对和谈意见，原电全文如下：

南京行政院孙院长：子筱密电诵悉。中共所提条件，其所谓战犯，如果系指其和谈对象而言，则和平将无从谈起。二三两项是二而一者，宪法非不可修改者，所谓废除，亦不过为修改之极致。改编军队，事有必至；吾人不如更进一步要求废除军队。没收官僚资本、改革土地制度、废除卖国条约三项，可全部接受。至召开政协会议，成立联合政府，此为和谈之必然结果；惟程序与技术问题仍尚妥先商讨。承询特复。弟程潜叩。

程主席顺应舆情　吁请停止征兵

未奉命令以前先行缓征昨已分电所属一体遵照

1949 年 1 月 23 日

湘主席兼军管区司令程潜氏采纳各方意见，昨日电请行政院及国防部暂停湘省本年度征兵；同时电令各专署、县政府、师管区司令、团管区司令，在未奉行政院、国防部明令以前关于征兵事务暂停一月，期满候另饬遵。兹探悉两电原文如次：

特急、行政院孙院长，国防部徐部长：本省各级参议会及人民公法团体以本省抗战以来，人力消耗过甚，食已无能为继，纷请停止征兵，息民苏困，兹以依循人民公意，并仰体政府力谋和平之旨，本省年度征兵，可否暂行停止？请即核示。湖南省政府主席兼军管区司令程潜子梗（二十三日）。

急、本省各专署、各县政府、各师管区司令、各团管区司令：×密，现值农历年关，农民终岁勤动，应予以休息之机会，并启更新之希望，迭据各方报告，佥以征兵为苦，吁请停征。本主席兼司令业已据情转请行政院及国防部核示、在尚未奉到明令以前，应准暂行缓征。自电到之日起，一个月内，所有征兵事务，均着暂行停止，以纾民困。期满，另候明令饬遵。仰即遵照并布告各乡、镇、保、甲一体遵照。主席兼司令程潜子梗。

程兼主席昨在月会中阐述应变决策 从安定中求进步平实地去争取和平

1949 年 2 月 14 日

省府于昨举行扩大月会，程兼主席以“安定应变”为题，作如下之演讲：

“我对于湖南在时局动荡中的决策，严切而言之，是‘安定应变’，现在全省文武百僚和人民均在行动上朝这个方向迈进。我对这个决策，有绝对的信心，也有坚毅的决心。如果正视现实，酷爱和平的湖南人民对当前局势的推移感觉到有不可传言的苦闷，那么，便证明他们还没有深切正视现实，换言之，他们对我提出的‘安定应变’的决策还没有信心。我们湖南要从安定中求进步，这是‘安定应变’的最高理想。要脚踏实地做到从安定中求进步，我们必须发挥湖南人民的智慧和毅力，尤其剿灭各人心中自私自利的恶性根，一致团结，才能由现在这个粗安的局面，进到全面的安定。我们目下固然受了全国性金融变动的影响，大家生活不安，这是无可讳言的，然而我希望大家，尤其是文武公教人员万不可因为物质上的打击，连精神也松懈起来。我们负了政治上的责任，一定要把政治上应兴应革的事，想到哪里就做到哪里，不能说根本不去想，或者根本不去做，任其不进步而日就腐败。

今天，大家都注意到和平问题。我觉得对于和平是要我们平实的去争取，不可存着一些什么幻想，有了幻想就会一面恐怖‘共党的暴力’，而一面感受经济上狂潮站脚不稳，自乱步骤，而自取恶果。现在和局究为何若，尚未如理想的明朗，这是事实，但湖南人民在我‘安定应变’的信念之下，这表出他们争取和平的热情，对于整个和平的实现，湖南当然听命于中央。我们人民既对于‘安定应变’的决策有绝对的信心和坚毅的决心，只要全省文武公教人员正心诚意信赖我的主张，全省人民团结一致，信赖我的主张，人人心能安定，共向安定大道前进，我相信不论当前时局是和或是战，对于前述决策之争取，我更有绝对的信心和决心，大家心头便不应系着沉重的苦闷。”

程主席答英记者称和平极有希望

并认为中共具有诚意

1949 年 2 月 27 日

英国伦敦《观察报》记者杜鲁凡，日前自穗抵长，昨午 10 时许访谒程兼主席，叩询湘省土地改革情形，及程氏对于时局意见，由省府新闻处处长刘伯谦充任翻译，谈话历时约 20 分钟、程氏莅任以来接见外籍记者纵谈大局及湘省政情，当以此为第一次。杜君对程兼主席开明的风度，坦白的胸怀，及热心改革运动的精神，于昨日一席倾谈中留有深刻的印象，至表钦佩，便面告允于《观察报》为文介绍英人，广为宣扬。杜自英伦来仅及两月余，此来仅慕程兼主席之名专诚访谒兹以任务达成，定今离长取道浙赣铁路赴南昌转杭州返沪。兹志程兼主席答复杜君各项问题如次：

杜鲁凡问（以下简称问答）：主席对和平的看法如何，前途有无希望？

程主席答：我看和平前途极有希望。

问：李代总统日前莅湘与主席谈话，内容能否见告一二？彼此对各项时局问题的意见是否一致？

答：李代总统与本人所谈，大抵为关于和平及政府本身应加改革的诸项问题，我们的意见完全相同，毫无差异，惟内容甚多，未臻发表时期，未便奉告。

问：中共是否诚意谈判和平？主席对此所见如何？

答：关于中共对和平是否具有诚意，一时很难判断，不过本人以为中共可能具有诚意，但其诚意究与我们的有所不同，也即是说中共的所谓诚意是要一切合乎其要求，否则恐难有诚意。

问：如果中共对和平无有诚意，届时华南诸省如粤、桂、湘、赣等省将否另行构成一政府，以与华北的中共政府相抗衡？

答：这种情形目前恐怕不会有，万一和平不成功，南方的人民仍然是希望和平的，李代总统绝对遵从人民这种殷切求和的愿望，只要有利于促成和平，政府方面仍然不惜让步，不惜迁就，务求和平能够实现，如果中共的目的另有所指，而和平万一不能成功，那时李代总统或将代表南方人民的愿望另作部署，不现在尚未敢断定。

答：李代总统与本人所谈，大抵为关于和平及政府本身应加改革的诸项问题，我们的意见完全相同毫无差异，唯内容甚多，未臻发表时期，未便奉告。

问：中共是否诚意谈判和平？主席对此所见如何？

答：关于中共对和平是否具有诚意，一时很难判断，不过本人以为中共可能具有诚意，但其诚意究与我们的有所不同，也即是说中共的所谓诚意是要一切合乎其要求，否则恐难有诚意。

问：如果中共对和平无有诚意，届时华南诸省如粤、桂、湘、赣等省将否另行构成一政府，以与华北的中共政府相抗衡？

答：这种情形目前恐怕不会有，万一和平不成功，南方的人民仍然是希望和平的，李代总统绝对遵从人民这种殷切求和的愿望，只要有利于促成和平，政府方面仍然不惜让步、不惜迁就，务求和平能够实现，如果中共的目的另有所指，而和平万一不能成功，那时李代总统或将代表南方人民的愿望另作部署，现在尚未敢断定。

征兵办法未改进以前
程主席决定暂不复征

1949 年 3 月 28 日

本省暂行停止征兵后，国防部一连数通急电，令军管区即继续征兵，并限期开征交拔，否则各师团管区司令一律撤职。所有接兵之新兵大队机构，一律撤销。军管区副司令前日签请主席核示，据悉主席批示在中央未改进征兵办法前，暂不复征。惟昨日白总司令对这问题，一再洽商，是否因白氏之一行而复征，日内即可明朗化。

学生合理行动程主席极同情

1949 年 4 月 6 日

程兼主席于前晚聆悉本市各大中学生为声援南京“四一”惨案争取真正和平，定昨晨集合举行大游行，当晚召集军政负责人谈话。程氏恳切指示：对于游行，政府不应予阻拦，所有军宪警出动维持治安秩序，绝对禁止携带武器，不能与学生借故发生冲突。据悉：程兼主席对本市各校学生今日举行游行，除于昨晚令饬军宪警严禁阻拦干涉，徒手维持秩序外，本日于聆悉游行经过情形后，曾严正表示三点：

（一）学生声援“四一”惨案，寄予无限同情。

（二）克尽个人力量争取和平。

（三）游行运动，绝不阻挠，并予以安全保障。

程氏原拟于学生群众赴省府请愿时，准备亲自接见，面告三项态度，嗣学生游行行列未赴省府，此项意见，亦经省府派员向大会主席团代为转告。另悉：据学生方面表示，佥认程兼主席于处理事件时，所表现之开明、民主、进步的作风，留予湖南青年学生以极深刻之印象，今日程氏表示之态度，且能寄予同情，其开明民主的作风，尤值得全省青年之拥护。

程兼主席再度表示
省府绝不迁移力谋免于战祸

1949 年 4 月 10 日

程兼主席昨晨接见本报记者，再度表示：

（一）省府绝不考虑迁移；

（二）渠尽一切努力使湖南不卷入战争。

程氏并谓：“湖南今日处境，甚为艰难，如不加紧团结，则前途殊难乐观，目前湖南人民希望和平，如果大家团结一致，我想我们总能想出一个至善的方法，促其实现，现在湖南虽无强大之武力，但真正的力量，决非全靠枪杆，人民之意志与正义即是力量。”程氏对目前省经济状况之困窘颇感焦虑，并谓：“金元券疯狂贬值、中枢钞票迟不运来，致使公教人员生活日益艰窘。本人对此深感不安，唯有在无办法之中，尽力设法。”

争取和平苏我民困不使湖南卷入战争
无论是谁，万不可稍存凭恃武力轻易以战图逞之心。
程主席昨发表书面谈话

1949 年 4 月 10 日

省府程兼主席于昨日上午十二时接见各报社记者，就当前局势采取之态度，曾有所阐述，旋于下午二时发表书面谈话（原文见后）。程氏于接见记者谈话中，强调两点：对和平应先具有信心，始可获致。（二）绝不使湖南卷入战争旋涡。程氏认为毛泽东电复李代总统对争取和平表示诚意后，虽不能从此遽抱乐观，但希望能为和谈顺利之一征兆。程氏认为最近本省所传播之一切流言，均系无中生有，不独“庸人自扰”，亦且危害社会治安，对省府两迁之议，程氏亦当面表示决不作此考虑，希望全省人民各安生业，程氏谈话对此且特别强调，足以说明渠所持之态度，非任何势力所能动摇；而程氏之书面谈话，亦足使最近转辗传播之各种谣言，将从此消弭于无形。兹志程氏之书面谈话如次：

“最近和谈正在进行，全国人民无不关心这件事的发展或变化，除开极少数的分子外，我相信大多数人民的心情是严肃的，迫切的，希望和谈到和平的距离缩短，迅速而且顺利。今日人民所受的苦难，真是历史上空前所未有，尤论是谁，万万不可稍存凭恃武力轻易以战逞之心。当前大家的第一件需要是和平；要想中国人民还要活下去，只有

和平，才能建设；要使中华民族的历史延续下去，也只可和平建设！我们不必多谈理论，我们要正视事实，我们不要空谈人民的利益，更不要拿了已经忍受一切苦难的人民作为标语口号的点缀品！我们要真正了解人民的痛苦，我们要确实为人民想；就是国共两方军队及地方团队总在二千万以上，这二千余万人，都是精壮丁口，都是生产者，现在驱而置于无意义的斗争，不独不能生产，而且两方都要消耗人力、物力；如果战争继续下去，我们人种有灭亡的可能，言念及此，稍具天良的人，莫不痛心！因此，我们人民希望和平甚切，我更希望和平甚切。至以我列名为战犯之一，我不加辩白，我愿接受人民的公判，倘真认为我有战犯的罪行，虽碎尸万段，亦所不辞！湖南是三千万人民的湖南，正如中国是全中国人民的中国一样；我不承认少数人以主人自居，而能左右大多数人民的命运，更反对存心偏私不顾大众死活的人出卖湖南！我以至诚至正的决心，以我们点滴归聚的群力，求使湖南免于战祸的惨痛，求使人民免于炮火的灾害，求使社会秩序安定，求使地方元气保全！这是我的愿望，我相信这也是人民的要求！我为三千万人民服务，我希望在这安危所系的关头，大家努力，协同一致，满足这个最低限度的要求。

长沙是湖南的省会，是地方行政的神经中枢，我们要保持安定，至少要使省会人心镇定，各安其业，不可自相惊扰，尤其不可轻信谣言。心理状态务须正常，行动尤须慎重，一切投机取巧自作聪明的言论，无补于实际，一切自利私欲干犯众怒的顽固打算也必招致失败无疑。时至今日，我们除开有认识有决心而外，最要头脑冷静；忧惧疑虑，终日惶惶，只是庸人自扰，纯重自我，不顾大众的行为，不仅徒劳，而且千夫所指，势必自焚。

凡是懂得我这简单明了正确坚定的意志的，也就是真正懂得三千万人民现在所需要的，不再标新立异，自乱步骤，不再自掘坟墓，徒苦人民，存真心，做真事，说真话，求真果，是我一贯的坚持的为人处事的根本守则，也是我今日所深切愿望于今日人民世纪站在为人民服务岗位上的人们应该这样！”

青年节告湖南青年书

1949 年 3 月 29 日

今天是第六届青年节，亦就是黄花岗七十二烈士革命殉国的纪念日。总理在《孙文学说》中“有志竟成”章说：辛亥三月二十九日广州之举，是役也，集各省革命党之精英，与彼虏为最后之一搏。事虽不成，而黄花岗七十二烈士轰轰烈烈之概，已震动全球，而国内革命之时事，实以之造成矣。在此国步艰难的时候，抚今思昔，这一个庄严的节日，更有其伟大深切的意义。

在国民革命五十余年的过程中，英勇奋斗，壮烈牺牲，以推翻专制，缔造共和的是先烈，以北伐以至抗战，与封建军阀倭寇相搏斗的是先烈，今后艰难繁重的建国大业，仍然需要后进青年们来担当，后进的青年责任的重大，由此可见一斑。然则我们青年应当如何奋发努力，才能负荷艰巨，建设富强康乐的新国家呢？我以为青年要对国家有所贡献，首先就要认清中华民族现有的病态是什么？中华民族陷入衰病的状态，由来已久，皆由人心陷入自私自利，苟且偷安，腐败懒惰，颓唐消极钻营奔竟，嫉妒倾轧，整个社会，人欲横流。可是，这种不良的现象，并不是中华民族与生俱来的，中华民族有其高尚的文化，优美的德性，只要大家立定志愿，抱定决心，自然可以振敝起衰，转移社会的风气，挽救国家的危亡。中华民族的故有精神气节，也必由此恢复，凡我有血有志节的青年，都应有此抱负，实践力行，才能继承先烈的遗志，完成革命建国的重责大任。

今天是青年节，我要趁此佳节良辰，提出两个字，来勖勉全省青年们。这两个字，是青年为学办事与做人的基本要道。我所要勖勉青年的是两个什么字呢？第一个是“诚”字：在中华民族固有的德性中，足为一切行动之最高基准的，就是这个“诚”字。“诚”是什么？古人的解说很多，而发挥最透彻的，莫如大学中庸一书，学庸上说：“诚者物之始终，不诚无物，是故君子诚之为贵，诚者非自成己而已也，所以成物也，成己仁也，成物智也，性之德也，合外内之道也，故时措之宜也。”总之，诚的意义是择善固执，贯彻始终，诚的目的，则在成己、成物、成人，唯有诚，乃能一往无前，贯彻到底，这是现代青年所必须深切体认的。与诚相对是伪，我们希望每一个青年都能崇高诚实力戒虚伪，青年能切实做到一个诚字就能创造人生丰富的意义，实现人生美满的理想。第二个字是“严”字：严的意义，就是严正、严肃、严密。“望之俨然，即之也温，听其言也厉，”是严正的态度。持之以敬，临之以莊，以仁存心，以礼存心，是严密的态度。曾子说：“吾人三省吾身。”我希望每一个青年，时刻反省，是不是具备了这种态度呢？我要求每一个青年，都要做到严于律己，严以处事，严以治学。何谓严于律己？就是要克己全心，我曾说过“克人为下，克己为上，全物为下，全心为上”，我们要以自反自省的功夫，为自强自立的修养。何谓严以处事？就是要站稳岗位，尽忠职守，矢勤矢勇，贯彻始终。何谓严以治学？就是要做到博学审问慎思明辨的功夫。能严于律己，必能自强不息。能严以处事，必能实事求是。能严以治学，必能好古敏求。由上所述，可知严之为用，至大至广，中庸上说：“君子之道，譬如行远必自迩，譬如登高必自卑”，论语上说：“君子务本，本立而道远生”，我平生最服膺这两段话，如何由近而远，自卑而高呢？如何务本呢？就在上面所说的“诚”字和严字。

湖南青年在国民革命的过程中，是有其不可磨灭的功绩的，湖南的革命先进，如黄克强、蔡松坡、宋教仁诸先生，他们在青年时代，都是尽瘁革命，不顾生死的黄花岗一役，就是黄克强先生所领导发动。今天的湖南青年们！应当正视现实，追踪乡贤先进的轨范，振作精神，黾勉努力，达成历史赋予的使命！青年们！努力吧！

程主席率领僚属　过江谒先烈墓

1949 年 3 月 29 日

由纪念黄花岗革命先烈，使人忆起了躺在麓山的黄、蔡两位烈士，程主席亲自率领一批官员们赴麓山谒墓。十一时，程主席暨邓介松，邓飞黄，王凤喈及随员十余人乘车到爱晚亭前，再改乘滑竿上山，在初春花放的游春仕女们的欢耀间，谒墓人也跟着添上一层游山的心情。

程主席到达黄克强墓前，正凝视清秀的麓山，静静的江水，欣赏着这一片美丽的河山，面上浮起一丝愉快的表情。程主席就主祭位，随从者一律陪祭，祀典仪式里没有哀乐，没有鞭炮，在沉湎的追溯情绪下进行，祭文也是在沉痛的声调中诵读着：

祭黄兴文

“维中华民国卅八年三月廿九日长沙绥靖主任兼湖南省政府主席，程潜谨以清酌庶羞之仪，致祭于先烈黄克强先生之墓曰：洞庭浩淼，衡岳嵂嵲，间气所锺，代生人杰铄先生，乘兹芳烈，大勇儒行，跨越前哲，建虏潜统，四海怨嗟，乃创奇局，垒奋戎军，张皇六师，捣虚彼抗，南北混一，戢矢弢弓，敝屣名位，世服谦冲，丙辰拥国，公归海外，天不憖遗，遽离尘塔，日月不居忽忽三十，朝局屡变，风景依然，昔领偏师，获事戎幄，精诚相见，庶几不辱，爰谒墓下，躬奠椒浆，英爽如在，来格来尝，尚飨。”

祭蔡锷文

“卓哉先生，才不世出，孙吴韬钤，贾董治术，鼎革之际，奋起滇池，毗赞景运，镇安边陲，大憝弄国，间关南，蹶彼毒夫，共和再造，秉命不融，朝野痛吊，攻铭旂常，祀崇绝侥，藏骨岳麓，增光名山，樵牧有禁，既固永安，湘水春深，麓山云烬，敬谒墓前，流连遗泽，清湑嘉殽，有怀莫白，英灵若存，庶几来格，尚飨。”

人民不需要战争政府应争取和平
湖南不能做继续作战的打算
程主席昨在省府月会讲演

1949 年 4 月 18 日

湘省府于昨晨九时在该府大礼堂举行四月扩大月会，到长沙绥署、保安司令部、省府所属各厅、处等机关首长暨职员千余人，程兼主席领导行礼后，即席就当前和谈及本省应变诸问题报告甚详，程氏讲到和谈时，曾具体表示本省绝不作备战打算，并吁请全国人民应该拿出良心来，争取真正的和平，为国家民族留一线生机，最后，程氏并以“公”“诚”二字勖勉僚属，希望人人要向大公无私至诚不贰的大道迈进，俾使湖南得免于战祸的惨痛，进而获得永久的安定。程氏讲时，态度异常恳切，历时二十分钟始讲毕散会，兹志讲词全文如后：

各位同志：

从今年开年以至现在，几个月来，国内的局势，一直在危疑震撼之中，湖南的处境，也一直在颠连困苦之中。由于前面就是长江，人们一种“居安思危”的心理，大家的心目中，对如何应变这个问题，都非常的关心，这个问题，我已经说明了几次，想必各位都已了解的了，现在和谈正在进行中，时时露着彼此争执的消息，但全国人民没有不馨香祷祝，希望和谈能够成功，我们的政府，叫作国民政府，共产党的政府，叫作“人民政府”，顾名思义，两者的立场，都建筑在人民上面，可以说都是以人民为重。现在全国人民要和平，我们的政府只有排除万难，力谋真正和平之实现，还有什么迟疑瞻顾的余地呢？如果还有人梦想凭借武力来压制全国人民所蕲求的和平，我相信全国人民都会有一个制裁，到那时候凡是穷兵黩武的人，一定会逃不脱“千夫所指”的惨痛教训！本来政府的官吏，是人民的公仆，人民所希望的，我们自然要想方设法来达成他们的希望，湖南过去在八年抗战的当中，人力、物力、财力，各方面的损失已经无法估计了，再加上三年的内战，更到了不堪设想的地步了，所以我主张停止征兵，减少征粮，限租护农，救济水灾，修复堤垸，都纯粹以人民的意志为意志。引申来说，在民穷财尽的今日，凡是继续盲目作战的打算，我们不能够来附和苟同的，因为全国人民受战争的压迫，谁也活不下去了，我们应该拿出良心来，争取真正的和平，为国家民族留一线生机！

为策划起义，保护家小，程潜于 1949 年 5 月将家属送往香港暂住。此为程夫人与女儿程瑜、程文在香港九龙加速威老道留影

1949 年 6 月，程潜起草了关于湖南起义的“备忘录”，承诺“一俟时机成熟，潜当揭明主张，正式通电全国，号召省内外军民一致拥护以八条二十四款为基础的和平，打击蒋、白残余反动势力”。湖南地下党组织立即将程潜主张和平举义的态度电告中共中央，毛泽东随即亲自复信给程潜，表示对他“决心采取反蒋反桂及和平解决湖南问题之方针极为佩慰”，并答应程潜提出的若干条件。

备忘录

潜自参加同盟会迄国民党，从事革命凡四十余年，服膺三民主义始终不渝。近十余年，坚决反对蒋系独裁政治。去年返湘以后，更站在人民利益立场，坚决反对战争，力主和平。只以自身力量尚弱，既不能明揭主张，更难放手措施。数月以来，处心积虑，应付环境，凡实际是以打击反动力量以及解除人民痛苦之处无不悉力以赴。例如二五减租，停止征兵征实，停止使用金元券皆自本省始，至于暗中保障革命分子活动，相当开放舆论与群众运动，皆荦荦大端，所给予反动势力军事上、经济上之打击至为重大，而潜亦以是遭受压力更为强。忻所幸迅已获得全省人民一致热烈拥护，虽反动分子多方阻挠，多方逼胁，卒难动摇。此次桂系大军退压湘境，白崇禧即端疾恶本省一切和平措施，遂不惜越权要挟，改组本省政府，态度横暴，而后果必然一反本省过去措施，势将完全违反人民利益，致引起全省人民公愤，迫使白亦放弃原定计划，此即人民力量积极支持进步措施最为显著之例。本省军政机构，原由蒋所一手安排，而军政干部更多系蒋历年所卵翼之人物，兼之本省封建色彩亦颇浓厚，自十六七年以来，一直培养反共环境，一旦谋予转移，诚非易事。曾深思焦虑认为调整人事、健全机构，在蒋系束缚与桂系压迫之下绝不可能，如贸然行动，势必引起狂澜，决非潜所能抵抗，计唯努力直接为有利于人民之措施，期以转移风气，借人民自觉造成力量，反而影响政治干部，数月以来确已略收效果，当前咸感大势所趋，莫能阻仰，潜对于军政干部潜移默化状未稍懈，除少数极顽固分子仍不惜自趋绝境而外，大多追随革命潮流不致阻仰，论者或指责本省军政机构散弱无能，自是事实无可讳言，惟以本省过去环境，如其果有健全机构与人事，则不出两种形态：一为蒋系工具，一为封建性的团结，此两者皆反革命之壁垒，如其坚强，则潜所遭阻力以更大或至一筹莫展。兹幸其散弱无能，乃得乘隙增强人民力量，凡潜有所措施多获得社会人士密切联系与直接赞助（甚至往日担任特务工作之张严佛、萧作霖、李肖白、黄永康、任建冰等，近数月来亦协助和平措施甚力），除极少数与机要人员外，军政机构几乎置身事外，此种现象近一两月来日益显著，亦即证明进步力量之日益强大。数月以来派员与贵方不断接触，至为融洽，惟以环境逼胁，每或事与愿违，至于维持治安，沟通人民情感与理解，借以获得今日局势，多荷贵方协助，衷心感谢，匪可言宜。即受本省人民之重托，又值烽火迫近本省之际，如何避免战祸，如何减少人民痛苦，如何保持本省元气，实属当前唯一要务。爰本反蒋、反桂系、反战、反假和平之一贯态度，决定根据贵方公布和谈八条二十四款之原则，谋致湖南局部和平，具体进行办法，极望双方指派军事代表立即成立军事小组，俾能详细商决，并密切配合行动。就本省当前军事形势论，留驻省内军队除桂系外，大部分所能切实掌握着，另附详表备查。凡可掌握之军队，大部均已集中长沙附近，而桂军多已开赴湘南、赣西（留驻长沙者仅约一团）。本省军队数量虽不少于桂军，但战斗力则远逊于桂军，不得不极力敷衍桂系。一俟时机成熟，潜当即揭明主张，正式通电全国，号召省内外军民一致拥护以八条二十四款为基础之和平，打击蒋、白残余反动势力。在潜揭明主张以前，如何配合行动，全权由军事小组商决。在揭明主张以后，短期似有设立联合指挥机关必要，一以整编本省现在武力，一以配合贵方为进一步之军事行动，凡此均得联合指挥机构商决实施，本省现有武力番号甚多，内容不实而指挥又未能统一，此皆蒋系凌乱作风。在本省未揭明主张以前实无法调整，一俟揭明主张以后，甚望贵方予以彻底整编，惟数月以来官兵待遇极其菲薄，尚能协力维持地方治安，而干部中更不乏明达之人暗中拥护潜之主张，不无微劳，倘能汰弱留强，重予教育，则以土著关系于今后地方绥靖工作，乃至扫荡西南，尚可效劳一二。又本省反共历史垂廿年，思想落后，固由局促山地昧于大势，亦由蒋某多方欺骗，多方利诱威逼，造成积重难返之势。兹以贵方大军逼近，或多惶惑，经潜直接间接多方解释安慰，除极少数顽固分子或已逃亡外，大多明了贵方宽大作风，尚能镇定以俟。甚望贵方大军抵达之日，更能予以事实上之证明，则全省人民幸甚，此亦潜职责所关，思虑所及，合并提备参考。

程潜

1949年5月14日，中国人民解放军第四野战军先遣部队从汉口以东的团风、武穴强渡长江。华中军政长官白崇禧于16日仓皇退出武汉，来到长沙。白崇禧到长沙后整编湖南部队，裁撤程潜的亲信部队第314师，改组省政府，成立反共备战机构，古城长沙充满白色恐怖。第一兵团司令官兼长沙警备司令陈明仁被迫起用一批特务，这些暗藏的特务纷纷出笼，向共产党人、民主志士举起屠刀。白崇禧在一些公开场合，当众影射攻击程潜，在一次省府扩大会议上说：“近来，无论党政军各方面各阶层都有少数负责人同共产党作战决心不坚，战斗意志薄弱，精神上已走向了投降的道路。”程潜迫于形势，只好忍气吞声，闷闷不乐。

白崇禧在长沙逞威和制造白色恐怖之际，中共湖南省工委根据上级指示精神，针锋相对地制定了新的工作方针，进一步争取程潜和陈明仁起义，团结群众，保护城市，迎接解放，开展武装斗争，配合解放军打击国民党军队。

省工委根据前段工作的进展情况，认为策动起义已到成熟阶段，应该因势利导，动员程潜和陈明仁写个起义备忘录，向党中央、毛主席正式表明态度。为此，省工委统战工作小组组长余志宏向程潜的代表——湖南省党政军联合办公室副主任程星龄转达了这一意见。程潜得悉后，立即嘱程星龄起草备忘录，程潜核阅后亲自签名，备忘录由第一兵团人事处长李君九、经理处长温汰沫送交陈明仁时，陈以怕泄密为由未予签名。这份只有程潜签名的备忘录，由余志宏转送省工委书记周礼手中。周礼接到备忘录后，亲自写了一份报告，派人送交华中局组织部长钱瑛，钱瑛随即把备忘录送王首道、萧劲光转中共中央和毛泽东主席。

6月30日，毛泽东收到程潜的备忘录后，立即一方面电示四野主力陈兵湘鄂边境；另一方面选调华北军政大学学员总队长李明灏前往武汉，参加和平解放湖南的工作。7月4日，毛泽东为中央军委起草了给第四野战军兼华中军区司令员林彪等人的电报，对极力争取程潜，用和平方法解决湖南问题。同日，毛泽东又亲笔复电程潜：

颂云先生勋鉴：

备忘录诵悉，先生决心采取反蒋反桂及和平解决湖南问题之方针，极为佩慰，所提军事小组联合机构及保存贵部予以整编、教育等项意见，均属可行。此间已派李明灏兄至汉口林彪将军处，请先生派员至汉与林将军面洽，商定军事小组联合机构及军事处置诸项问题，为着迅赴打击桂系，贵处派员以速为宜。如遇桂系压迫，先生可权宜处置一切。只要先生决心站在人民方面反美、反蒋、反桂，先生权宜处置，敝方均能谅解。诸事待理，借重之处尚多，此间已嘱林彪将军与贵处妥为联络矣。毛泽东

程潜接到毛泽东的复电，身上如卸去千斤重担。他在7月14日接见第四野战军所派代表刘梦夕时说：“我本人已下了最大的决心，坚决遵照毛主席给我的指示去做，早日实现湖南和平起义。”同一天，位于广州的代总统李宗仁派特使贾景德前往长沙，敦促程潜离开湖南，去广州就任考试院院长，被程潜婉言拒绝。程潜此举，使白崇禧心里难安。

为探明白崇禧的想法，程潜派长沙绥靖公署副主任唐星去白的总部探听消息。白崇

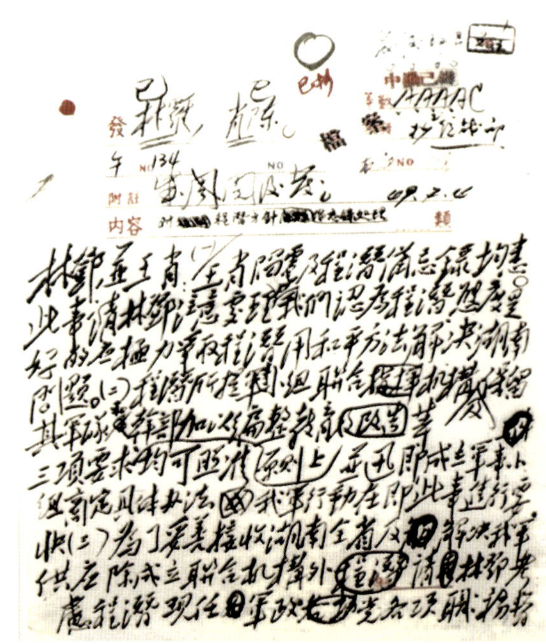

毛泽东主席收到程潜亲笔签署的《备忘录》后，给林彪、邓子恢的电报手稿

担任湖南省政府主席时的程潜

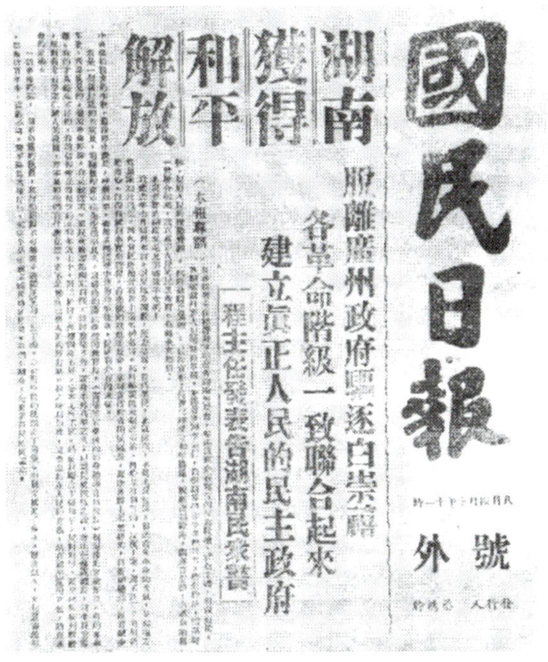

國民日報

號外

湖南獲得和平解放

脫離廣州政府驅逐白崇禧

各革命階級一致聯合起來

建立眞正人民的民主政府

程主任發表告湖南民衆書

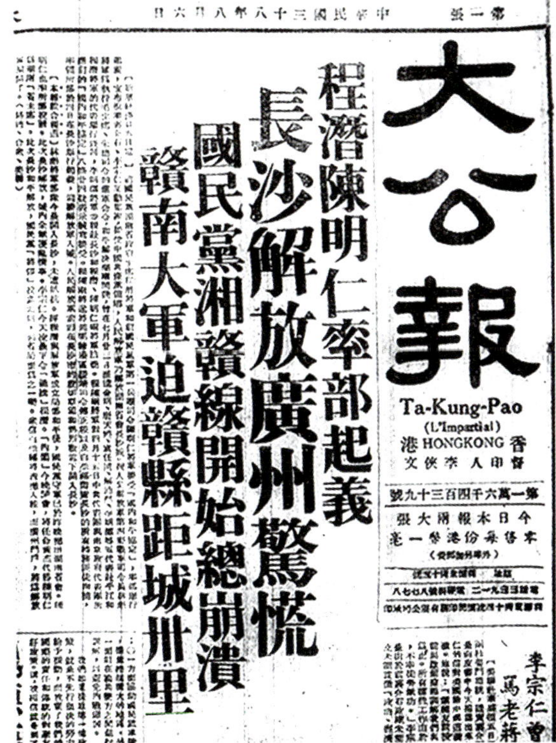

中華民國三十八年八月六日 第一張

大公報

Ta-Kung-Pao

(L'Impartial)

香港 HONGKONG

督印人 李俠文

第一萬六千四百三十九號

程潛陳明仁率部起義

長沙解放廣州驚慌

國民黨湘贛線開始總崩潰

贛南大軍迫贛縣距城卅里

《国民日报》《大公报》对于程潜、陈明仁通电长沙和平起义的相关报道

禧表示总部已决定移驻衡阳，长沙将交由陈明仁负责，并要湖南的其他部队随程潜去广西。经唐星争取，白崇禧最终同意将部队留在湖南，程潜可暂去邵阳，再择时入桂。

程潜得悉白崇禧同意自己出走邵阳，立即打点行装，唤程星龄说：“我们去邵阳暂避一时，你把这个手令交给子良（陈明仁的字）。就守土有责之义而论，本主席应坐镇长沙，唯以军情转变，前方军政之配合，后方应变之措施，均待及时调度，故本主席决定出巡邵阳，主席职务由陈司令官全权代理。”

7 月 21 日上午 8 时，程潜在警卫团的护送下前往邵阳。程潜在邵阳的几天里，根据毛泽东密信的精神，紧张筹备和平起义。23 日、25 日，程潜两次密会省工委派到邵阳联络起义的张立武，就起义通电发表的时机、地点、邵阳部队的部署等问题进行研究，他还密嘱程星龄等起草起义通电。25 日，程还接见了第 63 师师长汤季楠，嘱他好好掌握部队，迎接和平解放。

此时，解放军第四野战军根据中央军委部署，兵分两路进入湖南。东路自 7 月 18 日至 25 日解放平江、浏阳、岳阳、湘阴、醴陵等县镇；西路 21 日解放华容，23 日解放澧县，向常德、桃源方向疾进。

程潜在邵阳准备起义的同时，陈明仁在长沙履行代省主席职权，主持湘政，他向长沙各界民众许诺“无论在任何情势之下，确保长沙之安全，战场绝对移向外面，我有办法不使长沙遭受牺牲”。随即派出军警维持秩序恢复交通，惩罚地痞流氓等，稳定了军心、民心。7 月 27 日，陈明仁用密码电告程潜，请他速回长沙，程潜当日用密码复电陈明仁“至速艳日（即 29 日）来”。

8 月 1 日，程潜以个人名义发出和平通电，揭露蒋、桂反动派的罪恶，呼吁和平。李明灏到达长沙后以中共代表团的身份同程、陈就起义具体问题进行商议。关于起义通电问题，李明灏提出：应以反蒋、反李、反美帝为内容，并由其自行发表，我方先行索阅。程、陈对此没有异议。关于起义部队驻防交接及解放军入城时间等问题，陈明仁同意将驻长沙的部队于 8 月 1 日开始向湘潭、宁乡撤退，只留下维持治安的力量为度，但“希望保留其兵团司令职务，俾其努力杀敌立功”。

鉴于白崇禧有调部队向邵阳方向进行战斗的企图，程潜和陈明仁提出：“盼在茶陵、攸县、禄口一线的解放军迅速以轻装向邵阳推进，以减轻桂军对邵阳的压力。”第一兵团除留第 232 师维持长沙秩序外，其余部队于 3 日晚撤退完毕，解放军于 4 日进城。李明灏将这些情况电告四野。四野领导随即电复李明灏：“我军不日即开始向茶陵、攸县、邵阳方向前进，我方部队当照来电于 4 日晚入长沙。”

1949 年 8 月 5 日晚 7 时，中国人民解放军第 138 师在长沙小吴门举行了隆重的入城仪式，长沙市十万多群众夹道欢迎解放军入城

8 月 2 日，中央军委正式电复：“可以答应陈明仁保留兵团司令名义。”关于机构设置问题，程潜于 8 月 3 日致电毛泽东、朱德及人民解放军第四野战军领导机关，提议设立中国国民党湖南人民军政委员会和中国国民党湖南人民解放军司令部。中共中央、毛泽东于 8 月 5 日电告程潜：“对先生所提设立先生领导，暂名‘国民党湖南临时军政委员会’及陈明仁将军的‘中国国民党湖南人民解放军司令部’两项临时机构均属必要，即可施行。”

1949 年 8 月 4 日下午，历史在湖南翻开了新的一页。程潜、陈明仁最后接受中共中央提出的国内和平协定“八条二十四款”。由程潜、陈明仁领衔，30 多名湖南军政要员签署的起义通电正式发表，宣布率部脱离“广州政府”，接受中共中央提出的“国内和平协定八条”，“今后当以人民立场，加入中共领导之人民民主政权。”程潜这一革命行动，受到全国人民赞扬。毛泽东主席、朱德总司令向程潜等起义将士发出贺电：“诸公率三湘健儿，脱离反动阵营，参加人民革命，义声昭著，全国欢迎，南望湘云，谨致祝贺。”

8 月 5 日，古城长沙红绿标语贴满墙壁，毛泽东的大幅画像高挂街头，秧歌队整装待发。人们脸上喜笑颜开，奔走相告：解放军快进城了！下午 7 时，人民解放军第一三八师从小吴门威武雄壮地进入市区。长沙市盛况空前，10 多万群众夹道欢迎，从五里牌到小吴门，一派欢腾，锣鼓声、鞭炮声，欢迎人民子弟兵的口号声，响彻云霄。赞誉程、陈两将军顺应民心，使古城长沙终于得以和平解放。

程潜、陈明仁领衔通电起义和长沙的和平解放，震惊了华南、西南、西北的国民党残部，加速了国民党集团的最后覆灭，宣告了国民党集团对湖南人民 20 多年反动统治的结束，是湖南革命史上光辉的一页。

和平起义　通电全文

1949 年 8 月 4 日下午，历时近一年之久的湖南和平运动终于结出硕果。程潜、陈明仁两将军领衔，三十多名国民党军政要员签署起义通电：

北平毛主席、朱总司令、广州李代总统、阎院长、重庆张主任、衡阳白长官、兰州马长官、马主席、广州薛主席、昆明卢主席、成都王主席、西康刘主席、贵阳谷主席、福州朱主席、赣州方主席、宁夏马主席、桂林黄主席、青海马主席、新疆鲍主席、长沙陈主席、广东省参议会、四川省参议会、云南省参议会、贵州省参议会、福建省参议会、江西省参议会、甘肃省参议会、西康省参议会、宁夏省参议会、青海省参议会、新疆省参议会、湖南省参议会：

北伐成功以后，蒋介石独揽政权，背叛孙中山先生遗教，以致主义不行，外患踵至。八年抗战，民力已尽，方期休养生息和平建国，讵料蒋与好战分子，破坏政治协商会议，重启内战。外则勾结美帝国主义，不惜丧权辱国；内则肆行独裁，变本加厉。豪门聚敛，贪污横行，结果经济崩溃，军民离心。蒋既被迫退位，李宗仁代为主政，和谈重开，举国喁喁。湘省在抗战期间出兵达三百万人，输粮逾五千万石，敌骑蹂躏，遍及沅湘五十余县，兵燹之酷，甲于他省，痛定思痛，期望和平最殷，于和平运动赞助亦最力。孰知言和实所以备战，阴谋欺骗，恬不知耻。故南京政府不旋踵即告倾覆，流亡广州，生机早绝，残骸仅存，白崇禧主战之论，荒谬绝伦，放弃武汉，窜扰湘赣，誓言空室清野，攫取公私资财；一若假反共之名，即可内钳百姓之口，外邀强国之欢，至其狃于抗战之役，希冀第三次世界大战爆发，从中苟延残喘，卑劣愚昧，尤属令人齿寒。潜等顺从民意，呼吁和平，声嘶力竭，而蒋与李、白，执迷不悔，仍欲以我西南西北各省，为最后之孤注。是忍无可忍，率领全湘军民，根据中共提示之八条二十四款，为取得和平之基础，贯彻和平主张，正式脱离广州政府。今后当依人民立场，加入中共领导之人民民主政权，与人民军队为伍，俾能以新生之精神，彻底实行革命之三民主义，打倒封建独裁、官僚资本与美帝国主义，共同为建立新民主主义之中国而奋斗。

所望我西南西北各省同志同胞，洞察蒋与李、白坚持内战祸国殃民之罪恶，以人民之意旨为意旨，以人民之利益为利益，一致响应，奋起自救，铲除此倒行逆施之残余封建政权。全湘军民，誓为后盾，特此布闻，诸位察照。

程潜、陈明仁、唐星、李默庵、刘进、张际鹏、熊新民、傅正模，军长谷炳奎、彭锷、杜鼎，副军长李精一、方定凡、汤季楠、鲍志鸿、杨馨、文于一、刘光宇，师长张用斌、夏日长、杨文榜、刘勋浩、康朴、卫铁青、曾京、张诚文，湖南全省绥靖副总司令刘兴、李觉、王劲修、成刚，保安副司令彭杰如，保安师长何元恺、周笃恭、张际泰、丁廉、颜梧，宪兵团长姜和瀛同叩支未印。

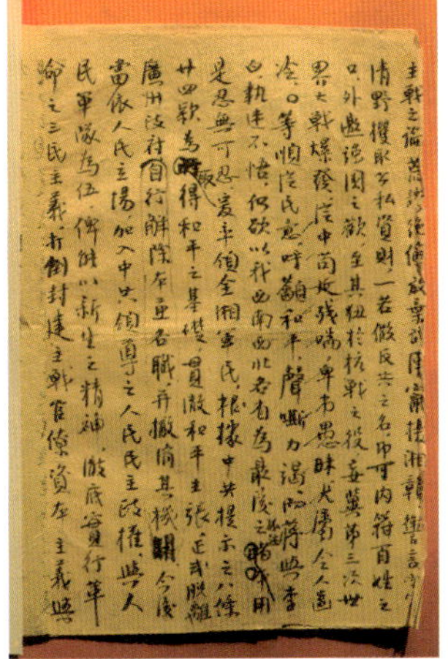

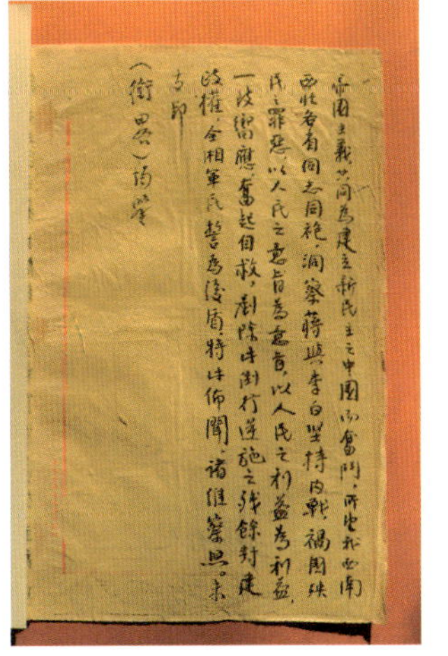

和平起义通电手稿（原件暂存中国人民抗日战争纪念馆）

程潜告将士书

1949 年 8 月 4 日

亲爱的将士们!

我们保卫中华民族的自由独立免于灭亡，我们曾经勇敢地、热烈地为抗战而流血，八年抗战的吃苦和牺牲是值得的，是有目的、有意义的。一九四五年的胜利以后，我们是为谁而武装，我们为谁的利益而内战，我们的思想和行动是不是矛盾，我们在苦海浮沉、自苦苦人的生活，有没有价值，我们的思想准则是什么，我们的行动方针应该怎样?将士们!我们大家坦白地分析、检讨、反省，认识真理，判明方向，以果断代替犹豫，以行动表现决心，朝我们应当走的路走，择选我们应当干的坚决的干，今天不容再怯弱、再怀疑，已经是时候了。

中国国民党总理孙中山先生创三民主义，是针对中华民族所处环境，中国社会先天的缺点和帝国主义灭亡中国的危机而立论的，第一次全国代表大会宣言和三大政策的决定都足以代表北伐初期的革命精神，但是由于独裁者蒋介石个人的私欲和新军阀的封建意识，背弃了孙先生的主张，由假革命到不革命，由不革命到反革命，终于向帝国主义投降，不惜吸吮人民的血液，屠杀无辜的同胞，饲养官僚政客，利用买办财阀，以法西斯残酷无人性的手段培养他的贪污无能的卖国反动的政府，驱使几百万武装同胞，为他个人和一群帮凶们的利益而牺牲，他们早已离开了三民主义的立场，丧失了三民主义的精神，他们是反三民主义者，他们是叛徒。我们要反对这班反三民主义者，我们要消灭这班叛徒，我们要赶快地走入人民的阵营里，顺着具有三民主义真精神的新民主主义所指引的方向，本着孙先生三大政策的正确路线，勇往直前，为人民复仇，为和平而战斗。

将士们!我们要认清蒋介石反动派和封建集团的军阀戴的是假伪善的面具。明白了他们的本质，粉碎他们的歪曲理论和阴谋。如若我们还要盲目地为反动派的残余政府而战，那即是自杀。如若我们知道了拥护反动派残余政府是自杀，我们要马上跳出死亡之谷，改向新生，不要走那自杀杀人之路，否认反动派政府的一切，树立新民主主义的信念，跟着广大的人民武装，一同讨伐人民之敌，替新社会奠和平的基石，为人民大众而斗争，为神圣的中国人民解放立功。

代表帝国主义、买办阶级、官僚资本、豪门家族总利益的反动派同封建剥削的桂系集团，二十年来的欺压掠夺，残害人民，有血写成的债欠，有泪眼含恨的悲歌，多少人吃人的事实，多少饱尝苦难和凌辱的兄弟姊妹们，在热望着我们奋勇无畏地驱逐这群恶魔。将士们!我们自己本身和大多数善良的人民何以会遭受不平等的穷困的生活之累，谁使我们陷入一个经济生机断绝，父母妻子不能顾，本身不能保的境地?反动派的头子们，财富惊人，骄奢淫逸。而我们，尤其是士兵的非人生活，苦不堪言。这种痛苦是反动派给我们的，我们要抓住这批敌人，惩办清算，彻底毁了他们!

蒋介石和桂系反动卖国的政府，是帝国主义者的走狗。他们勾结帝国主义者的凶恶下流的现象，比袁世凯卖国的罪行还要凶。将士们!若是我们独立自主的观念还存在，若是我们还有些许人类自尊心和正义感，我们势必要打倒这厚颜无耻、勾结帝国主义者，制造第三次世界大战的反动卖国的政府，追求人类社会的进步与世界和平。就中国人民共同一致的需求言，就世界人类爱好和平进步的愿望言，中国人民解放的任务是迫切的、是神圣的。

将士们!我们马上要行动了，从今天起，我们已成为人民的武力，我们这个属于人民自己的武力，现在要指向人民的敌人。在这个时候我具体指示四项，凡我勇敢智慧的部属，立即切实遵照:

一、坚决反对专制独裁，坚决反对封建势力，坚决反对美帝国资本主义;

二、坚决拥护和平主张，反对一切挑拨阴谋;

三、听候指挥，与中国人民解放军配合行动;

四、站在人民的立场，严格遵守纪律，绝不违背人民的利益。

程潜

一九四九年八月四日十二时

告湖南將士書

我們已成爲人民的武力，矛頭要指向人民的敵人；聽候指揮，與人民解放軍配合行動。

【北平訊】八月四日程潛致[illegible]將士書稱：「我們保衛中華民族的自由獨立，免於滅亡，我們曾經勇敢的熱烈的爲抗戰而流血。八年抗戰的吃苦和犧牲，是値得的，是有目的有意義的。一九四五年的勝利以後，我們是爲誰而武裝？我是爲誰的利益而內戰？我的思想和行動是不是矛盾？我們在苦海浮沉，自苦苦人的生活，有沒有價値？我們的思想準則是什麼？我們的行動方針應該怎樣？將士們，我們大家坦白地分析、研討、反省、認識眞理，判明方向，以果斷代替猶豫，以行動表現決心，朝我們應當走的路走，選擇我們應當幹的堅決的幹。今天不容許再怯弱，再懷疑，已經是時候了。中國國民黨總理孫中山先生，所創三民主義是針對中華民族所處環境，中國社會先天的缺點，和帝國主義滅亡中國的危機而立論的。第一次全國代表大會宣言和三大政策的決定，都足以代表北伐初期的革命精神。但是由於獨裁者蔣介石個人的私欲，和新軍閥的封建意識，背棄了孫先生的主張，由假革命到不革命，由不革命到反革命，終於向帝國主義投降，不惜吸吮人民的血液，屠殺無辜的同胞，飼養官僚政客，利用買辦財閥，以法西斯殘酷

告湖南民众书

1949 年 8 月 4 日

多灾多难的湖南父老兄弟姊妹子女们!

我从去年七月回到本省，眼见地方凋敝，民力枯竭，贪污暴戾，正气消沉，不觉老泪纵横，鼓起当年革命的勇气，要为地方为国家起死回生。因此曾经陆续发布告土豪劣绅各书。那时候环境是很恶劣的，内心是很痛苦的，反复叮咛，还不能完全道出我的苦心。自后我就以事实来启发，首先撤销戡乱委员会，拿办贪污的省田粮处长，裁撤各姓上劣把持的自卫副总队长；跟着减少中央征借粮食的半数，最后停止征兵，呼吁和平，公开主张接受中共的和平条款，促成蒋介石的退位。

我是一个国民党的老党员，追随总理孙中山先生最早且久，做过他的讲武学校的教育长（黄埔军官学校的前身，总理自为校长），做过他的军政部长。他的革命事业，我是亲见的，他的革命理论，我是亲闻的。国民政府迁都南京以后，我因意见不合，置身事外八年之久；但为促成抗战之故，曾出任参谋总长、司令长官等职。我的才具虽是不长的，我的信仰却是很坚定的，我年近七十，何求于世？投机固所不屑、忘本尤所不忍。然而我明白主张和平，反对战争，甚至反对广州政府、反对蒋介石、李宗仁诸人的政权，并不是和他们有什么私怨，更不是为自己个人的利害打算。我之所以如此，完全是站在人民的立场，站在国民党的立场，站在革命的立场。

一个革命的党，一个革命党的党员，其行动绝对不可离开主义。国民党的三民主义，是针对中国的乱源而下的药。中国立国五千多年，历史悠久，文化发达最早，然而近百年来，衰弱不堪，几乎降为次殖民地，那完全是帝国主义侵略的结果。我们要翻身，先要求得民族的独立。

以蒋介石为首的反动政府，背叛主义，出卖祖国，专制独裁，聚敛钱财，残害人民。

民族主义，是以帝国主义为对象的。打倒帝国主义，才是民族主义的实现。试看南京政府二十年的外交，无时不向帝国主义摇尾乞怜，或竟勾结为恶。到今日日暮途穷，还在幻想第三次世界大战即将爆发，好为帝国主义效犬马之劳。

民权主义，是针对专制独裁的。总理逝世以后，党内全由蒋介石独裁。一流无能无耻的党棍子，阿谀取容，把持党务，忠实党员，尽被排斥。党部化为衙门，党官充斥城市。党员尚且脱节，何况民众？党内尚不民主，何况政府？又复醉心于法西斯，揣摩酷肖。军统、中统特工遍布，杀人如麻，残忍毒辣，集曹操、朱元璋、希特勒、墨索里尼之大成。言论出版，集会结社，绝无自由。道路侧目，谁不寒心。

民生主义，即社会主义，亦即共产主义。孙先生曾亲口说过，并已笔之于书。节制资本，平均地权，为民生主义的两大基本政策，其目的是要使社会的生产和分配关系能够合理化，逐渐泯除剥削阶级与被剥削阶级，但在蒋政权卵翼之下，有裙带关系的、把持党务的、掌握军队的、割据地方的、管理财政金融的那一群穷小子，几年之间，莫不田连阡陌，富可敌国。资本集中了，豪门出现了，人民枯瘦了，民生主义束之高阁了。

我们信仰革命的三民主义，就是反帝国主义、反封建势力、反官僚资本的。但政府所行所为，完全与主义背道而驰。这种挂羊头卖狗肉的铺子，还不应该取缔吗？还值得我们流血流汗去维持他，拥护他吗？古今中外各国的政权，没有永久操在某一党派、某一集团的道理。所谓“四时之序，成功者退”。成功的尚且有退去之必要，不成功的，更应该早退快退，让贤者能者来为人民好好服务。国民党执政二十多年，领袖独裁，主义变质，政治腐败，人民痛苦，旧的封建意识未除，新的封建势力抬头。从南京流亡广州以后，更其不成东西。法币害人已够了，去年又以金圆券欺骗人民，搜括民间黄金白银几万万两，秘密运到台湾，以供四大家族及其奴才挥霍逃亡之资。人民因金圆券而破产者比比皆是。政府既不要人民，也不要军队，只培植作为鹰犬的那些嫡系部队，其他一概不管。湖南境内驻扎六十万军队，最近数月从不公开发饷，连军粮都向人民强抢强借，弄得哭声动地，怨气冲天。这样不负责任、毫无办法的政府，还要压迫人民一齐跟他们走向坟墓里去。白崇禧口口声声要湖南空室清野，这不是要逼迫三千万人死吗？忍心害理，比黄巢、张献忠还要毒辣。

军阀李宗仁、白崇禧等，假和平运动为名，攘夺政权，搜刮民财，排除异己，较蒋介石更有过之。

这里，我要补充说明和平运动的经过，使得大家明了白崇禧的作风是一个标准小人、地道军阀、彻底的自私自利者，绝对没有有主义和信用的。

徐蚌会战以后，蒋介石的主力被消灭了。那时候，白崇禧手握重兵，盘踞湖北、安徽两省，不但不去救援，并且乘机攘夺政权，逼迫蒋介石退位，好让李宗仁来做总统。我们明知李、白是本可信赖的，但他们既以和平相号召，我们没有理由可以反对和平。况且和平本是我们湖南人民全体一致的愿望。因为抗战期间，本省牺牲最大，出兵达二百万人，出粮超过五千万石，三湘之间，敌骑蹂躏达五十多县，所过之处，烧杀掳掠，寸草不留。先贤先烈的公诚刚正的教泽深入人心，威武不屈，誓死抵抗。这种民族精神，可歌可泣，值得我们骄傲。但这种精神的代价太贵重了，地方的元气大伤了。抗战胜利结束，内战又连续打了三年多，双方死伤的湖南人又是占了第一位。这真是同室操戈，互相残杀。只要稍有转机，我们自然不能放弃，并且要多方促其实现。所以李呼吁和平，我们不问他的动机怎样，首先起来赞成。全省各界，莫不很热烈的发出停战讲和的呼声。这实在是人民的公意，良心的主张，并不是被人利用或自己别有所图。我们是老老实实的，谁知道李、白却是鬼鬼祟祟的。他们那时所以主和，不过要借和平以倒蒋。蒋介石倒了，李宗仁上台了，和谈代表派出了，和平条件商讨好了，忽然转变态度，拒绝签字，并且大擂战鼓、大弹总体战之旧调。凡是蒋介石前此所行所为，如勾结帝国主义，压迫人民，排除异己，搜刮金钱，植党营私，反共媚外等等，李、白一一仿效、惟妙惟肖，甚至青出于蓝，更有过之。由主和以至主战，李、白都是主角。翻手成云，覆手为雨，极尽人间狡猾变作阴险欺骗之丑态、根本错误，在于自私自利。他们以为主和可以取得各方同情，夺取政权，主战又可以迎合台湾的心理，骗取金银外汇，更可以劫持地方人民，搜括财物。白崇禧在武汉以反共备战之名，榨取金钱及物资价值十亿，其所劫物资运往广西达千余列车，沿途停放待运的，还有几万吨。湖北的膏血吸尽了，立即转其凶锋于湖南。误把湖南看作肥猪，又欲张其血口肆其饕餮，那一副狰狞贪馋的样子，令人见之欲呕。我为顾全大体，施行感化教育起见，尽量容忍，不与计较，希望他有觉悟的一天。所以自从今年四月以后，我就缄口结舌，未发一言。偶有应酬敷衍之词，无非力持镇静，以消戈矛。现在解放军大举南下，白崇禧狼狈逃窜，他所率广西军队窜扰湘南，而胁迫湘军在前线作战，无事则利权尽属于己，有事则艰难尽以付人。我们湖南人向来赴义恐后，决不规避义务。但义与不义之分，必须认识清楚。帮助残余封建，维持贪污集团的政权，那是最不义的。反之联合人民的武力，解放人民于水深火热之中，那才是大仁大义。现在我们已经根据中共提示的国内和平条款，在长沙成立和平协议，正式宣布脱离广州政府，湖南获得和平解放。

我对于广州政府及白崇禧等，已经尽了最大的容忍，进了最后的忠告。我劝他们赶快放下屠刀，立即停战议和，切勿再以人民作为赌注，可是他们执迷不悟，定要同归于尽。其实他们的家小财产，早已寄顿在外国；战争失败的痛苦，受之者还是我们穷苦大众，糜烂的是我们的地方，死伤的是我们的骨肉，他们隔岸观火，无关痛痒。经大家长期检讨研究，我们得到这个结论：

脱离广州政府

驱逐白崇禧

农工学兵和小资产阶级联合起来一致行动

另建真正人民的民主政府

现在我们已经根据中共提示的国内和平条款，在长沙成立和平协议，正式宣布脱离广州政府，使湖南获得和平的解放，借以减轻人民痛苦，避免地方糜烂。大家一向热诚要求和平，现在和平到了，大家应当拍掌欢迎。在湖南境内，桂系军队和蒋介石路线的某些反动分子，仍是和平的障碍，大家要起来肃清他，然后再把和平引向西南和西北，使全国迅速实现和平，永远根绝内战，一致在新的民主政府领导之下，脚踏实地，从事新民主主义建设，把总理孙中山先生的民主主义理想彻底实现，建立一个统一、民主、富强、康乐的新中国。

程潜

一九四九年八月四日十二时

1949 年起义后陈明仁（左）、程潜（中）、李世璋（右）

和平起义成功后，程潜与陈明仁、李明灏在长沙留影

长沙起义将领名录

注：参加起义后又叛逃者未列入

姓名	军衔	职务	姓名	军衔	职务
程　潜	上将	长沙绥靖公署主任（兼湖南省政府主席、保安司令）	汤季楠	少将	第14军副军长（兼第63师师长）
唐　星	中将	长沙绥靖公署副主任	杨正凡	少将	第71军副军长（兼参谋长）
李默庵	中将	长沙绥靖公署副主任	文于一	少将	第100军副军长
刘　兴	中将	长沙绥靖公署副主任	夏日长	少将	第62师师长
谢慕庄	少将	长沙绥靖公署副参谋长	刘埙浩	少将	第88师师长
张严佛	中将	长沙绥靖公署高级参谋（兼党政军联合办公室主任）	曾　京	少将	第197师师长
朱明章	少将	长沙绥靖公署高级参谋（兼党政军联合办公室警卫组长）	程　杰	少将	第197师副师长
杨敏先	少将	长沙绥靖公署高级参谋	康　朴	少将	第232师师长
陈纯道	少将	长沙绥靖公署高级参谋	张镜白	少将	第232师副师长
李　昊	少将	长沙绥靖公署第一处处长	张诚文	少将	第307师师长
廖秉凡	少将	长沙绥靖公署第三处处长			
谢一中	少将	长沙绥靖公署政工处处长	彭杰如	中将	湖南省保安司令部副司令
李拔夫	少将	长沙绥靖公署总务处处长	程邦昌	少将	湖南省保安司令部参谋长
徐　毅	少将	长沙绥靖公署经理处处长	岳　岑	少将	湖南省保安司令部副参谋长
			彭子国	少将	湖南省保安司令部高级参谋
陈明仁	中将	华中军政副长官（兼第1兵团司令官、长沙警备司令、湖南省绥靖总司令、代理湖南省政府主席）	何元恺	少将	湖南省保安第1师师长
			漆启予	少将	湖南省保安第1师副师长
傅正模	中将	第1兵团副司令官	周笃恭	少将	湖南省保安第2师师长
陈　庚	少将	第1兵团副参谋长	黄玉谿	少将	湖南省保安第2师副师长
黄克虎	少将	第1兵团副参谋长	张际泰	少将	湖南省保安第3师师长
王认曲	中将	第1兵团高级参谋	唐日高	少将	湖南省保安第3师副师长
陈　劼	少将	第1兵团高级参谋			
黄寿卿	少将	第1兵团高级参谋	宋英仲	中将	长沙警备司令部参谋长
黄　鹤	少将	第1兵团高级参谋	彭振寰	少将	长沙警备司令部副参谋长
张益三	少将	第1兵团总务处处长	陈天喜	少将	长沙警备司令部办公室主任
郭雨林	少将	第1兵团参谋处处长	奚　泽	少将	长沙警备司令部总务处处长
欧阳崇一	少将	第1兵团后勤处处长	罗文浪	少将	长沙警备司令部参谋处处长
文蔚雄	少将	第1兵团副官处处长	王　衡	少将	长沙警备司令部副官处处长
吴博夫	少将	第1兵团政工处处长（兼长沙警备司令部政工处处长）			
程　炯	少将	第1兵团突击总队总队长	李　觉	中将	湖南省绥靖总司令部副总司令
			王劲修	中将	湘西绥靖司令部副司令官
唐生明	中将	总统府参军处参军	魏　镇	中将	邵阳警备司令部司令

程星龄（1900—1987）
以湖南物资调节委员会主任和党政军联合办公室副主任的身份作为掩护，担任程潜与中共和谈的全权代表，多次向程潜进言并密商起义事宜，最终促成程、陈两将军通电起义。

李明灏（1897—1980）
以中国人民解放军和谈代表团先遣代表的身份前往长沙，会见程潜、陈明仁，商谈起义大计，成功促成湖南和平解放。促进了国家统一的进程，对历史的发展起到了不可磨灭的作用！

方叔章（1882—1953）
积极推动湖南和平运动，参与起草《备忘录》，讨论组织起义的具体实施方案，后陪同程潜自邵阳返回长沙，继续参与研究起义通电和《告全体将士书》《告湖南民众书》。

邓介松（1896—1967）
受中共地下党之邀，出席“桃子湖会议”，主张程潜接受和平方案，酝酿筹建自卫队策应湖南和平起义，参与商讨起义大计，草拟起义通电文稿，后又随程潜去邵阳继续筹划起义。

李达（1890—1966）
受程潜重托，前往北京向毛泽东主席汇报湖南的政治形势，转达程潜决心起义、走和平解放道路的意思。毛泽东听后很高兴，特别指出李达与湖南地下党一起推进了湖南的和平解放。

刘公武（1903—1988）
协助程潜推动湖南和平，协同唐生智、仇鳌等人，团结在野的国民党中上层人士，从事和平自救运动。作为和平起义谈判代表随李明灏迎接解放军谈判代表入城，参加谈判。

唐生智（1889—1970）
应程潜之请前往长沙，在湖南组织“和平自救”运动，任“湖南人民自救委员会”主任委员，主持会务，号召各界人士共同反蒋，领衔湖南各界人士一百〇四人通电起义。

萧作霖（1908—1987）
曾任湖南党政军联合办公室主任，促动程潜接受中共提出的“和谈八项条件”，停止征兵，释放“政治犯”，调回陈明仁，并发表公开谈话，表示拥护和平，开放言论自由。

余志宏（1916—1962）
代表中共湖南省工委负责人与程潜见面，根据省工委指示，动员程潜、陈明仁写《备忘录》，承认接受中共关于和平谈判的“八项原则”，程潜欣然同意，表达了起义的决心和愿望。

陈明仁将军

（1903—1974）

陈明仁是长沙起义成功的关键人物。作为蒋介石的嫡系高级将领，陈明仁在长沙与白崇禧虚与委蛇，伺机掌握部队，与程潜秘密策划起义，成功促成起义。

起义后，陈明仁历任中国人民解放军第二十一兵团司令员、第五十五军军长等职。1955 年被授予上将军衔，获颁一级解放勋章。

在 1925 年 10 月的惠州战斗中，陈明仁率先登上城头竖立党旗，立下首功

位于岳麓山陈明仁墓

程潜、陈明仁在长沙起义后留影

程主席与解放军和平协商代表团告湘省起义官兵书

1949 年 8 月 7 日

×××全体官兵钧鉴：

此次湘省和平解放业已圆满完成，其目的，在脱离贪污残暴的广州政府，与中共在平等的立场，为实行真正的三民主义而努力。其动机及经过，已备详于东日通电及告全体将士与全体民众之文告中，谅早获悉。此间同胞之中，尚有不明嘹国内外大势及此次湘省与解放军合作之实情者，兹不惮烦琐，愿再申述之：

查此次湘省之解放，完全于平等立场，我们的政治机构是标的湖南人民临时军政委员会，由我的名义实施解放职权。我们的军队，是改组为中国国民党人民解放军第一兵团，仍然是陈司令官明仁统治，并不是外间错误的宣传一样，说什么“放下武器”或者“投降”更也不是“向傅作义看齐”，因为我们的和平解放，与傅作义当日的情况是有分别的。他那时的情况，是被围后被动解放的，我们是自发自动的。贵部相随我很久，在革命的过程中，已有光荣的历史，我不但不会领导你们向错误道路上走，还希望你们更能发扬光大。深望一体了解此种情形，切勿为外间谣琢所煽惑。力持镇定，严明军纪，振奋精神，为革命大业而努力。光明的前途，已经普照湖湘，其他西南、西北各省，即将风起云涌，群相响应。现在解放军已进入长沙，军纪良好，军民安堵如故，彼此开诚合作，相亲相爱，有如手足，可为事实见证，特并附及，顺询

戎祺

程潜　手启八月十日

毛主席、朱总司令复程潜、陈明仁等起义将军电

1949 年 8 月 16 日

程潜将军、陈明仁将军暨全体起义将士们：

接读八月五日通电，义正词严，极为佩慰。中国人民解放事业的胜利，已成全世界公认的定局。美国帝国主义及其走狗蒋介石、李宗仁、白崇禧、阎锡山等残余匪党不甘失败，尚图最后挣扎，必将迅速扫灭，已尤疑义。诸公率三湘健儿，脱离反动阵营，参加人民革命，义声昭著，全国欢迎，南望湘云，谨致祝贺。尚望团结部属，与人民解放军亲密合作，并准备改编为人民解放军，以革命精神教育部队，改变作风，力求进步，为消火残匪，解放全国人民而奋斗。

毛泽东　朱　德

程潛陳明仁通電起義

毛澤東朱德覆電祝賀

望團結部屬準備改編爲解放軍

起義通電全文

〔漢口十五日消息〕程潛將軍、陳明仁將軍在長沙起義後，於八月五日發表通電如下：北平毛主席、朱總司令、西安彭副總司令、南京劉司令員、鄧政委、漢口林司令員、羅政委、鄧政委、上海陳司令員、饒政委。北伐成功以後，蔣介石獨攬政權，背叛孫中山先生遺教，以致主義不行，外患踵至。八年抗戰，民力已盡，方期休養生息，和平建國。詎料蔣與好戰份子破壞政治協商會議，重啓內戰，外則勾結美帝國主義，不惜喪權辱國，內則肆行獨裁，變本加厲。豪門聚斂，貪污橫行，結果經濟崩潰，軍民離心。蔣既被迫退位，和談重開，舉國喁喁。湘人在抗戰期間，出兵達三百萬人，徵糧逾五千萬石。敵騎蹂躪殆遍沅湘五十餘縣，兵燹之酷，過於他省。痛定思痛，期望和平最殷，於和平運動贊助亦最力。孰知和會所以備戰，陰謀欺騙，恬不知恥。故南京政府不旋踵即告傾覆，流亡廣州，生意早絕，殘骸僅存。白崇禧主戰之論荒謬絕倫，放棄武漢，竄擾湘贛，詭言空室清野，攫取公私資財，一若假反共之名，即可箝百姓之口，外邀強國之歡，至其狂於抗戰之役，妄冀第三次世界大戰爆發，從中苟延殘喘，卑劣愚昧，尤屬令人齒冷。潛等順從民意，呼籲和平，聲嘶力竭，而蔣與李白執迷不悟，仍欲以我西南西北各省爲最後之孤注。用是忍無可忍，爰率領全湘軍民，根據中共提示之八條二十四款，爲取得和平之基礎，貫徹和平主張，正式脫離廣州政府。今後當以人民立場，加入中共領導之人民民主政權，與人民軍隊，俾能以新生之精神，徹底實行革命之三民主義，打倒封建主義、官僚資本主義與美帝國主義，共同爲建立新民主之中國而奮鬥。所望我西南西北各省同志同胞，洞察蔣與李白窮兵內戰，禍國殃民之罪惡，以人民之意旨爲意旨，以人民之利益爲利益，一致奮起自救，剷除此倒行逆施之殘餘封建政權，全湘軍民，誓爲後盾。特此佈聞，諸維察照。長沙綏署主任程潛、副主任唐星、李默庵，第一兵團司令官陳明仁、副司令官傅正模、劉進、張際鵬、熊新民、軍長谷炳奎、彭錫、杜鼎、副軍長李精一、方定凡、湯季楠、鮑志鴻、楊馨文、于一、劉光宇、師長張用斌、夏日長、湯季楠、楊文榜、劉壎浩、康樸、曾京、張護文、湖南全省綏靖副總司令劉興、李覺、王勁修、成剛，保安副司令彭杰如、保安師長何元鼎、王輯恭、張際泰、丁廉、鄧梧、憲兵團長姜和瀛。

毛澤東朱德覆電

〔北平十六日消息〕毛主席、朱德總司令本日電覆程潛將軍、陳明仁將軍暨全體起義將士們，電文如下：

程潛將軍、陳明仁將軍暨全體起義將士們：

接讀八月五日通電，義正詞嚴，極爲佩慰。中國人民解放事業的勝利，已成全世界公認的定局。美國帝國主義及其走狗蔣介石、李宗仁、白崇禧、閻錫山等殘餘×黨不甘失敗，倘圖最後掙扎，必被迅速撲滅，已無疑義。諸公率三湘健兒，脫離反動陣營，參加人民革命，義聲昭著，全國歡迎，南望湘雲，謹致祝賀。尚望團結部屬，與人民解放軍親密合作，並準備改編爲人民解放軍，以革命精神教育部隊，改變作風，力求進步，爲消滅殘匪，解放全國人民而奮鬥。

毛澤東、朱德一九四九年八月十六日

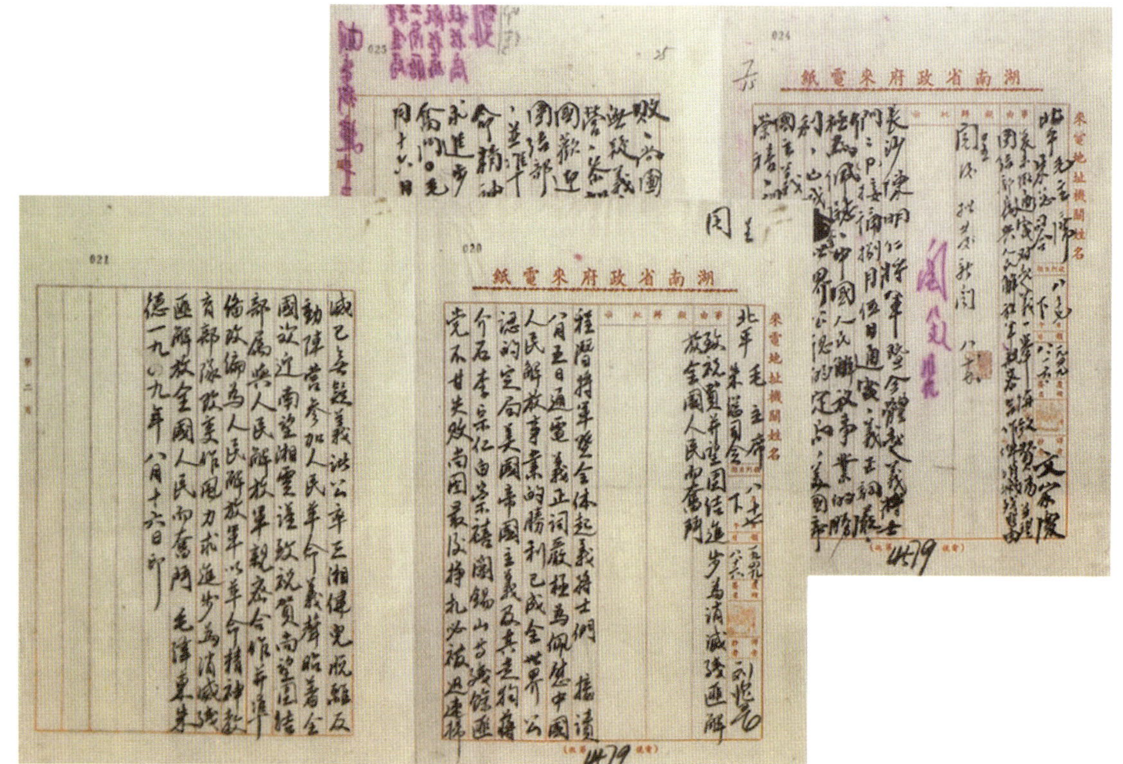

毛泽东、朱德致程潜、陈明仁及起义将士的贺电来电手稿（1949 年 8 月 16 日）

原件规格：27.5 厘米 X40 厘米（原件现存湖南省博物馆）

程潜从 1948 年 7 月 24 日回湖南主政，到 1949 年 8 月 5 日通电起义成功，一共 378 天，改变了中国历史的一段进程。

1948 年（戊子）

6 月 21 日国民党中央政务会议决定由程潜任湖南省主席。

6 月 22 日行政院正式任命程潜为湖南省主席。

7 月 1 日兼任湖南军管区司令。

7 月 5 日提出治湘方针：以民生为建设之目的，建设为戡乱之本，实现军政一元，党国一致，官民一体。

7 月 7 日省政府改组，邓介松任秘书长，邓飞黄、李锐、王凤喈、王恢先分任民政、财政、教育、建设厅长。

7 月 21 日武汉绥靖公署改称长沙绥靖公署，仍任主任。

7 月 24 日抵达长沙就任省主席，各界举行欢迎大会。

7 月 30 日指示长沙市政府迅速改善市政建设。

7 月 30 日在省参议会第七次会议上报告施政方针，涉及民政、财政、建设、教育、保安等方面。

8 月 10 日与省政府委员、厅（处）长宣誓就职，并发表告全省同胞书。

8 月 18 日发表告全省转业军官及退役军人书。

8 月 25 日省政府颁布限租护佃办法。租额不得超过 375‰。

8 月 25 日发表告土豪劣绅书，务必拥护省府限租护佃政策。

9 月 5 日宣布加强全省各学校管理的八项规定。

9 月 8 日发表《告湖南帮会书》。

9 月 11 日决定严办田粮处贪污案；黄德安等人被拘捕。

9 月 12 日发表《告湖南妇女书》，号召妇女废弃旧三从四德，实行新三从四德。

9 月 16 日湖南省农村复兴委员会成立，程潜任主任委员，以行宪、治弱、救贫为宗旨。

9 月 19 日下令撤销“戡乱委员会”。

10 月 4 日国民党湖南省党部改组，程潜任主任委员。

10 月 5 日发表全省公务员应遵守的五项公约。

10 月 7 日发表告全省工人书。

10 月 10 日长沙市黄兴北路修筑完工，程潜主持通车典礼。

11 月 5 日向蒋介石申述未能完成十月份军粮征收的原因。

11 月 8 日蒋介石电召程潜赴南京，10 日起程，行前召集各界负责人座谈会。

11 月 12 日发表《以继志述事纪念国父》。

11 月 23 日省政府各厅、处职员 500 余人请愿，要求发放粮食和物价补贴。回到长沙，下令财政厅发放物价补贴。

12 月 5 日在中山堂湖南青年互助社演说。

12 月 12 日组建湖南省党政军联合办公室，统一协调湖南省党政军各方力量。

12 月 14 日在扩大总理纪念周上训示党务工作的六条党务方针。省党部政委会正式组成。

12 月 22 日发表《淬励一致，安定湖南》。

12 月 25 日中共中央公布了国民党战犯名单，共 43 人。程潜排第二十六位。中共发言人指出，这 43 名战犯罪大恶极，是国人皆曰可杀者。

1949 年（己丑）

1 月 5 日在参议会致词，今后局势无论如何演变，政治措施务必走向和平。

1 月 6 日对记者谈话预测和谈并非不可能，并指出要与民众结成一体，必须实行民主主义的民主政治。

1 月 13 日毛泽东发表声明，提出和谈八项条件。

1 月 17 日行政院长孙科致电程潜，征询对和谈条件意见。

1 月 18 日召集省会军政负责人开会，就中共提出的和谈条件征询意见。

1 月 20 日接见记者：无论和战，需一切为了人民。

1 月 22 日决定反战主和，电复孙院长：今后国家局势不论其如何动荡，湘省施政悉以人民利益为前提，并将给孙科的复电在报上发表。

1 月 23 日下令停止征兵。

1 月下旬通过程星龄向中共湖南省工委表示愿走和平道路。

2 月 2 日湖南人民和平促进会在长沙成立。仇鳌、方鼎英等 30 多人任干事。

2 月 14 日在省府月会阐述应变决策，从安定中求进步，平实地去争取和平。

2 月 18 日华中“剿总”副总司令兼第一兵团司令官陈明仁率部到湖南编训，司令部设在长沙，陈兼任长沙绥靖公署副主任。

2 月 27 日答英国记者称和平极有希望，并认为中共具有诚意。

3 月 2 日应李宗仁电召飞南京，在机场对记者称“和平为全国一致之要求，无论如何均当可进行和谈，湖南全省一般形势极为安定良好”。

3 月 6 日章士钊到南京同程潜长谈，转达中共和毛泽东对程潜的期望，希望程潜消除疑虑，走和平起义的道路。

3 月 12 日省地政局根据程潜指示制定《湖南省限制私有耕地面积最高限额实施办法草案》。

3 月 28 日征兵办法未改进以前，程主席决定暂不复征。

3 月 29 日发表《青年节告湖南青年书》。

3 月 30 日率僚属过江谒先烈，主祭黄兴、蔡锷。

4 月 1 日通电全省，坚决严办作乱祸首。

4 月 6 日对学生游行的合理行动表示同情，并指示三点：一、学生声援“四一”惨案，寄予无限同情。二、克尽个人力量争取和平。三、游行运动，决不阻扰，并予以安全保障。

4 月 10 日发表书面谈话《争取和平苏我民困不使湖南卷入战争，无论是谁万不可稍存凭恃武力轻易以战图逞之心》。

4 月 15 日中共中央公布国内和平协定（最后修正案）第三号。

4 月 18 日在省政府四月月会讲演《人民不需要战争，政府应争取和平。湖南不能坐继续作战的打算》。

4 月 23 日省参议会吁和致电毛泽东。

4 月 28 日唐生智在程潜专使席楚霖、陈云章陪同下，由东安经衡阳抵长沙发表书面谈话，号召在程主席领导下，求得社会安定。

4 月下旬中共湖南省工委派余志宏为代表，两次会见程潜转达省工委意见。要求释放政治犯，保护国家财产、档案和工厂、桥梁、铁路，不捕杀革命群众。

5 月 2 日湖南各界联合会在省参议会礼堂举行唐生智大会，成立湖南人民自救委员会。推唐为主任委员（代表湘南）、陈渠珍（代表湘西）、仇鳌（代表湘中）为副主任委员，刘公武（代表湘北）为常委兼总干事。规定各县建立自救会。

5 月 6 日白崇禧到长沙访晤程潜、唐生智。对记者谈局部和平不可能，声称“局部和平无异投降”“湘鄂桂关系密切，自应联防”。

5 月 14 日程潜从长沙至广州。

5 月 30 日省府招待新闻界，程主席发表谈话。

6 月 2 日周恩来致电在香港与程潜代表唐鸿烈洽谈的乔冠华，要认真进行争取程潜、陈明仁、李默庵的工作，使他们站到人民方面来。

6 月 4 日全省各级田粮官员贪污成风，程潜下令整顿。林彪致电毛泽东，请李明灏到湖南工作。

6 月 8 日任命陈渠珍为沅陵行署主任兼任湘鄂边区绥靖副司令官。设行署和司令部于乾城。在行政座谈会训词《励精图治，奋发图强》。

6月16日湖南人民自救会改名为湖南人民救灾委员会，刘公武任总干事。在政府前坪焚烧烟土10514两，灰烬投湘江。

6月29日致中共中央和毛泽东主席的备忘录由王首道、萧劲光转报中共中央和毛泽东。

7月4日毛泽东复电程潜，对他决心采取反蒋反桂及和平解决湖南问题的方针表示佩慰，同意他提出的各项要求。

7月9日白崇禧撇开程潜，召开省政府、省党部、长沙警备司令部、华中军政长官公署处长以上干部会议，讨论军政配合问题。

7月10日在宴会席间致词："我决不会做出完全牺牲湖南人民的事来！"对维持湖南安定与保留元气，信心坚定如故。

7月14日行政院长阎锡山派秘书长贾景德乘专机来长沙迎接程潜赴穗，共商国是，程婉辞谢绝。

7月16日"四野"代表与程潜晤谈3小时。

7月17日林彪、邓子恢、萧克、赵尔陆致中央军委电：我与程潜谈判情形……请中央考虑，示复。

7月18日白崇禧迫令程潜将省主席职交陈明仁"代理"。

7月21日程潜率长沙绥靖公署人员和警卫团去邵阳。

7月22日人民解放军以金明为首席代表，唐天际、袁任远、解沛然、李明灏等为代表的和平谈判代表团到达平江。

7月27日陈明仁派程星龄、李君九去平江，邀请李明灏先行来长沙，洽商起义事宜。中共湖南省工委派欧阳方陪同前往。

7月29日程潜由邵阳秘密返回长沙水陆洲。程潜、陈明仁和李明灏会谈。

7月30日晚8时，前长沙绥署主任程潜的发言人刘伯谦，在长沙市《中央日报》会客室内举行临时记者招待会。

8月3日程潜与林彪之代表李明灏签订《长沙和平协定》。

8月4日林彪、邓子恢转程潜给毛主席、朱德、林彪、邓子恢的电报。

程潜、程明仁领衔发出由37名将领签名的脱离国民政府，加入人民民主政权的起义通电程潜并发表《告湖南民众书》和《告全省将士书》。

8月4日国民政府通缉程潜。国民党开除程潜、贺耀组、刘建绪等人党籍。

8月4—7日程潜、陈明仁通电起义后，由于陈明仁部队内部成分复杂，加之事先没有做好部下的起义工作，有不少部队逃走了。

8月5日中国人民解放军先头部队第138师举行入城式，列队进入长沙市区。省会162个团体派代表到东屯渡迎接。部队进入市区后，全市居民数万人走上街头，夹道欢迎。

湖南军政当局组成和平谈判代表团，首席代表唐星，代表唐生明、熊新民、刘云楷、刘公武、彭杰如、王劲修。8日起，人民解放军代表团同湖南军政当局代表团连续举行会谈，就省政权机构和起义部队改编等问题达成具体协议。

湖南耆宿和各界人士唐生智、仇鳌等百余人通电响应程、陈两将军和平起义。

總統令 三十八年八月四日

前湖南省政府主席兼長沙綏靖主任程潛，通匪叛國，逆跡昭著，并於江日發表通電，措辭荒謬，爲匪張目，實屬罪無可逭，應予通緝。仰各軍政機關嚴密緝捕歸案訊辦，以彰法典。切切此令。

代總統 李宗仁
行政院院長 閻錫山

總統令 三十八年十月二十八日

陸軍一級上將程潛、陸軍二級上將龍雲、陸軍中將加上將銜黃紹竑、賀耀組、劉建緒、陸軍中將劉斐、陳明仁、李覺、陸軍少將潘裕昆、覃異之叛國投匪，除前經明令通緝外，應即分別免去官位并褫奪前授各種勛章獎章。此令。

代總統 李宗仁
行政院院長 閻錫山
兼國防部部長 閻錫山

1949年8月4日、10月28日，李宗仁两次下令通缉程潜

9 月 3 日，程潜受到热烈欢迎，林彪（前排右四）、邓子恢（前排右六）和华中军区党政军领导设宴招待。此为宴会结束后的留影

1949 年 8 月 5 日，程潜被推举为湖南人民临时军政委员会主任委员，负责湖南军政相关事宜。在湖南起义的部队则被改编为中国国民党人民解放军第一兵团，辖第一军、第二军、第三军（12 月改编为中国人民解放军第二十一兵团，辖第五十二军、第五十三军），由陈明仁任司令员。8 月 29 日，程潜改任湖南人民军政委员会主任委员。一天后，毛泽东致电程潜，邀请他作为特邀代表出席全国政协会议。

8 月 31 日，程潜由长沙起程前往北平，李明灏、程星龄、方叔章等人随行。9 月 2 日，程潜乘坐汽车抵达武汉，受到了湖北省人民政府主席李先念、第四野战军司令员林彪等人的热烈欢迎。在武汉，程潜停留了两天，于 4 日乘坐火车继续起程北上。临行前，程潜应记者之请公开发表讲话，表示“湖南和平解放的促成，主因由于人民厌战情绪强烈和解放军的军事进展顺利”。

9 月 7 日晚 22 时，程潜乘坐的专列抵达北平火车站，毛泽东、朱德、周恩来、林伯渠等人前往迎接。据说，毛泽东只到车站迎接过两个人，一位是宋庆龄，另一位就是程潜。

程潜、陈明仁领导的起义部队改编为中国人民解放军第二十一兵团后，在广西剿匪和荆江分洪工程中作出重要贡献。此为 1949 年 12 月 1 日，中南军区政治部主任陶铸代表中央军委给第二十一兵团授旗，陈明仁受领军旗

1949 年 9 月 4 日，程潜启程继续北上，在火车站接受记者提问并发表重要讲话（前左一为林彪）

1949年9月7日晚10时，北平前门火车站的月台上，来了一支100余人的迎接队伍。人数之众，实属罕见；更引人注目的是，这些人都是重量级的人物：毛泽东，朱德，周恩来，林伯渠，李济深……

1949年9月7日晚，毛泽东和朱德、周恩来等亲自来到北平火车站，迎接曾是国民党元老、一级陆军上将的程潜。程潜见到毛泽东，激动地说：“主席，您那么忙，怎么来了？”“我再忙也要来的！我们是老乡，您又是我的老上司，不来岂不是失礼了嘛！”毛泽东风趣地说着，上下打量了老人一眼，又道：“这次请您来参加政协会议，我们一起共商国是，您有什么意见和想法可要说出来哦！”

程潜，字颂云，1882年出生于湖南醴陵。青年时代他就立志救国救民，投身于民主革命的洪流。在东京留学期间，他加入了孙中山先生创建的同盟会，忠诚不渝地追随孙中山，在革命斗争中，屡建战功。孙中山曾高度赞扬程潜：“我说颂云是血性男子，他毕竟是可共患难的。”

1925年3月，孙中山逝世后，程潜继续拥护“联俄、联共、扶助农工”的三大政策，以实际行动与共产党人合作，抵制破坏国共合作的言行。当国民党右派要他交出其手下共产党员的名单时，他严词拒绝：“只要是能打军阀的，都是好战士，我就要用！”1927年，蒋介石、汪精卫相继叛变革命后，程潜挺身而出，保护了一些共产党员。

程潜就是在此任上宣布起义的。而这也和毛泽东有莫大关系。1948年12月，中共中央公布了一个有43名国民党党、政、军战犯的名单，程潜名列其中。对此程潜颇有顾虑，曾称“其战犯如系和谈对象而言，则和谈无从谈起”。毛泽东知道此事后，专门找到和程潜有很深交往、当时正在西柏坡的南京和平访问团成员章士钊，让他想办法转告中共和自己对程潜走和平之路的期望，表示只要程潜能够合作，前事既往不咎，还会受到礼遇。章士钊专程拜会程潜转告此意，程潜才放下思想包袱，终于在1949年8月和陈明仁一起宣布起义，使湖南成为全国第一个和平解放的省份。

有人曾问：“主席，既然程潜将军与你关系那么好，为什么他不在大军渡江时举行起义，来个两面夹攻呢？”毛泽东解释说，程潜当时虽居要职，但手上并没有兵力，经不住白崇禧反动派的压力，只有等我们消灭了反动派的主力部队，他们才有可能起义。他接着说：“程潜是国民党元老人物，在国民党内有一定影响，如果是程潜当选国民党副总统，和谈也许会成功。”火车在汽笛声中驶进站台，程潜将军在大家期盼的目光中出现在车门口。他面带微笑，向大家招手致意，步履矫健地走下火车，向大家走来。毛泽东健步迎上前去，握住程潜的手。如此隆重的欢迎，实在出乎程潜的意料。他怎么也想不到，这个百忙的时刻，毛泽东居然亲临车站迎接自己一个起义人员。程潜紧握着毛泽东的双手，激动得半晌说不出话来。还是毛泽东先开口：“重庆一别，数年不见，您历尽艰辛，身体还很康健，洪福不小啊！这次接您这位老上司来，是想请您参加政协、共商国家大事……”风趣的话语，仿佛一股暖流，流遍程潜全身。他初识毛泽东是在1924年广州国民党“一大”上。这之前，他任湖南督军府参谋长、军事厅长时，毛泽东在湖南新军第二十五混成协（旅）第五十标第一营左队当过半年列兵。他绝对想不到，他手下有个叫毛泽东的士兵，有一天会成为一个新时代的开创者，而且如此不忘故旧，而他们两个人，经过不同的曲折道路，终于走到一起来了。

接着，毛泽东把程潜扶进车里，两人同乘一辆车，向中南海驶去。

丰泽园菊香书屋，毛泽东的住处。

毛泽东为程潜一行特设晚宴，并嘱咐厨师要做几道地道的湘菜款待客人。毛泽东对程潜说：“二十多年来，我是有家归不得，也见不着思念的乡亲。蒋介石把我逼成个流浪汉，走南闯北，全靠这一双好脚板，几乎踏遍了半个中国。”“我们这个民族真是多灾多难啊！经过八年浴血抗战，打败了日本侵略者，也过不成太平日子。阴险的美帝国主义存心让蒋介石来吃掉我们。我们是被迫打了四年内战，打出一个新中国，这是人心所向啊！”

毛泽东祝酒时说：“程潜将军、陈明仁将军率领全体官兵，宣布起义，和平解放了长沙，保护了人民的生命财产，带了一个好头，也给湖南省、长沙市的人民做了一件好事……你们立了功，向你们祝贺，向你们致敬！”周恩来接着说：“这次颂公和子良将军率部起义，对蒋介石是个沉重的打击，这在全世界许多国家中都有很大反响。你们为推进解放全中国立了大功，湖南人民感谢你们，我们向你们表示真诚的敬意。”程潜见此情景，非常激动，高举酒杯说道：“辽沈、淮海战役后，国民党大势已去，使我看到了希望。平津战役中傅作义先生和后来的我们所选择的道路，都是历史的必然。今朝蒙润之先生盛情款待，我深感受之有愧。不过在我有生之年，十分愿追随各位，为建设祖国，造福人民做些好事。”

1949 年 9 月 17 日，新政协筹备会全体委员合影。毛泽东后第四排着白上衣者为程潜

1949年9月19日，毛主席等党和国家领导人邀请程潜等民主人士同游天坛，大家在祈年殿外留影。前排右起陈毅、李明扬、程潜、毛泽东、张元济、陈明仁、粟裕。后排右二刘伯承、右三李明灏、左一程元

9月19日上午，毛泽东破例起了早床，专程到程潜下榻的北京饭店看望程潜。随行的有刘伯承、陈毅、粟裕等。大家谈得十分融洽，彼此推心置腹。整整谈了一上午。中午在饭店共进午餐。饭后，毛主席邀请程潜同游天坛，同时还邀请张元济、陈明仁、李明灏、李明扬几位同去，由刘伯承、陈毅、粟裕作陪，程潜的儿子程元（即程博洪）以及随员也都随行。

摄影师徐肖冰回忆说："给毛泽东拍过那么多照片，全是顺其自然，只有那一张以天坛祈年殿为背景的集体照，是他提出的建议。"

那天，徐肖冰接到了毛泽东要游天坛的通知，他知道，这是毛泽东第一次来天坛，他与妻子候波提前来到天坛，想选定一个最佳摄影角度，当他们远远望见祈年殿时，就不约而同地看上了这个气势雄壮的大背景，他想，一会儿要争取说服主席在这里拍一张。

他们看见一辆辆小轿车从古柏林鱼贯而出，直朝回音壁驶来。毛泽东先走下汽车，又转过身把程潜扶下车。毛主席对大家说："这几天大家一面商量开好这次大会，一面访亲会友，你们辛苦了。等大会开幕，那就更紧张得了不得，所以今天我钻了个空子，请大家来这个地方，无非是调剂一下生活，喘口气嘛。"在场的人全都笑了。徐肖冰看见周围的人都那么高兴，毛主席也那么开心，几乎没经思考就冒出了一句："主席，我给你们在祈年殿合个影吧！"

毛泽东很高兴地答应了。徐肖冰为祈年殿前的他们留下一张满视野都是欢笑的历史照片。

1949 年 9 月 19 日，毛泽东主席邀请民主人士程潜、李明扬、张元济、陈明仁、李明灏、程星龄等人游览天坛

1949 年 9 月 19 日，毛泽东主席邀请民主人士程潜、李明扬、张元济、陈明仁、李明灏、程星龄等人游览天坛

（左起）刘伯承、程潜、陈毅

9月中旬的一天上午，3位身材魁梧的军人和蔼地走进来，一位首长说："是这里拍照吗？"我迎上前去请他们签到。在签名中才知道这就是赫赫有名的陈毅将军，接着刘伯承将军、程潜将军也相继签名。拍完后，陈毅很风趣地说："指点油，给我们三个人拍张纪念照好吗？"我忙测距离、拨光圈、定速度，意外地拍下了这张珍贵的照片。

——徐肖冰

1949 年 9 月 19 日，毛泽东主席邀请民主人士程潜、李明扬、张元济、陈明仁、李明灏、程星龄等人游览天坛

（十一）特邀代表 程潛講詞

今日人民政治協商會議開幕，本人參加出席，引爲非常榮幸，衷心愉快。

本人參加革命　十五年，追隨中山先生把滿清推翻，不幸隨後出現了北洋軍閥，造成十餘年連綿不斷軍閥混戰與鎮壓中國人民的局勢。最後中山先生目擊蘇聯革命偉大的勝利，深知中國革命必須效法蘇聯，於民國十三年堅決改組國民黨，確立革命的三大政策——「聯蘇」、「聯共」、「農工」——因此，國民黨內與中國人民，外與反侵略的蘇聯相結合，得到廣大人民的擁護及國際的同情，始　進行北伐戰爭。北洋軍閥倒　，那知政權竟又落到蔣介石及其反動集團的手裏，仍蹈襲北洋軍閥送迎人民之故智以自私自利，這是國民黨最可痛心的一樁事。厥後爲了帝國主義的侵略，全國人民團結抗日，我們忍氣吞聲不惜和蔣介石合作，率領全國人民的偉大力量，把日本帝國主義打倒，那知蔣介石貪人民之功，以爲己有，便趾高氣揚　的兇惡，撕毀政協決議，發動內戰，直到今天，還在負隅頑抗。我們革命，目的本來不在改換朝代，而是要求推翻舊壁壘；是要把數千年來的封建專制澈底推翻，把近百年的帝國主義壓迫掃除淨盡，但是數十年來努力革命，仍舊更不了陳舊的形式，尤其是革到最後，居然革出一個獨裁的法西斯蔣介石反共四大家族來。蔣介石的專制橫暴，比之滿清，比之北洋軍閥，甚過百倍，皆有事實證明；蔣介石離開了日本帝國主義者，又勾結了美帝國主義者；除此而外，蔣介石更培植了培育了一個龐大無比的官僚資本集團，更造成法西斯的特務恐怖政治，真是兆人所指，萬路側目。我們參加這種所謂「革命」的人，感到非常慚愧，也非常憤慨。

在這極度反動，極度殘忍，極度紛亂當中，便孕育了偉大的堅強的革命力量——便是今日中國共產黨所領導的人民革命的力量，以與最反革命的力量戰鬥爭。到今日，人民的力量站起來了，反動殘餘快要消滅了。由於中國共產黨所領導的人民力量的抬頭，才有今日的人民政治協商會議的召集。這才是一個真正堅實的革命，這才是中國有史以來所未有的一次人民真正大團結。由於中國共產黨領導的人民大團結，才把蔣介石及其反動集團打倒下去，才把帝國主義者驅逐出去，才能澈底肅清殘餘，才能根本剷除官僚資本主義。現在，我們經過這次人民政治協商會議，便要成立中華人民共和國。這必然是一個獨立、民主、和平、統一和富強的新中國，值得我們十分慶幸。這樣偉大的成果，誠如毛主席所說，是從「物極必反」的道理產生的，受歷史發展規律的支配，但也確由於中國共產黨的正確領導和共產黨奮鬥，值得我們十分欽敬，十分感激。今日中國共產黨領導召集人民政治協商會議，把建國大業擱在大家肩上，我們今後便應該在中國共產黨領導之下，全國人民一致團結，一致努力，在最短期內把反動殘餘力量，澈底消滅；對內實行工人，農民，小資產階級，和民族資產階級的聯合專政，以工農聯盟爲基礎，而以工人階級爲領導，努力發展生產，繁榮人民；對外則與國際革命力量團結一致，促進世界持久和平。我與所有在座的代表先生們一樣，對這次大會的成功，懷有堅定的信念。

在中国人民政治协商会议第一届全体会议上，董必武作关于《中华人民共和国中央人民政府组织法草案》的报告，程潜（前排右二）在认真审阅

1949 年 9 月 21 日至 30 日，中国人民政治协商会议第一届全体会议隆重召开，程潜和陈明仁参加了这次会议，并在会上发言。在这次会议上，程潜和陈明仁当选为第一届全国政协委员，程潜还当选为中央人民政府委员。

1949 年 10 月 1 日，中华人民共和国的开国大典隆重举行，程潜应邀登上了天安门城楼，陈明仁也登上了天安门观礼台，他们同党和国家领导人及首都人民一起，分享着新中国成立的荣光和喜悦。当天，中央人民政府委员会举行第三次会议，任命毛泽东为中国人民革命军事委员会主席，朱德、刘少奇、周恩来、彭德怀和程潜为副主席。

10 月 26 日，程潜在参加完各项活动、完成了共商国是的任务后，启程返湘。毛泽东在中南海设宴送行，朱德、周恩来、董必武、林伯渠等作陪。

特邀代表程潜在第一届全国政协会议上发言

第二版 星期四 一九四九年九月二十二日 新華日報 八月初二秋分 夏曆己丑年八月初一日

中國人民政治協商會議

第一屆全國代表會議名單

（甲）黨派代表

（乙）區域代表

（丙）軍隊代表

（丁）團體代表

（戊）特別邀請人士

程潜口述：

9月12日，朱德总司令设宴欢迎我和陈明仁将军。刘伯承、陈毅、聂荣臻、粟裕、黄克诚、李明灏等将军作陪。朱总司令举杯说："敬程老将军一杯酒。"我深表感激地说："谢谢朱总司令的深情厚谊！"席间，大家都为中国人民终于站起来了、中华民族从此将兴旺发达而感到无比高兴。

9月19日上午，毛泽东主席莅临北京饭店看我。随同前来的有刘伯承、陈毅、粟裕等将军。我们重叙往事，谈起义的曲折过程以及湖南的情况，谈国家的政治，军事斗争以及今后的经济建设等等。中午，我们在该饭店共进午餐。随后，毛主席邀请我和刘伯承、陈毅、粟裕、罗瑞卿、张元济、陈明仁、李明灏、李明扬等共游天坛。我和陈明仁的随行人员亦被邀同游。

9月21日，我出席了中国人民政治协商会议第一届全体会议，并被推选为大会主席团成员。会议期间，毛泽东主席、朱德总司令还特意宴请了出席会议的起义将领，我和陈明仁将军等26人出席。席间，毛主席几次举杯为起义将领祝酒，充满了欢乐、祥和的气氛。

这次政治协商会议，选举产生了国家领导人。我被选为中央人民政府委员、中国人民革命军事委员会副主席。

10月1日下午3时，我登上天安门城楼，参加了中华人民共和国开国大典。10月26日，我在参加了中华人民共和国成立的各项活动、完成了共商国是的任务之后，起程返湘。

当日下午，毛主席在中南海设宴为我送行。朱德、周恩来、董必武、林伯渠等作陪。我和随行人员程星龄、方叔章、晏勋甫、萧作霖、杨敏先、朱明章等参加。席上有一份四川泡菜，周恩来特意介绍是朱总司令亲手做的，大家争先品尝。宴后，毛主席、朱总司令送我至门外，周恩来、董必武、林伯渠、聂荣臻等亲送至车站。11月2日我回到长沙。从此，我在中国共产党的领导下，积极为建设民主、繁荣的新湖南而奋斗，并在中南地区的各项工作中出谋献策，以尽微薄之力。

毛主席朱總司令宴程潛張治中等

慶祝他們舉行起義和響應人民和平運動

【新華社北平二十三日電】中國共產黨毛澤東主席和中國人民解放軍朱德總司令今晚舉行宴集，應邀參加者有程潛、張治中、傅作義、鄧寶珊、黃紹竑、李書城、李明灝、劉斐、陳明仁、孫蘭峯、李任仁、吳奇偉、高樹勳、張軫、曾澤生、何基灃、劉善本、林遵、鄧兆祥、左協中、廖運周、李明揚、張蘇村、黃琪翔、周北峰、程星齡等二十六人。應邀作陪者有李濟深、陳銘樞、蔡廷鍇、蔣光鼐、周恩來、陳毅、劉伯承、粟裕、黃克誠、聶榮臻、羅瑞卿、邢肇棠、周保中、趙壽山、張學詩、楊拯民。席間，毛主席幾次舉杯慶祝到會諸人舉行起義和響應人民和平運動的功績。毛主席說：由於國民黨軍中一部分愛國軍人舉行起義，不但加速了國民黨殘餘軍事力量的瓦解，而且使我們有了迅速增强的空軍和海軍。

开国大典上，毛泽东宣布：中华人民共和国成立了！程潜在天安门城楼上见证了这一历史时刻。

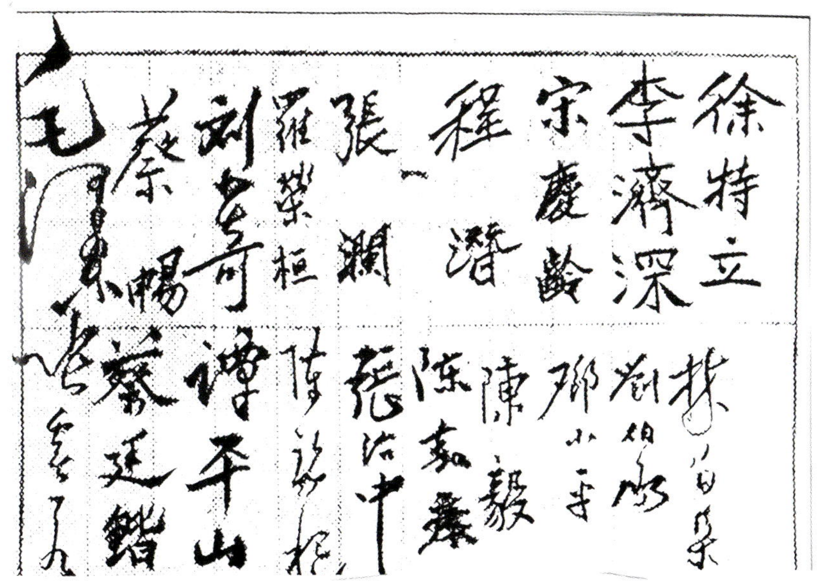

出席中华人民共和国开国大典签名手迹

1949 年 10 月 21 日，中央人民政府政务院成立，图为中央人民政府委员会部分委员合影（第三排左三为程潜）

1949 年 10 月 20 日，中央人民政府革命军事委员会第一次会议与会人员在颐年堂前留影。前排右起：陈毅、刘少奇、程潜、毛泽东、朱德、周恩来、粟裕；中排右起：刘斐、张云逸、邓小平、张治中、高岗、聂荣臻；后排右起：刘伯承、傅作义、蔡廷锴、贺龙、罗瑞卿

第五部分

参政议政

1950 —1968

中华人民共和国成立后，程潜以中南军政委员会副主席兼湖南人民军政委员会主任委员的身份积极建设湖南，在职期间凡属全省性质的重大行政措施，他必定亲自听取专题汇报，了解全局。1950 年 10 月，程潜当选为湖南省第一届各界人民代表会议协商委员会主席。1951 年 2 月，程潜继续当选第二届主席。1952 年 3 月，程潜调任湖南省人民政府主席。同月，他参加了荆江分洪工程计划的联席会议。会前，他不顾高龄，深入荆江沿岸周密调查，掌握大量一手资料，在会上做出详细且有见地的发言。会后，他又将发言内容整理成文呈报毛泽东。毛泽东阅后认为程潜的意见很有道理，并亲自复信指出“联席会议上的发言，使我明了江湖利病所在，极为有益”。3 月 31 日，国务院正式发布《关于荆江分洪工程的决定》，分流工程 4 月 5 日动工，至 6 月 20 日竣工，蓄水量可达 50 亿到 60 亿立方米，是新中国成立之初的一项重大水利工程。

1954 年 9 月到 12 月，程潜先后兼任国防委员会副主席、全国人大常委会委员、全国政协常委。1955 年 2 月，湖南省人民政府改组，程潜担任第一任省长。同年 9 月，程潜因在长沙起义中作出重要贡献，被授予一级解放勋章。1956 年 3 月，程潜当选民革中央副主席。1959 年 4 月又当选全国人大常委会副委员长，可谓身兼数个要职。

在此期间，程潜不顾年事已高，仍殚精竭虑地主持湖南省政的各种重要会议，并亲自拟写《政府工作报告》等重要文件提纲。此外，他经常深入各地视察、检查工作，在湖南各地留下了足迹。作为民革中央的主要领导人，程潜衷心拥护共产党的各项政策，且毫不迟疑地坚决执行。

程潜活到老学到老，他平时能够严格要求自己，注意进行思想改造，他又经常勉励别人，要跟上时代，不断前进。作为民主党派的一员，程潜多次要求民革同志努力做好本职工作，积极投身社会主义革命合格建设，要认真学习马列主义、毛泽东思想，鼓励同志们奋发图强、与时俱进。在工作之余，程潜经常写诗和练习书法，且颇有造诣，曾著有《养复园诗集》，被章士钊等文坛名士誉为“一代钟吕之音”。在 1983 年出版的《程潜诗集》中，叶剑英亲笔题词，赵朴初给予该书崇高的评价——“谁知三军帅，诗亦一代雄！”

程潜一生廉洁奉公，生活俭朴，他曾对秘书说：“我一生不置恒产，解放前夕我把土地还给佃户。我身无一文，只有两件旧狐皮袍子，现在我的穿着，完全是人民政府给的。”程潜还支持夫人郭翼青将南京的一幢两层楼房捐献给国家。毛泽东特批给他的每月 5000 元特别费也被用于救济生活困难的“辛亥革命同志会”老人及其后代。程潜还经常告诫身边的工作人员：“千万不要浪费，不要讲排场，乱花国家一分一文”，对于经济上有困难的同志，他也能够慷慨相助。

1967 年 8 月，程潜与家人一同居于北京。1968 年 4 月 9 日，程潜因肺炎引发大出血医治无效，在北京医院去世，享年 86 岁。程潜逝世后，民革中央为他举行了追悼会，在悼词中肯定了“程潜先生关心时事政治，拥护党的政策，1957 年民革中央的反右斗争中，起了很好的作用”，同时还肯定他为争取和平解放台湾作出了努力。

1982 年 6 月 29 日，在程潜一百周年诞辰之际，民革中央举行了隆重的纪念大会。会上，中共中央政治局委员、书记处书记、全国人大常委会副委员长彭冲发表讲话，明确指出程潜是对中国人民革命事业作出过重要贡献的著名爱国人士，是中国共产党的真诚朋友，是中国国民党革命委员会的卓越领导人。

1949 年 11 月 3 日，湖南军区司令员萧劲光（左一）在长沙火车站迎接从北京返回的程潜和陈明仁

1950 年 2 月 5 日，中南军政委员会成立时会场大门外的现场照，此建筑为汉口法租界德明饭店（今江汉饭店），当时为中南军政委员会办公楼，此前曾是武汉市军事管制委员会办公楼

1950 年 2 月 5 日至 15 日，中南军政委员会成立会议在武汉召开，宣告中南军政委员会正式成立，为中央人民政府领导中南地方政府工作的代表机构。经中央人民政府委员会第四次会议批准，林彪为主席，邓子恢、叶剑英、程潜、张难先为副主席，委员 71 人，其中党外人士占 1/3 以上，体现了中共和党外人士合作共事的方针。会上群情振奋，气氛热烈。程潜、张难先发表讲话，表示要放下旧的思想包袱，永远前进，永不回头，要在中南军政委员会的领导下，拿出最大的决心和勇气，把中南建设好。中南军政委员会的成立就是中原临时人民政府的结束。

1953 年 1 月 21 日，根据中央人民政府《关于改变大行政区人民政府（军政委员会）机构与任务的决定》，成立中南行政委员会，作为中央人民政府在中南的派出机关，中南军政委员会随之撤销。

1950 年 2 月，中南军政委员会第一次会议主席台成员合影。左起程潜、邓子恢、林彪、张难先

1950 年 9 月 1 日，中南军政委员会第二次会议时，副主席程潜和与会主要成员合影

中南軍政委員會副主席程潛

主席、各位委員、各位先生：

在這次會議中，聽了毛主席的指示，更聽到各位首長關於會務、土改、及各部門的工作報告，我認爲都非常切實，值得熱烈的擁護。

中央人民政府成立以來，爲期不過八個多月；在毛主席的英明領導下，各部門依照共同綱領，努力展開了工作，進展異常迅速，所以在這短短的期間內，才能獲得這樣偉大的成就。尤其是外交、軍事、財經方面的成就，更是空前的偉大。這些，各位委員都已經詳細指出來了。現在我只說一說調整工商業與土改的問題。

一、關於調整工商業問題：中國歷史上從沒有過財政統一的局面。今春中央及時採取了堅定步驟，統一國家財經工作的管理與領導，穩定通貨與物價，很快地就使財政收支接近了平衡，這眞是爲中國財政開了一個新的紀元。在這個過程中，工商業確實發生了一些困難，我認爲這些困難主要的原因是反動政府殘暴搜括的惡果，若說是由糧稅過重所致，那就未免是過分的叫喊。去年以前全國大小都市無論任何工商業，都已習於投機的經營，他爲了牟利或自存，幾乎是沒有不投機的，套貨打滾子，已成爲經常的事。全國所有市場都成了投機市場，蔣宋孔陳四大家族坐上投機的皇位。大投機吃小投機，小投機的資本便多半被他們吃掉，輸送到美洲去了。這就是李四光先生昨天說的大帝國主義吞小帝國主義一樣的規律。因此，一般富有投機性的工商業，已弄得虛弱不堪，一到通貨穩定、物價趨落時期，便必然發生困難了。現在工商業正臨着脫胎換骨的時期，必須經過暫時的痛苦，一切才能走上新生的軌道。陳副總理根據共同綱領，針對實際情況，提出了調整工商業的具體辦法，這正是領導或幫助工商業走向新生的辦法，一定可以收到偉大的效果。

二、關於土改問題：毛主席在開會詞中指示，土改問題是此次全會的中心議題，希望在此次會議通過一個土改法案，提請中央人民政府批准實施，作爲今年秋後一億人民的地區實行土改的準據。劉少奇副主席首先就向此次會議提出了中共中央起草的土改法草案，並作了一個詳細報告。其中最重要的問題，就是保存富農經濟問題。因爲革命的今昔形勢已根本不同，而新區各省，如長江中下游各省，富農佔有的土地比重不大，我們對富農放寬一步，這對於國家經濟的發展和農民本身都是有利的。劉副主席的報告及其所提土改法草案，毫無疑問，是符合當前形勢及政策上所要求的，我們竭誠表示擁護。幾個月來，在農村社會改革運動中，有謂地方幹部執行任務時，曾經發生了若干偏差和錯誤。但一般所傳的偏差和錯誤，有的是事實，而大部則是匪特的造謠和頑固地主的叫囂，決不可一概而論。據我的考察，廣大的新老幹部，在生活上及其服務情緒上，都是能够忍苦耐勞，充分發揮了公而忘私的奮鬥精神，表現了純正的作風。就是留用的舊軍政人員，很多正積極自求改造，亦在工作中有了好的表現。假使沒有這些幹部的艱苦奮鬥，我們幾個月來的成就，是不會有這樣偉大的。這眞值得我們高聲的讚美。現在新土地改革法將提付通過了。今年秋後在有一億人口的地區，將實行土改，又要靠這些幹部去艱苦地完成這個歷史性的任務了。相信其成就將會同樣的偉大。這又值得我們寄與無限的企望。這裏，我們有一點要着重指出，地主們是覺悟的時候了，應該把過去寄生剝削醉生夢死的生活，澈底改變過來，從勞動中改造自己，重作新人。我們在土改法上寫下了對地主及其家庭，每人也將分配一份土地，算是很寬大了。地主們如不誠心悔悟，而來反抗、破壞，都會於他自己不利，都會受到人民法庭嚴重的懲處。

三、結論。毛主席曾指出今後三年內中國人民努力的方向，在爭取國家財經狀況的根本好轉：要求得這樣的好轉，就須完成土改，合理調整工商業，和節減國家機構的經費。這可稱爲三綱領。我們這次會議的議題，都是遵照這三綱領進行的。今後一切艱巨的工作，須得全國人民在毛主席和中共領導之下，加強鞏固我們的革命大團結，始得完成。人民政協就是這個大團結的政治組織形式。相信在政協的共同綱領下，團結全國人民的力量，有領導地，共同來爭取三年內的根本好轉，是有充分把握的。

因此，我向大會提議通過土改法案，提請中央人民政府頒佈實施，並一同批准其他各種報告，而讚美其成就。在這短短的期間內，我們就有這樣偉大的成就，是光榮的。這是毛主席領導的中央人民政府的光榮，是人民政協的光榮，也是全國人民革命大團結的光榮。我們今後要更進一步發揚這個光榮。

1950 年 5 月，时任中南军政委员会副主席的程潜在全国土改法案会议上讲话

1950 年 10 月 15 日至 27 日，湖南省第一届各界人民代表会议在长沙召开，各界代表 837 人参会，会中选举程潜为主席，黄克诚、唐生智、金明、谢晋为副主席

1952 年 12 月 14 日至 21 日，省协商委员会第二届会议在长沙召开，各界代表 1106 人参加，会中选举程潜为主席，金明、唐生智、周小舟、谢晋为副主席

湖南省第一届各界人民代表会议会场

第一届会议结束后，参会部分代表合影。前排右起分别为王首道、李达、陈明仁、袁任远、金明、唐生智、黄克诚、程潜

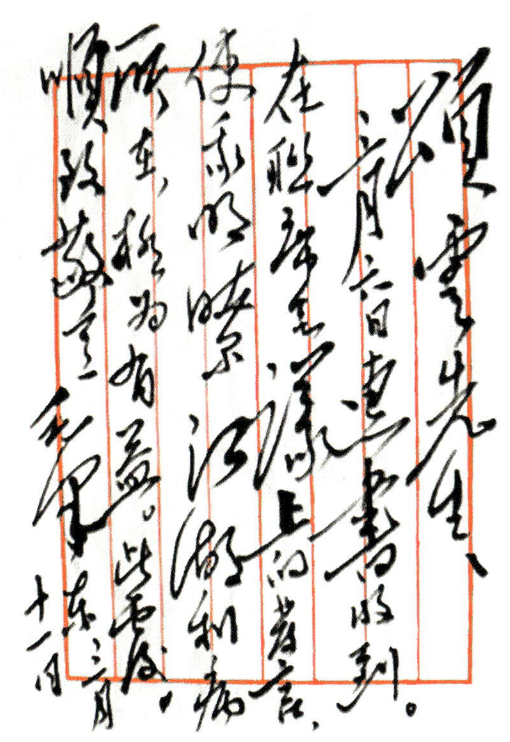

颂云先生：

三月六日惠书收到。在联席会议上的发言，使我明了江湖利病所在，极为有益。顺致敬意！

毛泽东

三月十一日

毛泽东给程潜的亲笔回信

刘斐（前排左四）、程潜（前排左五）、傅作义（前排左六）、程星龄（前排右二）与荆江分洪指挥部人员在湖北沙市留影

1952 年 3 月初，中南军政委员会召开了讨论荆江分洪工程计划的联席会议。参加会议的有湖南、湖北两省和中南军政委员会所属水利、农林、交通部门的负责人。

作为湖南省军政委员会主席、中南军政委员会副主席的程潜，会前深入荆江沿岸进行周密调查，了解荆江水患的原因和荆江分洪的意义，倾听人民的呼声。在掌握大量第一手资料的基础上，综合分析了实施荆江分洪工程的措施，认为“荆江分洪计划的实现，对湘鄂两省人民极为重要，如不缜密考虑，贸然动工，将造成空前的灾难”。

在联席会议上，程潜畅谈了自己的远见卓识。与会人员听了程潜的发言，无不惊叹不已，有的感慨地说：“颂公简直是位水利专家！充分的论据，精辟的分析，令人非常信服。”

3 月 6 日，程潜将自己的见解和发言稿直呈给毛泽东。毛泽东读完来信，激动不已，随即复信：“3 月 6 日惠书收到。在联席会议上的发言，使我明了江湖利病所在，极为有益。”随后，毛泽东将程潜的发言稿转给政务院总理周恩来。周恩来立即组织有关专家进行认真的讨论。3 月 31 日，正式发布《关于荆江分洪工程的决定》。

当年 6 月 20 日，荆江分洪工程胜利竣工，蓄水量达 50 亿到 60 亿立方米，成为我国水利史上的一大奇迹。这期间，程潜倾注了不可磨灭的智慧和心血。

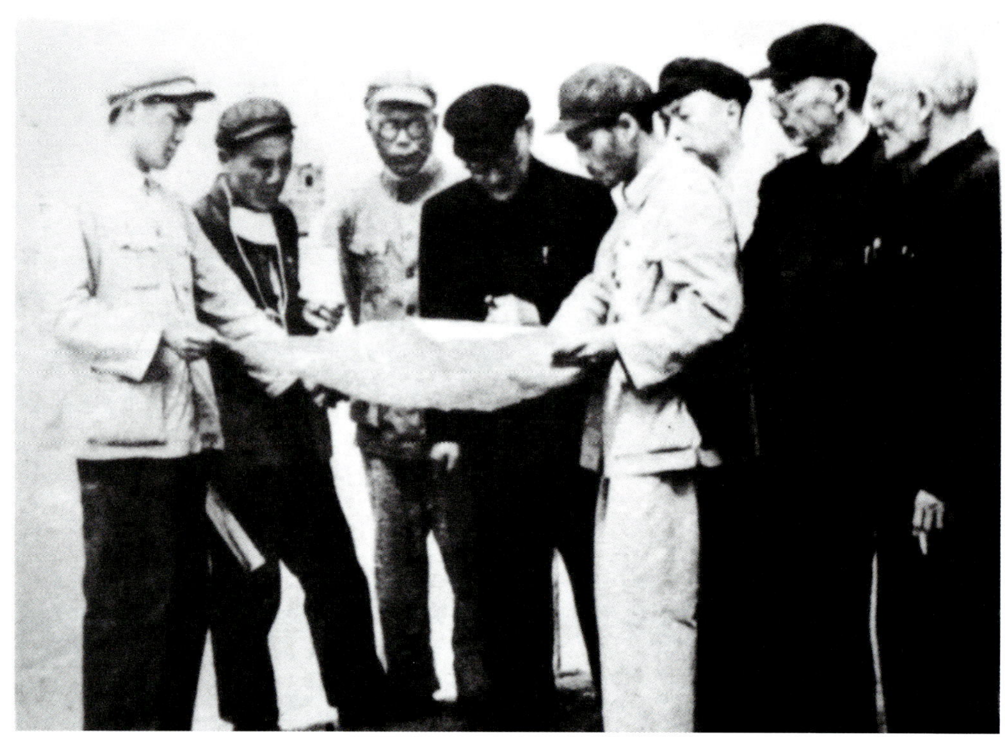

时任湖南省省长程潜（左四）、中共湖南省委副书记谭余保（右一）等人和验收团工作人员在验收苏家吉水闸

程潜和唐天际在荆江分洪工地视察

荆州荆江分洪工程纪念碑

程潜和毛泽东在中南海南薰亭亲切交谈，品茶休息

1952年的一个秋日，金菊怒放。晴空万里，和风阵阵。毛泽东邀程潜到中南海游赏观景，饱览这里迷人的景色。吃过饭，毛泽东和程潜边走边聊，他们漫步欣赏着错落有致的亭台楼阁和名花异卉，只见这块占地150亩的美丽海面和殿阁楼台，水围着楼阁，楼衬着水面，交相辉映，景色幽美。毛泽东触景生情，对身旁的程潜说："前人对中南海曾有'翡翠层楼浮树杪，芙蓉小殿出披心'之赞誉，今日置身其间，不知颂公有何感受？"

程潜会心地笑着，不住地点头说："名不虚传，妙不可言，妙不可言。"然后，他又意味深长地说"看着这粼粼碧波，我仿佛觉得海里的水更蓝、天空也比以前更加高远。"

毛泽东笑道："大概是颂公心情所致吧。"

这时，警卫人员把船扶稳，照顾毛泽东和程潜登船。两人登上船后，毛泽东亲自操起木桨。程潜见此情景，不安地说："岂敢岂敢，你是国家元首，已年近花甲，怎能让你为我荡桨？"

"哪里哪里，你是国民党元老，爱国高级将领，又是我的老上级，老乡，还分什么彼此啰！你已古稀高龄，总不能让你划桨呀！再说，你是客，还是客随主便吧。"

说着，毛泽东操起桨用力划起来，小船便悠然地向前游去。

毛泽东一边操桨前划，一边讲述着中南海的历史："中南海和北海在明清时统称为西苑或西海子，也称太液池，并列为禁苑。明代后期按地域又分为南海、中海、北海，合称三海。民国以后，又分为中南海和北海。中海为辽代开辟，是金代离宫万宁宫的所在地，元代营建大都时划入'大内'范围。南海开辟于明代。整个中南海1500亩的面积，水就有700亩。海内的建筑物不但布局错落有致，颇有讲究，就是建筑技术、工艺水平也很高超。这些虽说是当时的统治阶级为自己建造的，但也反映了劳动人民的聪明和才智。如今我们共产党人住进来了，但要把它管理好。"

程潜连连称赞："主席真是博学多才，学贯古今啊！"

"哪里哪里，在你面前，我还不是班门弄斧。"毛泽东笑道。

两人不停地说笑着，笑声在波光粼粼的中南海海面上久久回荡。

1952 年秋，毛主席在中南海为程潜荡桨

1953 年 4 月 20 日至 30 日，由湖南省承办的中南地区篮、排球锦标赛在长沙市的省体育场灯光球场举行。参赛的有中南地区六省二市和中南地区直属机关共 9 个单位。湖南省女子排球队获得了此次比赛的冠军。

邓子恢（左三）、湖南省人民政府主席程潜（左四）、张难先（左五）和部队代表合影

1953 年 3 月，中南区篮排球比赛大会摄影

1954年9月27日，程潜当选为第一届全国人大常务委员会委员。9月28日，第一届全国人大一次会议举行全体会议。会议根据毛泽东主席的提名，任命程潜等15人为国防委员会副主席（另14人为朱德、彭德怀、林彪、刘伯承、贺龙、陈毅、罗荣桓、徐向前、聂荣臻、叶剑英、邓小平、张治中、傅作义、龙云）。

1955年8月6日，第一届全国人大常委会参加全国议会联盟的人民代表团执行委员会举行第一次会议，组成了我国出席各国议会联盟第四十四届大会代表团。彭真为代表团团长，程潜、廖承志为副团长。

1956年11月5日，第一届全国人大常委会举行第五十次会议，通过了全国人大访问苏联、罗马尼亚、捷克斯洛伐克代表团名单，彭真副委员长任团长，李济深、程潜、章伯钧、胡子昂任副团长。11月15日至1957年2月1日，彭真团长、程潜等副团长率领我国人大代表团先后访问了苏联、捷克斯洛伐克、罗马尼亚、保加利亚、阿尔巴尼亚和南斯拉夫。

1957年3月31日，一届全国人大常委会举行第五十四次扩大会议，听取了全国人大代表团彭真团长作的全国人大代表团访问苏联等6国的报告，副团长程潜等作了补充报告。

上图：1954年4月，（左起）程星龄、毛泽东、程潜、王季范在十三陵留影
下图：1954年3月23日，程潜（后排左七）与中华人民共和国宪法起草委员会委员合影

1954 年 4 月 6 日，在北京十三陵合影。左起：王季范、毛泽东、程潜、陈毅

中华人民共和国成立前夕召开的，中国人民政治协商会议的第一届全体会议通过的《中国人民政治协商会议共同纲领》于 1949 年 9 月 29 日颁布，具有临时宪法的作用。

第一部《中华人民共和国宪法》于 1954 年 9 月 20 日在第一届全国人民代表大会第一次会议上通过，共 4 章 106 条。被称为“五四宪法”。“五四宪法”是一部较为完善的宪法，这是中华人民共和国的第一部宪法，是在对新中国成立前夕由全国政协制定的起临时宪法作用的《共同纲领》进行修改的基础上制定的。

1954 年 8 月 10 日，湖南省人民政府主席程潜作《湖南省人民政府一年半来的施政工作情况和当前工作的方针、任务的报告》

1954 年 8 月 10 日至 14 日，湖南省第一届人民代表大会第一次会议在长沙隆重召开，省委第一书记周小舟致开幕词，省政府主席程潜作《湖南省人民政府一年半来的施政工作情况和当前工作的方针、任务的报告》。这次会议总结了湖南省解放五年来所取得的成就，要求全省人民团结一致，英勇勤劳，艰苦奋斗，遵照国家建设计划进行伟大的社会主义建设工作，采取一切可能的办法，克服困难，全面完成 1954 年度的建设计划。

会议还讨论了《中华人民共和国宪法草案》，并作出了拥护宪法草案的决定，审查通过了省政府 1953 年以来施政工作情况和当前工作方针任务的报告，审查批准了 1953 年度财政决算和通过了 1954 年度财政预算。对于当年湖南遭受特大洪涝灾害的情况，会议着重讨论研究了“依靠群众、增产节约、生产自救、节约度荒”的方案，并通过 5 项决议。

1954 年 10 月 18 日，中华人民共和国国防委员会第一次会议全体委员合影
前排左起：龙云、张治中、叶剑英、徐向前、邓小平、刘伯承、朱德、毛泽东、彭德怀、贺龙、罗荣桓、聂荣臻、程潜、傅作义

1956 年 1 月，程潜访问克里姆林宫，会见苏联外长莫洛托夫，中间为时任中国驻苏联大使刘晓

国防委员会，是 1954 年 9 月至 1975 年 1 月间中华人民共和国国家最高军事领导机关。根据 1954 年《中华人民共和国宪法》的规定设置。由主席 1 人、副主席、委员若干人组成。主席由中华人民共和国主席兼任，副主席和委员的人选，由全国人民代表大会根据主席的提名决定。其职权是：统率和指挥中国人民解放军和其他国家武装力量。1975 年 1 月，第四届全国人民代表大会第一次会议通过的《中华人民共和国宪法》规定，由中共中央主席统帅全国武装力量，国防委员会撤销。程潜除担任第一届国防委员会副主席之外，还连任了第二届（1959 年 4 月）和第三届（1965 年 1 月）国防委员会副主席。

1956 年 12 月 15 日至 1957 年 2 月 1 日，程潜作为全国人民代表大会代表团副团长，接受了苏联、捷克斯洛伐克、罗马尼亚、保加利亚、阿尔巴尼亚和南斯拉夫等 6 国的邀请，率代表团进行了历时 79 天的访问。

在苏联访问的 18 天中，他随团访问了其首都莫斯科、列宁格勒（俄罗斯城市圣彼得堡前称）等大城市。在莫斯科，他们拜谒了列宁、斯大林墓，敬献了花圈。在列宁格勒（俄罗斯城市圣彼得堡前称），参观了十月革命武装起义的总部斯莫尔尼宫，拉次列夫的列宁避难所以及炮打冬宫光荣起义的“阿芙乐尔”号巡洋舰等革命遗迹。

程潜在访问东欧时与外国友人合影，前排右起李济深、程潜

前排左起程潜、陈叔通、邵力子

1955 年 2 月，在庆祝《中苏友好同盟互助条约》签订 5 周年时，湖南省省长程潜在《告世界人民书》上第一个签名

1956 年 11 月，全国人大常委会副委员长李济深（前排左二）、彭真（前排左三）、程潜（前排左四）等人访问苏联时，在莫斯科红场拜谒列宁墓

出访途中，程潜与外国友人亲切交谈

1958 年 7 月 10 日，湖南省省长程潜与省人民委员会全体委员合影

程潜、周恩来和元帅们在一起

1956 年 3 月 5 日，在民革第三届中央委员会第一次全体会议上，程潜当选副主席，并在民革第三届全国代表大会上作民革党章的说明。

1958 年 2 月 1 日至 2 月 11 日，第一届全国人大第五次会议在北京举行。11 日，根据本次会议主席团的提名，会议补选程潜为全国人大常委会副委员长。

1958 年 12 月 4 日，民革中央举行第四届一中全会，程潜再次当选副主席并作了关于修改《中国国民党革命委员会章程》的说明。

1959 年 4 月 17 日，第二届全国人大第一次会议大会主席团举行第一次会议。会议推定刘少奇、宋庆龄、程潜等 12 人为主席团常务主席。4 月 27 日，第二届全国人大一次会议召开全体会议。会议选举朱德为全国人大常委会委员长，程潜等 16 人为副委员长。4 月 28 日，第二届全国人大一次会议召开全体会议。会议根据刘少奇主席的提名，决定程潜等 14 人为国防委员会副主席。

1962 年 1 月 19 日，各民主党派、无党派民主人士和全国工商联负责人在政协礼堂举行集会，谴责美国肯尼迪政府迫害美国共产党的暴行。集会由民革中央副主席程潜主持。

1965 年 1 月 4 日，第三届全国人大一次会议召开全体会议。根据刘少奇主席的提名，会议决定程潜等 13 人为国防委员会副主席。

1960 年国庆节前期，程潜在北京万寿山与湖南省工艺、美国、陶瓷展览会全体人员合影

一九五八年元月六日毛主席在長

1958 年 1 月 6 日，毛泽东在长沙接见湖南省、市机关干部合影（下图穿浅色大衣为毛泽东，左边为程潜）

程潜与著名爱国华侨领袖、企业家、教育家、慈善家、社会活动家陈嘉庚亲切交谈

接見湖南省、市機關幹部時合影

1959 年 6 月 27 日，毛泽东在湖南长沙接见湖南著名民主人士时合影
前排左起：童小鹏、周小舟、曹典球、程潜、毛泽东、唐生智、李淑一、李冲德、杨开智、周世钊
后排右起：华国锋、王任重、谭余保、柯庆施、罗瑞卿、周惠、李瑞山

1959 年 6 月 27 日，毛泽东从家乡韶山返回长沙，下榻蓉园。当日，他决定宴请几个老朋友到湖南省委共进晚餐。被邀的有曹典球（时年 82 岁）、李淑一、杨开智和夫人李冲德，周小舟、程潜、唐生智、周世钊等。

席间，毛泽东扬起右手说："各位先生、难得一见，今日得闲，请大家喝杯小酒，叙谈叙谈旧情，不成敬意。大家知道，我毛泽东向来手头拮据，请多多原谅！"

接着问李淑一，"淑一先生，这一年来工作和生活还顺意吗？我要感谢淑一先生，是她让我这一生中多写了一首词，因为当时淑一先生送了我一首怀念柳直荀的词，我才写了《蝶恋花 · 答李淑一》，这首词中文意，都是我代淑一写的。"

接着毛泽东对大家说："听说在 1924 年，是典球老先生的一股刚劲，才保留了长沙的这段古城墙和天心阁，这种精神难能可贵！"并向典球老先生竖起了大拇指，大家不约而同地鼓起掌来，曹老忙起身推摇双手说："感谢主席的嘉言！区区小事，何足挂齿！"接着有人说："可惜文夕大火把天心阁烧了，真是太可惜了！"毛泽东说："过去的事已成为历史，现在的权力在人民大众手中，别着急，今后，天心阁还可以重建嘛！"

事后人们得知，曹典球老先生在1955年曾写过一首《同芸阁抱圭登天心阁看菊花会》的诗，发表在某个杂志上，毛泽东是通过这本杂志了解这件事的。

1958 年 10 月 28 日，志愿军司令员杨勇回国，受到党和国家领导人的热烈迎接。前排：杨勇、陈毅、周恩来；后排：程潜、李济深、郭沫若、张治中

抗美援朝战争结束后，中国人民志愿军于 1958 年 2 月开始陆续回国。至同年 8 月，志愿军全部撤出朝鲜返回祖国。10 月 23 日，志愿军司令员杨勇在平壤举行了盛大的告别宴会。25 日，杨勇率领最后一批机关干部回国。并于 28 日抵达北京，在火车站受到了党和国家领导人的热烈迎接。

1959 年 4 月，最高国务会议上留影
左起：邓小平、毛泽东、程潜
右起：沈钧儒、陈叔通、李济深、宋庆龄、班禅额尔德尼·确吉坚赞

程潜和刘少奇亲切握手，中间为沈钧儒

1963 年 12 月 26 日，毛泽东七十寿辰时，与程潜合影

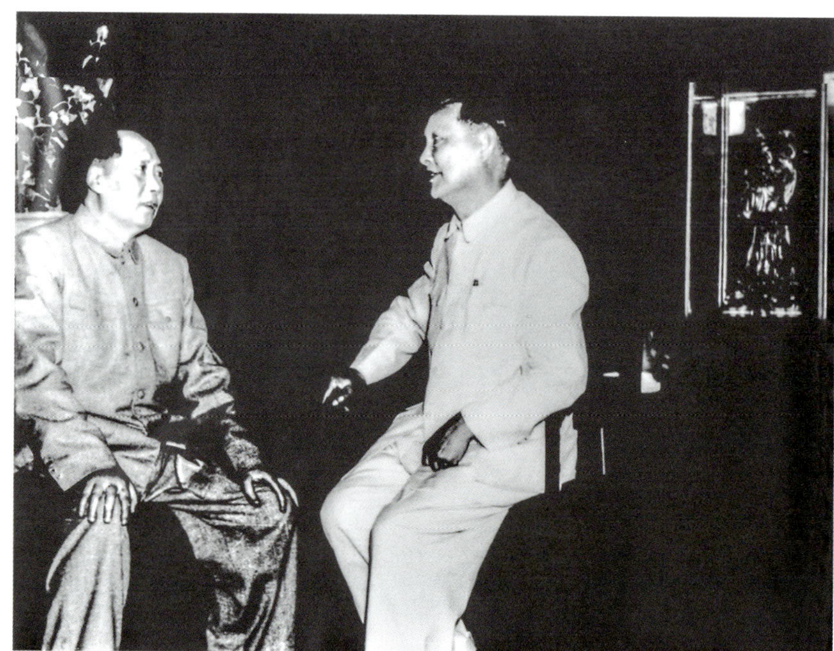

毛泽东和程潜促膝谈心

20 世纪 50 年代中期，毛泽东到湖南视察，程潜陪同

1965年11月5日中午，全国人大常委会副委员长程潜和夫人郭翼青设宴欢迎李宗仁夫妇。周恩来、陈毅、彭真和夫人张洁清、张治中和夫人洪希厚、蔡廷锴和夫人罗西欧、傅作义和夫人刘芸生出席宴会

1956年4月到1965年6月10年间，李宗仁先后5次派程思远到北京，晋谒周恩来总理，为他回归祖国大陆做准备。1965年7月，李宗仁冲破重重险阻，偕妻回到祖国大陆。7月26日上午，毛泽东主席在中南海亲切地接见了李宗仁一行。

11月5日中午，身为全国人大常委会副委员长的程潜和夫人郭翼青设宴欢迎李宗仁和夫人郭德洁。

新中国成立后，站起来的中国人民铭记程潜在中国两种命运的决战中所作的贡献，他先后担任过中南军政委员会副主席、湖南省省长、全国政协常委、国防委员会副主席等职，作为国民党元老，他还是民革中央副主席，深受中国共产党人和所有爱国人民的信任和尊重。

1961年7月1日，在庆祝中国共产党成立40周年时，作为老国民党人，程潜在纪念文章中由衷地写道：“只有经过共产党领导的新民主主义革命，建立人民民主专政的政权，并由此过渡到社会主义社会，中国才能摆脱贫困和落后，找到真正的出路……”

这次，故人重逢，感慨万分。

程潜在欢迎李宗仁的宴会上发表了讲话。他深情地说：“再过几天，就是孙中山先生诞辰99周年纪念日了，李宗仁先生回到祖国，亲眼看到孙中山先生的革命理想，不仅已经成为事实，并且远远超过了。应该说，宗仁先生所选择的道路，是合乎中山先生的愿望的，是正确的。毫无疑问，宗仁先生这一抉择，正是台湾和海外国民党人效法的好榜样。我认为，我们当年服膺中山先生革命理想的老一辈人，遵守中山遗教，就必须‘适乎世界之潮流，合乎人群之需要’，丢掉包袱，从头学起。只有这样，我们的所作所为，才会合乎中国革命历史发展的规律，才不会为时代所摈弃。今天，我们借欢迎宗仁先生回国的机会，寄语台湾和海外国民党人，以祖国为重，以晚节为重，从速醒悟，毅然归来，到那时，我愿望再度举行宴会，像今天设宴宗仁先生一样来欢迎他们！”

周恩来接见李宗仁夫妇。右起：程潜、周恩来、李宗仁、彭真、张治中、陈毅、郭德洁

程潜晚年留影

程潜晚年留影

程潜晚年留影

程潜晚年留影

程潜晚年留影

程潜晚年留影

程潜晚年留影

程潜晚年留影

程潜晚年留影

程潜晚年留影

程潜晚年留影

程潜晚年留影

程潜晚年留影

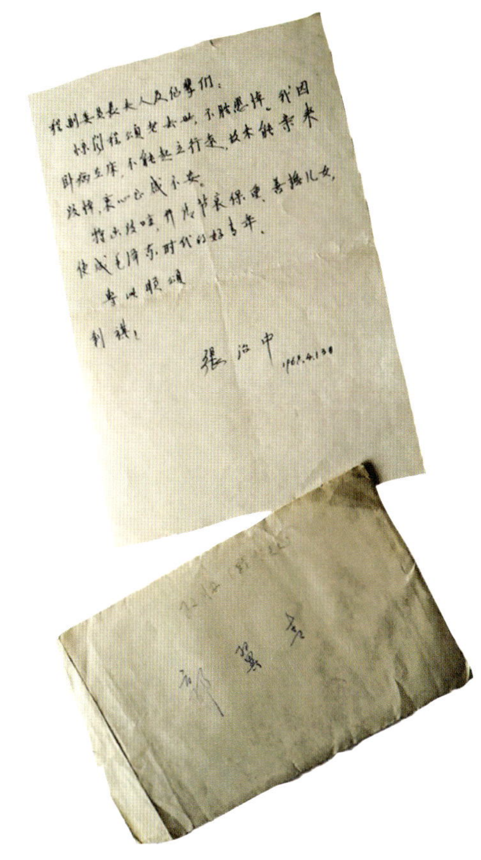

程副委员长夫人及家属们：

惊闻程颂老去世，不胜悲悼。我因卧病在床，不能趋立祭奠，故未能亲来致悼，衷心至感不安。

特此致唁，并希节哀保重，善抚儿女，使成毛泽东时代的好青年。

专此 顺颂

刊祺！

张治中 1968.4.13日

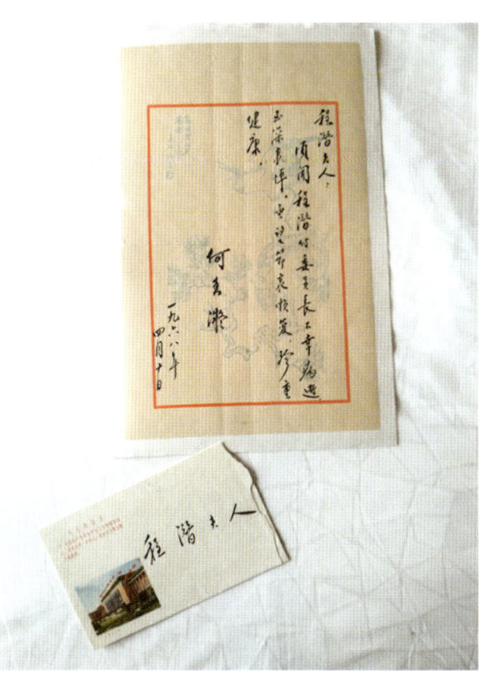

程潜夫人：

顷闻程潜副委员长不幸病逝，至深哀悼。望节哀抑变，珍重健康。

何香凝

一九六八年四月十日

程潜夫人

程潜副委员长在京逝世

周恩来康生江青谢富治同志向程潜先生家属表示悼念

新华社十三日讯 全国人民代表大会常务委员会副委员长、国防委员会副主席、政协全国委员会常务委员、中国国民党革命委员会副主席程潜先生，因病于四月九日在北京逝世，终年八十六岁。

中央、中央文革负责同志周恩来、康生、江青和谢富治，今天晚上前往程潜副委员长家中，向他的家属表示悼念。

四月十二日，中国国民党革命委员会为程潜先生逝世举行了追悼会。参加追悼会的有民革中央副主席熊克武，在京民革中央常委和中央委员卢汉、卢郁文、刘斐、朱蕴山、翁文灏等。参加追悼会的还有李宗仁、章士钊，以及程潜副委员长的家属。

1968年1月，程潜在家中摔成骨折后住进北京医院。

4月9日，因肺炎引起大量出血，程潜在北京逝世，终年87岁，周恩来到程家悼念。

4月12日，中国国民党革命委员会在八宝山举行程潜追悼会。

4月14日，《人民日报》第二版有关新闻报道：程潜副委员长在京逝世。

程潜去世后，周恩来等党和国家领导人及老同事、老朋友到家中悼念。何香凝和张治中因年岁已高，用信函深表怀念和哀悼之情。

“程潜、邵力子同志诞辰一百年纪念大会”现场。主席台前排左一为程潜夫人郭翼青

1982 年 6 月 29 日，在程潜诞辰一百周年之际，民革中央举行了隆重的纪念大会。会上，中共中央政治局委员、书记处书记、全国人大常委会副委员长彭冲发表讲话，明确指出程潜是对中国人民革命事业作出过重要贡献的著名爱国人士，是中国共产党的真诚朋友，是中国国民党革命委员会的卓越领导人。

第六部分

纪念

1939 年程潜为兴教寺题写的“护国兴教寺”寺额

程潜 1939 年所书藏经楼

西安护国兴教寺重修捐资碑

长安护国兴教寺位于今陕西省西安市长安区樊川北原（少陵原）。唐高宗总章二年（669 年）为从白鹿原迁葬玄奘法师遗骨在此建塔，随即建寺。唐肃宗题塔额曰“兴教”，寺遂得名。兴教寺自建成至今千余年间，几度枯荣，历尽沧桑。建寺约百年后，即“塔无主，寺无僧”。唐文宗太和二年（828 年）重修塔身。清同治年间（1862—1874 年）遭兵燹，除 3 座舍利塔外，全寺付之一炬，几成废墟。1922 年，寺僧募修大殿、僧房十余间，又先后由朱子桥、程潜增建及修葺塔亭、大殿、藏经楼、山门等并补修了三塔。

民国二十八年（1939 年），时任军事委员会委员长天水行营主任的程潜，来兴教寺参访，见千年古刹荒凉萎残，遂发起修建兴教寺大殿及经楼建议，并“电明中央冠‘护国’二字于兴教寺用”，“护国兴教寺”便由此而来。募修项目有大殿、经楼、山亭及为寺购地等，其因由经过由程潜撰文并书的《重修护国兴教寺碑》立于大殿前。民国二十九年，程潜奉命调离西安，当时兴教寺维修工程尚未竣工，直到民国三十一年（1942 年），由程潜倡修的兴教寺工程才圆满竣工。

民国二十九年（1940年），程潜为兴教寺题写“护国兴教寺”寺额、“藏经楼”额和藏经楼内木质板片《八识规矩颂》以及《重修护国兴教寺》碑四件作品依然保存完整，其书法工整严谨，一笔不苟，似《曹全碑》笔意，于整饬中又不失飘逸洒脱，于松静中又力贯始终，堪为书法精品。自民国至今，由程潜题写的“护国兴教寺”寺额一直保存在兴教寺山门上。当年由其发起修建的大殿、藏经楼、山门等建筑一直受到保护。

重修長安護國興教寺

共公天竺歸法相證真源繼世傳基測
妙音滿人寰報身留舍利藏塔面南山
我來千載後孽沸弔荒殘琳宮廢作墟
僧寮犁為田道高魔益長世濁業愈繁
成壞自有劫盛衰豈無因發心宏大願
頹廢期再振布施多善信德殿閣復奐輪
潏水宛在抱翠華揖靄可親棲息於茲適
瞻拜知所循庶揚般若旨同皈兩足尊

程潜所作《重修长安护国兴教寺》

重修護國興教寺碑

醴陵程潛撰並書

蓋聞時有成壞道無今古將欲千櫓在正覺重梱玄津在能應緣闡教標宗興廢而已樊川北原有唐三藏大遍覺法師玄奘及弟子窺基圓測之塔在盖總章二年奉勅徙自滻東白鹿原者也法師杖策西遊遍參大德唯識建宗弘揚震旦兩賢受衣傳鐙襲明奧義徽言於今益顯哲匠所歸光我文化固無勞於覼縷已三塔面對南山襟帶潦潏道樹之所蔽虧雲霞之所沃蕩千里秦川靈異超忽長沙巒麓其峯五蓮秦望法華其溪雙帶已此方彼殊無遜色顧以世代綿邈屢見廢興緇徒抱殘宏規不具堂廡湫隘山門偪側右則浮圖聳秀左乃原隰闃如像設塵封經禪殆絕過客欷歔傷其不稱民國膺運規建西京尺五城南仰止淨域中央委員滄洲張君繼振務委員會常務委員紹興朱君慶瀾與住持釋妙潤呼籲衆擎補葺三塔雖遠處將久而美備未彰潛已二十八年春来駐西安冥懷宿誠瞻拜遺蹤思擴靈宇於是始召工估計則需費鉅萬既亟請於軍事委員會委員長蔣公復走書於國內大德長者若鼓應梓布金滿地大福莊嚴標譽檀施十萬之數剋日而足其姓氏爵里及布施豐儉鐫列碑陰昭示来禩遂乃制立水臬指定全模越明年夏五月無擾三時其庸一旅勞而不怨告厥成功若大殿若藏經樓若山亭若門廡翼如軒如輪焉奐焉地効其靈山呈其秀繚垣延袤飛閣下臨貝葉飜經蒲牢警夜日月閶闔廠弘五桂之堂雲山淨明照耀七寶之殿牧伯萃止搢紳濟臻無不摳衣禮謁翹首驚贊咸曰善哉化城當前禪豐被託法流可挹地位常高既已振起賸幡允宜雕鏤貞石後有覽者庶幾興焉

中華民國二十九年五月日立

王培堃刊

《重修护国兴教寺碑》碑文，原碑现存西安护国兴教寺。此处据拓片册页拼合

八識規矩頌

唐三藏法師玄奘造

性境現量通三性
中二大八貪瞋癡
合三離二觀塵世
果中猶自不詮真
三性三量通三境
善應臨時別配之
動身發語獨為最
俱生猶自現纏眠
帶質有覆通情本
貪癡我見慢相隨
四惑八大相應起
無功用行我恒摧
性惟無覆五遍行
由此能興論主諍
不動地前纔捨藏
去後來先作主公

眼耳身三二地居
五識同依淨色根
愚者難分識與根
圓明初發成無漏
三界輪時易可知
性界受三恒轉易
引滿能招業力牽
遠行地後純無漏
八大遍行別境慧
有情日夜鎮昏迷
極喜初心平等性
十地菩薩所被機
二乘不了因迷執
浩浩三藏不可窮
金剛道後異熟空
大圓無垢同時發

遍行別境善十一
九緣七八好相鄰
變相觀空惟後得
三類分身息苦輪
相應心所五十一
根隨信等總相連
發起初心歡喜地
觀察圓明照大千
隨緣執我量為非
恒審思量我相隨
六轉呼為染淨依
如來現起他受用
界地隨他業力生
淵深七浪境為風
受薰持種根身器
普照十方塵剎中

醴陵程潛敬錄

中華民國二十九年五月十五日

程潜为西安护国兴教寺藏经楼内题书玄奘《八识规矩颂》（1940 年），此为拓片拼合图

藏经楼内木质板片《八识规矩颂》局部

橋陵頌
報本崇初祖數典頌軒轅神武開天運
睿智啟人文書契宮室作衣冠禮樂新
涿鹿除凶暴崆峒闡道源聲教播九州
膏澤被八垠綿綿垂統緒烈烈貽子孫
巍巍則昊蒼皇皇光典墳我行來西土
持麾鎮北門恭荷奉祀命崇禮億代尊
逶迤陟修坂回互歷重垣始見靈宅峯
形勝據高原岡巒自周衛沮水復縈灣
雜花香滿道翠柏黛參天和禽喧密林
野鶴降雲間坦步登聖域齋宿袪塵紛
明發萬象清傴僂獻蘋蘩誠感願必達
神愾儼有聞宮牆詎易窺天閽豈容攀
朝宗肅端拜虔企奏承雲至德苞宇宙
蕩蕩難為言

程潜题“人文初祖”匾

1937 年卢沟桥事变后，程潜毫不犹豫地投入到抗日战争的行列之中。在程潜驻陕期间，他和于右任、蒋鼎文先后前来中部县（今黄陵县）致祭轩辕黄帝陵。他们 3 人当时都是有名的书法家，程潜是隶书的代表。当时他为黄帝庙敬写的“人文初祖”匾额，交由富平县石匠雕刻而成。由于运输困难，用牛拉车，运至黄陵县九里山，车翻被打碎。时任黄陵县长的卢仁山对这一事故非常害怕，但又无法挽回。只得如实地把车翻石碑被打的经过，详细向程潜进行书面汇报。时隔不久，程潜就来信说，石碑被打，不必惊慌。运输困难，不必再备。请制作一幅木匾，来年清明祭陵再写。县长卢仁山看了此信，心里的一块石头才落了地。他赶忙派人选购上等木料制作了一幅 3 米长、两米宽的木匾。

1938 年 4 月 5 日清明节来临，程潜果然亲自前来祭陵。卢仁山县长取出早已备好的“文房四宝”，请示程潜如何写。程潜叫四 4 个人抬着制好的木匾，蘸饱墨笔，提笔一挥，写成“人文初祖”4 个隶书大字。周围的人感叹叫绝，评论这四个字是铁画银钩，苍劲中带有娟秀，堪称当今的书法上品。此次来黄陵县祭陵，程潜先生心情很激动，当晚又写了“桥陵颂”诗篇：

报本崇初祖，数典颂轩辕。神武开天运，睿智启人文。
书契宫室作，衣冠礼乐新。涿鹿除凶暴，崆峒阐道源。
声教播九州，膏泽被八垠，绵绵垂统绪，烈烈贻子孙。
巍巍则昊苍，皇皇光典坟。我行来西土，持麾镇北门。
恭荷奉祀命，崇礼亿代尊。逶迤陟修坂，回互历重垣。
始见灵宅峰，形胜据高原。冈峦自周卫，沮水复潆湾。
杂花香满道，翠柏黛参天。和禽喧密林，野鹤降云间。
坦步登圣域，斋宿袪尘纷。明发万象清，伛偻献苹蘩。
诚感愿必达，神忾俨有闻。宫墙匪易窥，天阙岂容攀？
朝宗肃端拜，虔企奏承云。至德苞宇宙，荡荡难为言。

轩辕庙外，左侧有数千年树龄的巨大柏树，雄伟壮观，可见“人文初祖”匾高悬庙门之上

庚辰生日偕室住華清館

春陽暢和風　帷幕餘晨寒
偕行與我室　命駕出東門
灞柳籠輕煙　南岑翳薄雲
夭桃已悦目　鳴禽復怡神
遠眺感霞舉　叢懷慨雲屯
豈伊眈盤遊　聊欲避囂氛
良夜浴清池　進德企日新
滌慮必蕩濁　洗心當澡身
身心以之適　慮濁無由纏
智名何可常　悔吝亦正繁
珪璋雖特達　賦砄每亂真
疲苶慚重寄　荏苒度流年
降衷各有命　明哲不求全
撫膺增慨嘆　舉首見驪山
如何予智者　想望作仙人

程潛

戰城南 樂府

戰晉南，争湘北，屍橫曠野烏争食。烏争食，鵲争啼，
男兒當戰死，腐肉委地充汝飢。車聲轔轔，馬鳴蕭蕭，
將軍號令肅，士卒意氣豪。鼓鼙急，生以出，死以入。
出生入死國與立，願爲干城戰必捷。嘉我干城，干城誠可嘉。
東夷未平，誓不還家。

苦雨詩

蜀中今夏亢旱，迨秋穫時淫雨爲災，大損田穀，因而感賦。

山川氣蒸鬱，朝夕雨滂沛。幽居悶無娛，臨階發深慨。
靄靄陰雲合，習習涼颸厲。與與將登場，零零困其事。
農夫仰屋嗟，饁婦依閭恚。坻道行人稀，市肆百工憊。
用力雖已勤，得天良不易。怨咨非達情，悲憫復奚濟。
饑饉肇災禍，况兹軍旅際。豐歉亦何常，拯救宜有備。

从 1938 年到 1942 年，程潜写下不少与抗战相关的诗篇，用以记录抗战时期艰苦的战争岁月（摘自岳麓书社出版的《养复园诗集新编》）

初春登翠華山

應遊擊幹部訓練班講話

羣動感新陽，獨静悶曾陰。飄風回寒氣，霰雪散清音。
馳車南郭外，遥見南山岑。巖巖屹中天，巖巖凝層林。
夙願探幽奇，乘興遂登臨。蹊徑苦崎嶇，青翠疊深沉。
古寺毁兵燹，荒村凋霜侵。老柏尚盈谷，蒼松亦蟠崟。
攀林袂已濕，企石屐不禁。俯視春瀑漲，仰聞和禽吟。
崖高路轉險，岸崩泥逾深。履險慣如夷，臨深懔在心。
邁步徵勝跡，跡息渺難尋。登壇作獅吼，妙義冀能箴。

秋風辭 樂府

流火逝兮秋氣清，風蕭蕭兮雨零零。山有桂兮皋有蘭，
挹芬芳兮不能歡。南瞻粤兮北望燕，中吴楚兮烽連天。
順長江兮下武昌，渡黄河兮濟洺漳。出榆關兮指瀋陽，
舉修矢兮射天狼。旌飄飄兮意揚揚，勢浩蕩兮江與河。
聲澎湃兮濤連波，攬六轡兮鍾山阿，急鼙鼓兮摧東倭。
悲壯極兮歡情多，六合一兮奏凱歌。

重九大興善寺集後同弔翠華公墓 分得我字

秉鉞靖夷氛，重任慚負荷。修我戈與矛，固吾北門鎖。
寒暑經三移，鑽燧復改火。捷音播菊節，高會開蓮社。
賞樂及兹辰，羣賢咸命駕。列醴芳四筵，插萸輝廣坐。
酬酢雜清談，詠歌宏大雅。投觴罷歡宴，徘徊翠華下。
平原密雨潤，丹葉凉颸墮。欷歔悼國殤，慟我同仇者。
玉碎白不易，仁得義無我。浩氣塞穹旻，名山共嵯峨。
望高高難攀，紓憂憂莫寫。俯仰宇宙間，微軀安敢惰。
各勉日新德，宏綱振華夏。

六月五日大營移洛感詠

島夷犯上國，謬肆吞噬計。故冬陷京畿，今夏擾淮泗。
烽連吴魯天，血染徐梁地。元元塗炭苦，毒燄何殘厲。
寇虐非無因，吾防實未備。玉碎白不移，金銷剛豈墜。
接厲整六軍，衆志成堅塞。嵩華以爲礪，黄河使如帶。
奮力勉持危，長蛇終自斃。致治由極亂，積否方開泰。
桓桓前驅志，懔懔後車戒。

七哀詩 並序

陪都冬春霧積，夏秋氣清，敵機輒於立夏後夜肆虐，秋夜尤甚。悲既深於子建，哀更切於仲宣，言何能已。

秋夜月華明，高照笳聲疾。四顧何茫茫，人天共嚴慄。
老幼相扶携，窟穴争蟠屈。俄然萬籟静，即目鐙火滅。
有聲空中來，轟轟如雷發。響同山崖崩，震若地維折。
青駮凌清霄，棲禽紛出没。向來繁盛區，景物摧七八。
誰家罹暴殃，骨肉齊喋血。殘虐爾思逞，感憤我情熱。
窮黷安可常，神靈痛終雪。

苦寒行 樂府

己卯小寒，同人舉消寒集，分得平字，感念軍民抗戰勞苦，作《苦寒行》。

一

滄滄黄河，載流載凝。岧岧太華，倏隱倏明。
朔風凜冽，羣類肅清。嗟我有衆，執殳揚旌。
北奮包綏，南厲邕寧。裂膚龜手，霜屯露營。
豈不苦寒，赳赳士兵。修爾矛戈，結爾冠纓。
摧鋒陷陣，東夷是征。

二

日月於窮，黄河冰凌。暘雨無常，太華雲蒸。
大氣嚴烈，繁霜縱横。哀此黎元，野宿宵征。
四體既勤，百穀用成。櫛風沐雨，利用厚生。
豈不苦寒，蚩蚩烝氓。修其忠信，保其泰寧。
明恥知方，東夷是膺。

三

東園之柳，條胡不榮。南山之松，葉胡不青。
雨霰朝集，霙雪夕零。勖我僚侶，夜寐夙興。
禮義是尚，廉恥與明。竭誠盡瘁，殫智效能。
豈不苦寒，桓桓干城。釋彼矜伐，利兹艱貞。
同心一德，東夷是懲。

四

仰瞻高岡，雪何凌凌。俯望郊野，麥何騰騰。
玄夜已長，蟲鳥不鳴。求我同氣，携手偕行。
朝遊醴泉，暮會咸京。賦詩作歌，放意舒情。
豈不苦寒，翼翼良朋。振其綱維，樹之風聲。
集思廣益，東夷是平。

精誠 乐府

抗戰五週年作

吞舟之鱷鯢，乃在東海東。掀風鼓高浪，白日倏噏曚。水横流兮湯湯，濤澎湃兮洶洶。蠢爾東夷，謂武可黷而兵敢窮。狼奔豕突，侮我興戎。於鑠華胄，丕振雄風。仁義爲干楯，忠信作艨艟。勝巧以精誠，制速惟從容。普天之下，莫不敵愾。率土之濱，咸與程功。兵加哀者勝，天道猶張弓。廓然清滄溟，進大同。

初春喜雪 並序

二月十四日爲舊曆除夕，予來北碚欣覩瑞雪，聞農人云：此爲紀元來所未有。因而賦之。

巖氣升巴渝，同雲靄天闕。霙雪飄簷宇，朔風何凜冽。
花飛萬籟静，豐兆羣方悦。峰巒霽色明，溪澗輕冰潔。
庭松厲堅心，園梅挺勁質。陽和啓清淑，草木欣萌茁。
稚子憙新春，農人戀舊節。曾是循俗情，豈不傷薄劣。
撫景感流年，坦懷吾守拙。四望皓無涯，因之抒鬱勃。

八月十三日抗戰四週年紀念

八月八日以來，敵機日夜來渝狂炸，感而賦此。

夷禍自古有，華風終不變。兵交已四年，人心彌固奮。
當其構釁時，虜意何驕忿。吞嗟快一逞，海陸争先進。
東南擾吴越，西北犯燕晉。妄冀取威霸，横行無忌憚。
豈知秉禮者，制敵操多算。堅持久勝速，妙用整擊散。
遂使凶鋭鋒，歲月坐凋頓。進退既失憑，窮黷圖再振。
通道斷梯航，晴空走雷電。舉世詈其殘，百謀果誰困。
正誼旦夕伸，强暴孰不擯？我歌告同仇，佇聽捷音迅。

寓廬被燬 並序

夏雨初霽，渝城連日爲敵機轟炸，市廛蕩然。迨七月七日，寓廬亦燬。

季夏烈新陽，燠暑布炎威。南風振林木，午雲陰庭階。
靄靄川原暗，漫漫霖澍霏。村煙白成嶺，岸樹緑如槐。
稻葉競新長，芙蕖炫早開。雨後啓清宇，天半來奔雷。
屋漏原不愧，人禍何能災。隨寓皆可適，吾行夙無違。

途中遇警 并序

八月十一日，予在歇馬場會議，聞渝城被炸。午後歸城，行至新橋，復遇空襲。適雷雨暴作，敵機逸去。

晴雲暗林隅，天容糾爛縵。燥熱苦蒸鬱，霞暈相輝燦。
浮陽有時明，猝雨劃地散。狂飈駭前轅，奔雷震行幔。
道上遊人止，空中飛鳥斷。虹霓煊東峰，赭氣蔚南岸。
霧戢景彌清，光迴象復焕。夕風吹襟凉，翹首望天半。

天心阁将军松

1949 年 1 月的一天，一辆小轿车在 3 辆军警车的护驾下，开到了天心阁下。此时的天心公园内，在何键等人主湘期间已建起了多座纪念性建筑，树木却显稀少，道路多处坑洼，园容甚显杂乱。小轿车停在大路边，一个头戴礼帽、身着便装的 60 多岁的男者健步下车，其左右随行一个青年女子和一个老年妇女，在从军警车下来的一群文武随员的簇拥下，一同进入了天心公园，在北大门内不远处停下。其他游人纷纷避让，站在远处观望。只见有人抬来一棵拳头粗的雪松，地面的坑早已挖好，在随员的引领下，众人将雪松树蔸移进坑内，便装男者等几人手持铁铲开始培土……站在远处的游客有些好奇，纷纷议论开来，“这便衣老头是谁？”“肯定是个大官！”“好像是程潜主席！”这话不假，栽树的人正是省政府主席程潜。说话间，闻讯赶来的省会几家报社的记者正准备上前采访，全被随行侍卫挡住，说长官交代，这是私人活动，不接受访问。

雪松移栽完后，一块长久以来重压在程潜心中的巨石终于落地了！

此事来自某一个周休日，程潜美美地睡了一个大觉，待他醒来，已是上午 9 时。他对夫人郭翼青说：“今天，我们一起逛公园去！”话毕，他给侍卫官作了一番安排。说是逛公园，其实并非只是闲游，这几天，他心里早就盘算了一件事。他想：自己为蒋介石卖了几十年命，里外不是人，憋了一肚子气，再不醒悟，就要成为历史的罪人；弃蒋投明，免使生灵涂炭，民心我心所望，这一天终于到来。他要祈祷：苍天保佑三湘父老，幸福的长青之树永存万世！

长沙天心阁小景及“将军松”说明石

为缅怀先辈，2015 年 10 月 12 日下午 4 点，程潜的女儿和孙辈们及亲属来到天心阁将军松下，在程潜 66 年前移栽的雪松下，留下了珍贵的一瞬间

前排右起：徐克昊（孙女婿）、韦江（重外孙）、郑可兰（外孙女）、高鲁鲁（外孙媳，林可冀夫人）、林可冀（外孙）、程峰（孙女）、徐沛琪（重外孙女，程峰之女）、程瑜（八女）、陈见苏（陈明仁孙女）、程丹（十一女）、程文（九女）、程不吾（侄孙）。

后排右起：程也（孙）、刘建华（重外孙）、程安建（侄孙）、谭映天（侄外孙女）、张起衡（侄外孙）。

1955 年 9 月 23 日，程潜获颁一级解放勋章及证书

程潜墓位于北京市八宝山革命公墓内，墓前有一座不大的四方石碑，四面雕刻：正面是夫妇两人的生卒年月，两面是炮车、军刀和《养复园诗集》，象征着主人以诗言志及戎马生涯。背面是自撰自书的《咏怀诗》。

程潜从湖南走出去，追随孙中山革命几十年，终身服膺三民主义。他是中国人民的好儿子。他弥留之际，曾希望身后将骨灰安葬在湖南长沙岳麓山黄兴、蔡锷墓旁。因种种原因，此事一直搁延下来，程潜生前愿望留下了遗憾……

2005 年 5 月，程潜与夫人郭翼青合葬移灵

2015 年 10 月 12 日，湖南和平解放史事陈列馆在白果园程潜公馆旧址建成开馆，程潜湖南和平起义通电手稿草稿等一批珍贵文物首次公开展出。全国人大常务委员会原副委员长程潜之女程瑜，陈明仁孙女陈见苏和 30 多位亲属及朋友等参加了开馆仪式。

陈列馆分为两层。

第一层是“湖南和平起义历史陈列”，分为“苦难湘人盼和平”“和平起义成大业”“湖南和平起义大事记”3 个部分，共展出文献、物品百余件；第二层是“程潜生平业绩陈列”，从求学、立业、抗战、起义、建功等方面展示了程潜将军不平凡的一生。

在第二层，展出了由程潜亲属捐赠的300多件文物，包括有程潜将军起草的湖南和平起义电文手稿、生前使用过的部分生活用具、《中国画册》(1959 年)、《程潜墨迹诗文选集》以及毛主席、周恩来、朱德等党和国家领导人所发请柬等具有历史研究价值的珍贵史料。程潜为湖南和平起义事宜致第 307 师全体官兵书信手稿；刘少奇任命程潜为国防委员会副主席的任命书；苏联赠给程潜的国礼铜质鎏金咖啡饮具等。

位于长沙市白果园的湖南和平解放史事陈列馆

湖南和平解放史事陈列馆内的程潜铜像

程潜亲属一行 30 余人分别从美国及中国北京、上海、广州等地齐聚长沙，陈明仁将军的长孙女陈见苏也来到白果园，他们与长沙各界人士一起，兴致勃勃地参观了湖南和平解放史事陈列馆

程潜女儿女婿及后代在陈列馆内程潜铜像前留影

承载湖湘人民对历史的深切缅怀，述说66年前湖南战与和的故事，湖南和平解放史事陈列馆在长沙人民西路白果园程潜公馆旧址建成开放。

湖南和平解放史事陈列馆中的绝大多数珍贵文物由程潜亲属捐赠，并首次对公众开放。这座陈列馆中陈列有程潜湖南和平起义通电手稿草稿；程潜为湖南和平起义事宜致307师全体官兵书信手稿；1949年8月16日，毛泽东、朱德复程潜、陈明仁8月5日通电的贺电；程潜给在台湾的旧朋友、旧同事的公开信；任命程潜为国防委员会副主席的任命书；苏联赠给程潜的国礼铜质鎏金咖啡饮具……这些物品均为程潜的女儿程瑜捐献，具有极高的历史价值。

程潜、陈明仁后代及亲属和朋友在开馆后留影

2015 年 10 月，湖南省长沙市举办了“程潜将军生前文献物品捐赠会”。

湖南省政协副主席、长沙市有关领导、程瑜女士等作了发言。共捐赠有关文献物品共计 806 件。其中有程潜为湖南和平起义事宜致 307 师全体官兵书信手稿；1949 年 8 月 16 日毛泽东、朱德复程潜、陈明仁 8 月 5 日通电的贺电；程潜给在台湾的旧朋友、旧同事的公开信；任命程潜为国防委员会副主席的任命书；苏联赠给程潜的国礼铜质鎏金咖啡饮具……

荣誉证书

程熙、程瑜女士：

你们姐妹捐赠的程潜将军生前文献、物品共计806件（详情见清单），已由湖南和平解放史事陈列馆珍藏。

特发此证，以志谢意。

湖南和平解放史事陈列馆

2015年10月23日

程潜家属捐赠给陈列馆的部分文物

第七部分

附录

遗著、墨宝、题词、印鉴

辛亥革命前后回忆片段

程潜

（一九六一年）

我于一九〇四年十月到日本东京在振武学校肄业，是年十二月我和湖南留日学生黄兴、宋教仁、程子楷、赵恒惕、欧阳振声、曾继梧、陈强、仇亮，云南留日学生杨振鸿、罗佩金、殷承瓛、郑开文、唐继尧，直隶姜登选，江苏章梓、伍崇实，河南曾昭文等共百余人，组织革命同志会，从事民族革命。翌年八月，同盟会成立，我因仇亮介绍，加入了同盟会。

我加入同盟会不到几天，仇亮引导我到东京赤坂区灵南坂日人金弥宅，谒见孙中山先生。先生态度和蔼可亲，与同志谈，谆谆不倦。我请面示革命方略，先生指示三点：

一、首先打倒自己脑海中的敌人，抛弃富贵利禄的观念，树立爱国家爱人民的思想，服膺主义，不与敌人妥协。

二、革命军占领地区，必须立即成立政府，以为号召，即使占领地区小至一州一县，亦应如此。

三、慎选革命基地，以发展革命力量。

孙先生言尚未竟，我插问一句："中国如此广大，选择革命基地，究以何处为宜？"他讦谟在胸，不假思索地说："革命必须依敌我形势的变化来决定，如形势于我有利，而于敌不利，则随处可以起义。至于选择革命基地，则北京、武汉、南京、广州四地，或为政治中心，或为经济中心，或为交通枢纽，各有特点，而皆为战略所必争。北京为中国首都，如能攻占，那么，登高一呼，万方响应，是为上策。武汉绾毂南北，控制长江上下游，如能攻占，也可据以号召全国，不难次第扫荡逆氛。南京虎踞东南，形势所在，但是上下游同时起义，才有成功希望。至于广州，则远在岭外，僻处边徼，只因其地得风气之先，人心倾向革命，攻占较易；并且港澳密迩，于我更为有利。以上四处，各有千秋，只看哪里条件成熟，即可在哪里下手；不过从现时情况看来，仍以攻取广州，较易为力。"此外，他还讲了许多有关革命的道理与经过，我都能有所领会。自从我亲聆这次教诲以后，一时思想大为开朗，从此衷心服膺三民主义，并心悦诚服地敬佩先生此情此景，印象最深，至今不能忘怀。不久，我到姬路野炮兵联队入伍一年，随即转入陆军士官学校，至一九〇八年十二月毕业。适川督赵尔巽调我和姜登选、舒和钧、王凯成四人入川训练新军，于是受同盟会委派，我担任了长江上游联络员。

我们到达四川后，赵尔巽派我充任陆军第三十三混成协参谋，姜登选充任工兵营管带官。就职一个月后，我同同盟会少数同志详细分析了国内外形势，研究了四川的情况，认为要在四川进行革命，就应立个行动纲要，以为守则。当时拟定的行动纲要嘛，大致有如下四点：

一、服膺三民主义，始终不渝；

二、稳步发展组织；

三、切实把握军事实力，应付事变；

四、联络一切力量，共策进行。

我们当时认为，只要这个纲要能够切实做到，那么，他方一有动作，我们可以立即响应；他方未有动作，我们也可以掌握时机，随时发难。我们商妥后，即邀集林修梅、杨瑾、季雨霖、舒和钧、梁达沅等同志开秘密会议，讨论行动纲要，得到一致同意，当场并推我主持其事。这是一九〇九年二月的事。

那时协统是旗人钟颖，我们对他很为警惕。到三月间，川督调他带兵入藏，协统一职另调东三省道员朱庆澜接充。在朱未到差前，钟颖把混成协的事务交我代办，他专筹划入藏事务，有时也同我商量调动军队与安排人员的问题。入藏军队约二千余人，编为三营。第一营由防营改编，管带官陈庆；二、三两营均由陆军合编，二营管带官为张葆初，三营管带官为林修梅。五月间，钟颖所部从成都开拔入藏。钟走后一个月，朱庆澜才到成都接事。

朱庆澜素有廉洁勤敏之名，有虚心好善之意，同我相处，亦颇融洽。赵督打算扩编新军为一镇，交朱筹划。朱问计于我，我说："由协扩编为镇，要解决五个问题。其一为总方略。其二为迅速设立讲武堂以训练干部。其三为购买枪炮器材服装。其四为加紧建造营房。其五为增购马匹。除第一项属于国防，须经我们拟定后呈请军谘府核定外，其他四项，应有一年半的准备，才能成镇。"朱以为是，属我草拟计划，交赵督批准。朱推荐我担任购买枪炮器材服装的任务，并得督练公所总参议黄忠浩的同意，于是赵尔巽委我为主任，派兵备处杨瑾、曾广开为随员。我本不乐意担任这个工作，经姜登选力言，到长江中下游走一趟，多多联系同志，对革命大有好处，我才决意担负起来。

这年十一月，我们一行三人从成都出发。到了武昌，见到了统制张彪、协统黎元洪。我们在武汉三镇，参观了兵工厂、纺纱厂和陆军三十二标。三十二标训练甚好，士兵体操技术也很高明，为各地所少见。协统王得胜、刘韫玉，统带曾广大、李襄邻，将湖北建立陆军的经过情况向我们作了详细说明。与这些高级军官接触，给我一个印象：我认为他们都是循规蹈矩、怕惹是非的人，一旦军队有事，他们是不会从中作梗的。

在武汉逗留期间，我特别着重对下层情况的了解。经过考察，得知党人在两湖一带活动最力，革命空气十分浓厚，许多青年学生都投入新军，以展其救国的怀抱。上年冬，湖北陆军中，即有蒋翊武等组织群治学社（文学社的前身），社员如李六如、杨王鹏、廖湘芸等，都是思想进步、才能出众的人物。杨瑾与蒋翊武是旧交，我这次到武汉，因杨之介，得与蒋见面。我们两人谈话的内容，多为有关革命运动的进行问题。翊武说："在湖北一镇与一混成协的新军中，有许多革命志士；不过因为禁网严密，侦探密布，我们文学社未便在他们之中大事发展，只能稳步前进。宪兵方面已有联系，所以我们的活动得以安然无事。"我当即告以四川方面的情况，并谓只要军队训练成熟而又为我们所掌握，只要切实执行我们的行动纲要，我想四川虽暂时落后于两湖，不久也可以迎头赶上的。翊武又说："孙武、居正等领导的共进会，与文学社合作得还好。听说谭人凤、焦达峰在湖南也有共进会的组织，今后亦应联合一致，共策进行。"我对他的意见极表赞同。接着他又问我："你看革命何时可以成功？"我说："三年五载不为多，不过不能专就湖北一省的情形来下判断。因为在湖北，革命力量的发展是很快的。且主义已渗透到了军队下层，只要人心不死，成功是会很快的。"翊武深以为然。我们相约各自努力而别。

我们一行三人离开武汉到达上海的时候，正是一九一〇年的新年。听说同盟会正竭全力策动广州新军起义，倪映典率领新军进攻省城，已战败阵亡。消息本不好，但这一次究竟是军队革命起义的开端，所以闻之也很兴奋。我这次到沪，虽为购械而来，不过更重要的还在留心物色革命人才，其中尤以物色联络员为最。有一天，我在马路上散步，得遇上年同船入川的但懋辛。此人精悍明敏，最适宜做联络工作。他这时正在中国公学教体操，彼此来往颇密，因将我的打算同他商量，他同意回川。我当即电请朱庆澜转请赵督优予录用，复电照准。至于购械，经过调查，决定向上海制造局定购七生五管退山炮，向泰来洋行定购马克沁机关枪，向日本太平洋行定购工兵器材，其他马鞍、皮带、服装等军用品，也同有关洋行签订了合同，定期交货。

我在沪任务完成之后，又抽空到南京一趟。南京陆军第九镇成立在湖北第八镇之后。第九镇的高级长官，多半是日本留学生，个个显赫有名，在训练军队方面，形式上模仿日本的一套，实际上用处并不大。不过从前赵声等人对革命宣传工作还做得不坏，所以革命思想已深入到中下级军官的头脑中。但自一九〇七年端方屠杀了革命党杨卓林等人，逐走了军队将领赵声、柏文蔚、冷遹以来，禁网森严，致使军队中一般官长对革命工作多采取过于稳健的态度，惟革命潜伏力量仍然不小。好在南京离上海很近，将来南京一旦有事，是可以得到上海方面的支援的。这就是我在南京期间经过与各方接触所得到的印象。不两天，我回到了上海。四月间，在沪购械事务已告结束，便命杨瑾、曾广开先行返川，我个人告假一个月，回湘省亲。路过长沙，与文斐见面，交换了彼此所知道的情况。其时长沙抢米风潮刚好结束，巡抚岑春煊、藩台庄赓良受到撤职处分，劣绅王先谦、叶德辉、杨巩、孔宪教也受到严厉处分。我听到不少奇闻和新诗，都是描绘统治者的腐朽无能与老百姓铤而走险反抗政府的情形的，写得有声有色，奇趣横生。我认为，这次抢米风潮，乃是群众自发的暴动，事前既无组织又无训练，但仍然收到了同革命不相上下的效果，不能说不是一件十分可喜的现象。"万里云程初发轫"，革命前途，大可乐观。我在醴陵老家住了半个月，于六月间回到成都，仍供原职。四川陆军扩大为镇的准备工作业已完毕，估计十二月可以成立为镇。因再与姜登选分析国内外形势和四川情况，认为形势于革命十分有利，问题在于加强我们的工作。谈话中，我把这次出川考察的情形告姜，大意是：长江中游革命力量在日益发展，长沙抢米风潮尽管是群众自发的暴动，但足以说明革命条件业已成熟。长江下游各省也有进展，上海为下游各省的中心，同盟会已派人在沪主持。今年广州起义虽告失败，但影响甚大，并且尚在再接再厉的奋斗中。四川居长江上游，应与滇、黔联络一气。留日云南同学大多参加了同盟会，这是一股很大的革命力量。两湖对军队宣传主义、组织力量的工作做得好，特别着重中下级官长，尤其是士兵，比四川侧重军队中上级要好得多，我们应该向两湖学习我这次在沪遇见但懋辛，四川会党最多，已约但回川联络会党。姜登选听了我的汇报，觉得分析恰当，因而增加了大家对革命的信心与勇气。

一九一〇年冬，四川陆军第十七镇正式成立，统制为朱庆澜，我任正参谋官，两位步兵协统由五十五、五十六两标统带施承志、陈德邻升任。步兵中有一位统带叫叶荃，是同盟会会员，与炮兵统带、工兵管带一起，均同我们有联系，一旦有事，可以运用自如。惟姜登选没有升任为步兵统带，是一缺点。过了年，即一九一一年正月间，接但懋辛来信，大意是"近得异人传授法术，要往广州学道，无法分身回川，有负盛意"等语。这是暗语，不久果有广州三月二十九日之役，但懋辛是亲自参加这次起义的。但既不能回川，我们只好另外找人来代替他做联络工作。

四月间，川督赵尔巽调任东三省总督，川边大臣赵尔丰接充川督。此时全国人民正受着黄花岗烈士死难的刺激，义愤填膺；复有铁路国有风潮，川、粤、湘、鄂四省人民纷纷成立保路同志会，各派代表赴京吁请清政府收回成命。闰六月中，接家电，得知父亲病故，只好请假回籍奔丧，把我担负的同盟会的工作交给姜登选接办。我于闰六月二十三日动身，取东大路返湘。朱庆澜送我至成都东郊，以时局演变甚剧、究应如何应付相询。我因简略进言，大意是："老百姓与士绅反对铁路国有的风潮越来越扩大，十七镇新军是为捍卫国家而设的，以不介入这次风潮为好。我闻新督性情急躁，统制似应多方进言，总以不激起大变为妥。去年长沙抢米暴动，岑春煊、庄赓良受到撤职处分，连新军协统杨晋也牵连受累，可为前车之鉴。此次风潮远远超过长沙抢米暴动，希望统制相机行动。如有紧急，姜登选沉着勇毅，胜我一倍，遇事请与他商量。"朱颇首肯，互道珍重而别。

我从成都急行七天，到了重庆，其时川南、川东各大城市已纷纷罢市。从渝坐船东下，七月二十日抵达长沙。在长沙，见到了文斐。他说："自广州起义失败后，黄兴、胡汉民已不能在沪露面。但宋教仁、陈其美等已奉命从港到沪，组织中国同盟会中部总会，联络长江各省同志，指导各地工作。"我说："这个组织极为重要。我们近年来，各省工作都是各自为政，既无联系，又无统一计划，徒然使工作受到损失。现在有了这个组织，今后的工作定会大有进展。"此外，又谈了一些有关湖南反对铁路国有的情形，彼此预感到革命时机将成熟，遂互相勖勉努力革命工作而别。

七月底，我回到醴陵，安葬好父亲，已是八月上旬了。其时，接朱庆澜来电，大意是：四川省派我为永平观操员，须于二十日赶到北京报到。我因于十四日从家动身来长沙，又会见了文斐。他说："浏阳人焦达峰在湖南组织了共进会，对新军士兵有联系，对会党也进行了不少工作。"我说："四川会党极盛，我竟对之束手无策。我认为，会党流品很杂，运用这种力量，如不能操纵自如，以后必致发生流弊。我是着重在军队方面进行工作的，对会党，我不甚重视。我现欲借观操机会到北方看看，你以为如何？"文斐很赞成我北上一趟。恰好在长沙碰到程子楷由广西省派赴北京观操，正好同行。

八月十六日，我与程子楷到了汉口，到武昌寻找蒋翊武，没有碰到。十八日乘车赴京。

十九日车抵彰德，得知武昌起义。是日午后到京，始知秋操停止举行因与程子楷商量，最好立即南下，参加革命，以遂平生之愿。时京汉路已停止客运，只有赴津航海南下一条路。其间因子楷得病，稽留至二十七日才到天津，候至三十日搭商轮南行，沿途在各港起货上货，直到九月七日始抵上海。从京至沪，沿途所见，截然不同。京津两地，熙来攘往，仍然一片昏昏沉沉。上海则革命空气十分浓厚，尤以工、学、商三界表现最为热烈，令人兴奋。计自武昌首义，至九月十三日上海独立，不出一月，全国即有七处起义，声势之壮，为前所未有。

在沪得知黄兴已于月初从港经沪转赴武汉。我与程子楷商量，决定同赴武汉。同路还有邓希禹、黄子伟二人，他二人均系清廷文官，愿意弃职从军，真是难能可贵。我们一行四人，于十三日从沪乘轮赴武昌，轮船准期到达汉口附近，停泊洪山江心。我们雇了兵船登陆，面见洪山防守司令，说明我们是随黄兴来武汉助战的。防守司令立即写了介绍信，让我们进城。这天下午，下了一场秋雨，泥泞载道，我们冒雨步行三十里，到了武昌，城门紧关，守城士兵验看介绍信，才放我们进城。城内人人精神焕发，意气风发，确有一番革命新气象。又见市上间有青年，身着青缎武士袍，头戴青缎武士巾，巾左插上一朵红绒花，足穿一双青缎薄底靴，同舞台上武松、石秀一样打扮，大摇大摆，往来市上。我想，这大概是“还我汉家衣冠”的意思吧！

黄兴得悉我们到了武昌，即于当晚派唐桂良前来，把我们招待到客栈住宿，并表示欢迎我们参加汉阳战事。第二天，即十八日，唐桂良带路，由鲇鱼套过江，到了汉阳昭忠祠总司令部。克强见我们来了，十分高兴。我们谈论了当时两军对峙的情形，得知湖北陆军自起义后，破坏了原有建制，原有营带以上官长，由于士兵不服，多已离开军队，因此，汉阳军队虽有三协和一标步兵，但由于统兵官不够，或者统兵官军事水平不高，所以力量显得有些单薄。不过士兵为革命精神所鼓舞，士气尚好。至于敌方，此时业已起用袁世凯，并派冯国璋率军两镇南下，与我作战；唯山西、陕西先后独立，清廷现在需要设防，所以除冯部两镇外，要再派兵南下，也很困难，又自十三日上海宣布独立、十五日苏浙宣布独立后，为张勋所窃踞的南京已成一座孤城，只要苏、浙、沪合军进攻，南京即可攻下。可见汉阳战役，关系至巨。如果一战而胜，则革命形势即可稳定。

以上就是当时的基本情况，是这次见到克强同大家谈话后所总结出来的。克强并说：“湖南已派王隆中率新军四十九标和巡防营数营援鄂，我们革命声益振。”言下对战局殊为乐观。当时谈话在座的，我记得有谭人凤、参谋长李书城、副参谋长吴兆麟和同学曾继梧等。谭白发皤皤，语言耿直，给人印象最深。总司令部组织异常简单。克强留我们吃便饭，饭后继续谈话。克强说：“湖南关系甚大，在焦、陈（作新）遭人暗算之后，问题颇多，最好我们有同志前往联络，共策进行。汉阳战事，我已派曾继梧指挥炮兵团，颂云来得及时，就请你帮助凤岗（继梧字）。”我说：“不论什么工作，只要对革命有利，我们都是应该做的。凤岗是我们的同志，我们一定会合作得很好。”谈至此，即辞出。

从司令部出来，我与继梧随即亲至龟山下选一古庙作为指挥部，并委派邓希禹、黄子伟任秘书。接着又上龟山察看炮兵镇地，见有日本三十年式七生五野炮六门、汉阳仿造克鲁森五生七山炮十八尊，炮位布置合法，还构筑了临时掩护工事，讯问炮兵，得知是第八镇炮兵团的老兵，是训练有素的。惟山炮口径小、射程短，不能发挥多大作用；所幸野炮虽已陈旧，尚属可用。我在龟山瞭望汉口，得见租界外的房屋，大多为清军焚毁，情状异常凄惨。平日万船云集的襄河，也空无一船。一幅战时景象呈现在眼前。我认为，既有这样的阵地，而清军却纵火焚毁人民房屋，甘与人民作对，可以说，我们既得地利，又得人和，器械虽窳朽，只要发扬革命精神，是可以取胜的。

二十二日，湘军统领王隆中率军到了汉阳，这是武昌起义后首先得到的援军人心为之大振。王隆中与我，是日本士官同学。湘军将领卿衡、鲁涤平、胡兆鹏等，都是湖南武备或陆军速成学生，尚能团结一致。只是湘军五十标自杀害焦、陈，拥护谭延闿后势力有所扩展，而四十九标奉命援鄂，反而不免向隅，所以四十九标官兵咸感不平。不过自从开来汉阳后，由于大敌当前，大义所在，大家也就没有什么议论了，军心仍很坚固。二十二日夜晚汇报，我把此事报告克强，克强答应格外加以慰勉。汇报时，在座的除新添王隆中一人外，仍旧是谭人凤、李书城、程子楷、吴兆麟、曾继梧和我几个人。这晚集中讨论进攻问题，谭人凤首先说：“湘军已到，正好从速进攻，不能拖延。”

克强接着说：“许多同志都与谭石老所见相同，这是个重要问题，请大家多多讨论。”

我对此有不同的意见，即说：“我军士气昂扬，胜敌百倍，这是不待言的。但就现时情况论，我军兵力单薄，建制已破，新旧兵参差不齐，这也是事实。我认为，最好是利用长江天堑和各省响应独立的声威，作防御中的攻势准备，使敌人不敢越襄河一步。再派得力部队渡过襄河扰乱敌人侧背，牵制敌人，使之力量分散，不敢一意向我进攻，这也是用兵的通常办法：只要再坚持一月，援军日多，北方定有变化。”

克强不同意我的意见，他说：“你这办法十分稳妥。不过以今日情形论，即使扼守汉阳不动，也嫌兵力单薄。”程子楷插一句：“防守汉阳，必须巩固蔡典，蔡典巩固，汉阳万全。”

李书城立即接上一句:“蔡典已派得力部队防守，且与此地相距很近，亦可随时策应。”谭石老迫不及待地大声说：“现在我军士气旺盛，正好进攻，无须迟疑，还是趁热打铁，不必‘刻舟求剑’的好。”

我看谭石屏的议论，跟我针锋相对，因而我说：“石老的话必有所本，能够代表多数同志的意见。我意力主速攻的同志，因为受压迫太久，怀恨甚深，屈蠖求伸，自是热血灌顶的表现。但这个敌军，非有坚强的实力或革命的内应，是不可能一击即破的。事关重大，值得再三思考。”

王隆中初到汉阳，勇气百倍，也力主速攻。我看主速攻者太多，孤掌难鸣，最后只好说“必须就敌我情势、兵力多寡、训练优劣，作通盘打算，最好请总司令做出最后决定。”

至此，讨论中止。是日各方传来消息，如桂、闽、粤三省的独立，海军的起义，都足以振奋人心。尤其是海军起义关系特别重大，因为有了海军巡弋江面，首义的武昌便可解除许多顾虑。

二十四日汇报，同志们莫不意气昂扬，兴高采烈。有的说：“在这样有利形势下，即使进攻不利，但因海军在我们这一边，敌人也无法飞渡长江；更何况各省都在陆续响应，宣布独立，声威之大，足以寒敌之胆。”我对进攻虽持不同意见，然大势所趋，我也不能独执己见。克强因作最后决定，准备进攻。当时总司令所辖各军兵力如下。

鄂军：

步军第一协协统蒋肇鉴

步军第四协协统张廷辅

步军第五协协统熊秉坤

步军第四标统带胡效骞

炮兵团司令曾继梧

工程第一营管带李占魁

湘军：

步兵第一协协统王隆中（四十九标全部）

湖南巡防营四营统领甘兴典（约千二百人）

总司令部兵站司令王安澜

为了过河进攻，总司令下令工兵营在琴断口附近架设便桥。总司令于二十六日下令，定于二十七日拂晓进攻汉口大智门之敌，企图一举突破，收复汉口。关于攻击目标、各军攻击部署和任务以及各部队渡河时刻，命令中均有详细规定总司令亲率幕僚，于二十六日夜随军同各军前进。我指挥龟山阵地炮兵，准备射击，以掩护各军前进。各军遵照命令渡过襄河。湘军为先头部队，渡河后即向博爱书院堤岸前进，与敌前哨线发生了冲突，惟枪声不密。我在龟山上看得大智门一清二楚。我想，我们这样堂堂正正地进攻，敌人当然早有准备。我自到汉阳后，每夜听到敌人机关枪声通宵达旦不停，而今晚却万籁俱寂。由是我才领悟：敌军官长平日为了睡得安稳，不惜牺牲子弹，乱放一阵表示有备今夜不同官长不睡了各自站在火线上是准备要跟我们拼一下的。

当前哨战开始时，离拂晓还有两小时。我命令向大智门发炮十余分钟后，敌炮才对我回击。在昏天暗地中，敌人的炮弹全落在龟山后面。我们的炮史处于劣势，也没有命中目标。经过前哨战一小时左右以后，遥望博爱书院堤岸一带，始而大火熊熊，继而步枪声啪啪作响，又继而机关枪声砰砰齐鸣，最后则炮声轰轰震动。不到一小时，这些声浪渐来渐稀，知道敌人前哨已撤回本阵地了。于是我又下令大小炮位，向大智门猛轰。敌炮不稍示弱，也向我阵地反击。正在炮战激烈中，东方渐渐发白。在龟山上，我看到两军的动作，历历在目：剧战经过三个多小时，敌军总在原阵地胶着不动，这就说明我进攻部队遇到了顽强抵抗。敌人能够顽强抵抗，必有工事与地形地物的障碍，阻滞我军不得进展。因忆数日前，我谍报称：大智门一带，地形复杂，障碍甚多，敌火焚汉口市后，又利用残垣破壁，做了许多工事。我想这些工事，如无重炮对直摧毁，是不易攻破的。如今战斗呈胶着状态我军不得进展势效。不过敌军始终居于被动地位，当我军退却时，并未跟踪追击。对我来说，这是我第一次参加实战的经验，也是我永远不能忘记的一次经验。

这天午后四时，克强回到昭忠祠。他跟平日一样，仍然态度雍容，意志坚定，真不愧是个革命领袖。他从来就不以失败归罪于人、成功引为己有，而是遇事引咎自责，所以能够博得同志们的敬仰。这次进攻受挫，他的态度还是如此。有人说：“这次进攻，功败垂成，是因为湖南防营要吃中饭，一部分后退，才牵动全局的这虽于总司令声名有损，但作战命令对动用携带口粮已有明确规定，防营不照命令办事，岂能归罪于最高长官？”也有人说：“军队复杂，未经整理，即上阵作战，受此挫折，也是责有攸归的。”平心而论，克强抵鄂不过十余日，湘军到汉阳亦不过数日，各军官兵都急于要迅速进攻，革命意志威高昂，气氛紧张，也是不能让克强从容加以整理的。总之，在这样情急势迫中，能够指挥进攻，取得主动，即是一种胜利。人们不察其时实情，事后论长道短，不是历史应有的观点。何况此一战，影响所及，实际上结束了清廷二百六十九年的君主专制统治，自有其一定的价值，事实俱在，岂容抹杀！

克强因进攻汉口失败，某日找我谈话。克强认为，我军进攻失利，汉阳岌岌可危，要我迅速返湘，联络湘省当局，准备一种持久力量。我接受了这个任务，并建议克强，在中山先生未回国以前，负起领导全国革命的责任，及早摆脱汉阳前线指挥任务，驰赴上海，设法攻下南京，作为革命根据地。克强深以为然。越数日，我即回湘；克强旋亦离鄂赴沪。

我回到长沙不久，南京即告光复，从此转入停战议和阶段，因此我回湘后的活动，就没有在汉阳作战时的那么紧张了。此时同谭延闿的接触则很频繁。

辛亥革命后，谭延闿（组庵）以一谘议局议长一跃而为湖南都督，应该是心满意足、笑逐颜开的。但他终日坐困愁城，眼红脸黑，感到很苦恼，这是什么原因呢？其中有这么四点：一、他好用权术，联甲制乙，用丙控丁，使之互相牵制，彼此猜疑，而皆倾心于一己，不过以此却使内部意见分歧，不能团结一致。二、革命后，人事安排最不合理，投机者捷足取得高位，有功者依然屈居下僚，以此咸感不平。三、湖南六个师，系由焦达峰、陈作新执政时缩编而成，其中许多干部为革命元勋，动辄恃功集会要挟，以致纪律荡然。四、各师有名无实，兵多械少，虚糜国帑，经费异常支绌。组庵面对这个局面，一筹莫展，所以烦恼起来了。一九一二年五月间，他听到黄兴在南京大刀阔斧地一次解散了十几万军队，风平浪静，安然无事，使他景慕不置。有一天，他找我密谈。

他说：“克公在南京，仅仅两个月时间，遣散了十几万军队，没有发生事故，不知他采用什么方法，而收功如此神速？”

我针对组庵的弱点，对他说：“克公公忠体国，解散南京十几万军队，不是靠留守地位，而是靠他平日革命的声望取得成功的。”

他紧接着我的口气说：“湖南经费支绌，养不起许多军队，你看，能否假克公的威望，来一个大裁兵？”

谈至此，我对湖南军队情况作了点分析，便说：“凡是爱国的人，都认为湖南应该裁兵。比如第三师，程子楷和我，便心同理同，具此愿望。第一、二两师，实力较弱，裁兵亦较易为力。应当注重的，反而是四、五两师，如能得到这两师同意，问题可迎刃而解。”

组庵高兴地说：“第五师，我可与梅馨商量；但一、四两师则非你去说服不可。”

同时，他并请我到上海走一趟，向克强请求援助。我即说：“此事一旦泄露，诚恐发生意外，还是请你另派妥员办理好。我能力办得到的，无不尽力帮助。”

他认为妥善，乃于六月中派机要秘书吕苾筹赴沪谒见克强，请求克强对湖南裁兵事作出主张。克强不赞成裁尽，主张留两师或三师以应缓急。吕用电报将克强主张告知组庵，组庵回电，大意是：裁汰改编，必致发生争议，不如一律退伍，另建一支新军，较为妥善。但组庵手无寸铁，要实行这个方案，甚感棘手。适当时第八师赵恒惕一旅，原系从广西带来的新军，器械精良，因赵与第八师将领不甚融洽谈，从南京反桂，路过湖南，如组庵截留调用，则湖南裁兵得有监视的部队。而第八师也可以新招一旅补充，以解除上述不融洽的矛盾。广西陆荣廷平素厌忌新军，赵不回桂，亦足以解除陆之顾虑；而于赵旅则得到安身之所。一举四得，皆大欢喜。经过与有关方面的协商，组庵的裁兵方案就决定了。八月中，赵恒惕率旅回桂，道经长沙，借炎暑为名，假长沙休养。至是赵旅为组庵截留调用，即开始裁兵运动。组庵求我对第四师做说服工作。我和王隆中是同学，交谊很好，前后与王商谈两次，结果他竭诚赞成裁兵。王隆中耿介忠厚，深明大义，殊令我钦佩不已。我把这个消息告知组庵，组庵闻之大快，亲自与王商谈一次。经过以上酝酿与协商，才正式组织裁兵委员会。委员会开过几次会，我主张每师留二营，加以训练，作为今后成立新军的干部，但结果却做出了一律裁撤的决定。决定对各师所有官兵，分别年资与革命功勤，一律优给退伍年金。计共裁撤官员四万几千人，跟南京遣散军队一样，没有遇到阻碍。只有各师学生出身军官，事后啧有烦言，惟因兵心安稳，也鼓不起什么风波。到十月三十一日克强回到长沙时，裁兵已将办理完竣。

克强回到长沙，全省各大城市居民欢喜若狂，长沙举行了空前盛大的欢迎会。组庵对他推崇备至，事事都听他指示。克强主张：革命党人应该团结一致，政治上展开民权运动，经济上振兴实业，教育上培养人才，多派学生赴欧美留学，军事上训练一支新军，并推荐张孝准任军事厅厅长。张曾在德、日学习军事，学识很好；担任过留守府军务厅厅长，经验丰富。如张出任厅长，湖南可望建立一支新军，以为全国楷模。其实，组庵心宽体胖，安心做个文治都督，把所有师长，如余钦翼、赵春霆、王隆中、梅馨、蒋国经、向瑞琮一起送赴北京授官给禄。从表面看，湖南局面一时好像海晏河清，于是专心致志筹办第一届委员选举。至于训练军队工作，同盟会的通知都属望于我；不过我有志兴办实业，在岳阳筹办一所制革厂，所以对于练兵的事不感兴趣。那时，湖南原武装、兵目、速成各学堂及两标学兵出身的军事人才很多，裁兵后他们失业了，而政府却以为发给了退伍年金，即可安然无事，讵知事实相反。到一九一三年新年，渐渐议论纷纭，局面开始出现动荡状态。张孝准。建立新军的计划，在四个月中并无若何进展；一则由于组庵优柔寡断，拖延时日；二则由于孝准人缘不熟，无法推动。而大多数失业军官，则已由口头议论，进而结党成群，企图推翻张孝準。至于政治方面，议员选举结果，国民党虽取得多数，实则全无根底许多人不仅不知三民主义为何物并且醉心利禄的官僚分子亦多摇身一变，混入国民党内。幸因宋教仁回湘，一番欢迎伟人的热闹气氛，暂时掩盖了上述的矛盾。

宋于二月十七日回湘，到处演说，力倡责任内阁制，企图以议会为武器来制服袁世凯的专横独裁。我和宋在欢迎会和宴会上，几乎每日见面，可惜无法深谈、因私人设宴招待他，我得向他提出三点：一、同盟会改组为国民党，内部复杂，即令将主义与政纲降低水平，意志亦不能统一；二、起义各省，其属于同盟会者，有名无实，同志间精神涣散，并无中心力量作为国民党核心；三、袁世凯依靠武力，专横独裁，目无法律，安问政党。有此三点，而欲实行责任内阁制，不能无疑。宋答以实行责任内阁制正所以制服袁之专横，如政治不能上轨道，再作道理。我又劝他，工作应以训练党员为中心。他认为有此必要，并说湖南应从速训练军队。谈话并不投机，草草收场，此后便没再谈了。

宋离湘后，省内骚动即日趋紧张。到三月十三日，退伍军官以兵目学生易堂龄为首，假反对张孝准为名，运动少数巡防部队，围攻都督府，当经卫队击退。翌日查出主使人犯，组庵大起恐慌，请我到府会商处理办法。我建议：将主谋拘禁，其余从宽，只要能够大事化小、小事化无，就可迅速解决。组庵深以为然，即将易堂龄拘禁，其余从宽一概不究，一场风波归于平息。

风波平息后，孝准辞职，组庵要我继任。我早看到国民党与袁世凯的斗争必将尖锐化，湖南关系甚大，即令此时迅速练兵，亦势难挽救危局，我若陷入军事机关，实在用非其才。但组庵坚持要我担任，并谓：“这回风潮虽已平息，但人心浮动，非你出来不足以镇定人心。”至是我乃推荐陈强、程子楷以自代，组庵均认为不可；组庵反挽程子楷与赵恒惕劝驾，再三怂恿，我始应允。我于三月十五日就职，打算首先成立两团，严格挑选干部，加强训练，作为模范。讵知二十日即有宋案的发生。

宋案发生后，国民党中枢一面坚持由法律解决，一面准备实力以应付事变。

当时南京各师见湖口起兵讨袁，亦跃跃欲动，尤以八师下级军官与士兵义愤填膺，鼓噪特甚。王孝缜、黄恺元两旅长见时机紧迫，乃于十四日赴沪，向克强请示。克强即于十五日偕同两旅长驰赴南京，被推为讨袁军总司令，宣布起义。而江苏都督程德全、民政长应德闳反于此时逃往上海。战事开始时，第一师与第八师一部，在徐州附近与张勋部队交锋，迭见胜利。嗣以苏皖战线过长，乃于七月二十二日放弃徐州。克强命前线各军在临淮关构筑工事，令第八师刘建藩团增援前线，以柏文蔚为临淮关防守司令。柏文蔚因安庆内部不稳，不能赴临淮关执行任务，于是主帅无人，再加以江西战事失利的消息影响士气，于是军心涣散，各师相率自由撤退。

由上所述，可见四督联盟，军力异常脆弱，内部团结亦有问题，只不过在政治上提出反袁的号召而已，而四督联盟之不足以抵抗袁氏的进攻，却早在意料中。加之，黎元洪倾向袁氏，论地利与政治影响，均对四督联盟十分不利。原来宋案发生后，黎元洪即力主和平，甘为反袁路障。不仅如此，他并利用组庵依违两可、反袁不坚决的弱点，先后派金永炎、程守箴来湘做说客，企图破坏反袁联盟。金、程以同学为谊，首先以我为游说对象，经我严词拒绝，晓以大义，黎的阴谋遂不得逞。组庵在湘，也因反袁派势力占了优势，只好跟着走反袁的道路，而未为黎氏游说所动；但只要局面不好，组庵还很有可能发生动摇的。

当时形势对反袁联盟不利的因素，还有一点应当提一下，那就是以梁启超为首的进步党，已被袁利用为反对国民党的政治工具。正是由于这个缘故，所以蔡锷才以同乡同学的关系打电报给我，对我们表示格外关怀，并劝告我们勿走极端，经我复电辨明是非，力言湖南只有与国民党同进退、共始终，不能另作主张，事势如此，只有各行其是。

在袁世凯一方面，自他就任临时大总统以来，即着手准备武力统一全国、消灭国民党的计划，宋案只是这个计划的一部分。及见宋案发生后，国民党四督有不稳之势，于是不顾一切，投靠帝国主义，竟向五国银行团贷款两千多万镑，作为消灭异己的费用。袁以段芝贵为第一军军长，率第二、第六两师及毅军屯驻豫、鄂边境；以冯国璋为第二军军长，率第四、第五师及张勋、雷震春、倪嗣冲各部，分由津浦路与河南两路向宁、皖推进。军事布置既妥，才转而从政治上向国民党采取攻势。其步骤有四：第一步，非法杀害《民主报》主笔仇亮，并于五月六日下所谓“除暴安良令”。第二步，暗使北洋将领联名通电，痛责国民党利用多数捣乱议会、反对大借款。第三步，恶毒毁谤黄克强，捏造去年季雨霖的“叛变”为黄所指使，张勋、张作霖均指控黄运动军队并争为在总统候选人。第四步，授意北洋各将领呈请“枕戈待命，讨伐有罪”。然后，第一军由豫入鄂，黎元洪敞开大门，任北洋军队通行无阻。

六月九日，袁下令免李烈钧赣督职，以黎元洪兼赣督。十四日袁调胡汉民为西藏宣慰使，派陈炯明为粤督。三十日袁下令调柏文蔚为陕甘筹边使，派孙多森为皖督。四省都督，独对湘督谭延闿未加处理，仅下令缉拿湖南“叛乱”首犯程潜及附逆程子楷、陈强、唐蟒等人归案惩办，同时阴使向瑞琮、唐乾一、杨宏图等于七月七日火烧湖南军械局，湘省所储军火付之一炬。

当李烈钧被袁免职的时候，我曾电李力主抗不交代，联合四省尚可一战。乃李因受内外压迫，竟于六月十日遵命免官，交卸赴沪。他至沪后，大受国民党急进派的谴责，而李又不敢明言江西实力有限，无力抗拒北军。他迫不得已，乃于七月二十日返回湖口，起兵讨袁。袁亦于同日任李纯为九江镇守使，率第六师入赣，战事由是爆发。时林虎一团已扩编成旅，惟战斗力已大减。所以当李纯部队从东北向南昌进攻、敌海军进入鄱阳湖以后，李烈钧、林虎就被迫率部退至赣西。

二十九日，克强得悉江北岸军队溃乱情况，在前线既无可战之兵，在后方又因苏督程德全等不与合作，致无可靠之饷，迫不得已，只好乘日本军舰而去。柏文蔚在安庆，因内部受到袁世凯的策动，胡万泰、洪承点等从中捣乱，安庆一夕数惊。柏无力应付，终于八月六日一逃了局。倪嗣冲不折一兵，安然进入安庆。从此，长江北岸国民党势力丧失殆尽，仅剩南京孤城一座，坐待北军攻陷。

湖南方面，我接任军事厅厅长刚刚五天，宋案就发生了。我默察当时局势，认为终必出于一战，所以我的唯一任务，便是抓紧时间，训练军队。计在四、五、六三个月间，成立了三个步兵团与一个炮兵营。进一步拟从巡防营改编三个团，合赵恒惕所部桂军一旅，共为两个师。假使战事能延缓三个月爆发，我在军事上就有相当把握。但时不我与，战事终于在我尚无准备之时就发生了，这是一方面。另一方面，袁世凯其时也无兵力进攻湖南，但他收买湖南败类向瑞琮、唐乾一等火焚荷花池湖南军械局，使湖南军队断绝了军火来源。湖南当时有以上两方面的困难，但国民党人反袁的斗争并未因此稍衰。例如谭人凤、蒋翊武等由沪由汉联袂来湘，领导反袁运动。又如刘崧衡、邹代藩、周名南等，组织公民联合会，公开揭露袁世凯的罪恶，集会反袁，对湖南讨袁运动发生了很大的作用。只因突遭军械局的大变，必须等到粤、赣两省接济的军火运到，湖南才能发动，所以迟至七月二十五日才宣布讨袁。讨袁军成立，以程子楷为第一军司令，赵恒惕为副司令。湖南作战，主要是集中力量援赣；至于湖北方面，袁氏既利用黎元洪为盾牌，我亦可利用黎元洪为缓冲，以此只派一部分部队防守边境。这时，江西方面因湖口已被攻陷，赣军苦战兼旬，已到精疲力竭的地步。至敌海军驶入鄱阳湖以后，南昌告急。我因派唐蟒率军从萍乡进入新喻，掩护赣军主力集中。无如赣军节节败退，渐成瓦解之势。最后李烈钧、林虎仅率残部千余人，于八月八日退保赣西，幸得我军支援，并收容其逃散士兵，李、林二人才得从容入湘，并由我军保护他们离湘赴日。赣军战败，已使谭延闿心神不定，至八月八日得到陈炯明弃职潜逃的消息，他更感不安。他此时又眼红面黑，大起恐慌了。于是跟我密商，他说：“湖南在上月二十五日宣布独立，从当时环境看，可以说水到渠成，除独立外别无第二条路可走。现在我们处于四面楚歌之中，独立无援，取消独立，也可以说是瓜熟蒂落。我想取消独立，依靠黎元洪担保，可免生灵涂炭，还不失为一个好办法。你以为如何？”

我深知组庵的意思，因说：“我很谅解你的苦衷。黎元洪的代表金永炎来长沙时，我对金说过，湖南宁为玉碎，不愿瓦全。今日事势如此，玉碎不能，瓦全亦难。但黎元洪倒在袁氏怀中，他无实力，其本身已是‘皮之不存’，湖南以他为护符，真所谓‘毛将焉附’。你的办法，只不过暂时避免危险而已，将来演变，仍然未可乐观。我决意马上辞职，把一切责任都推在我个人身上，这样做，你对袁氏也有话说。”

组庵甚是高兴，但仍装出一副共患难的样子，说道：“我不能把一切责任都推在你身上，所有罪恶皆归于我。”

谈至此，再也没有什么文章可做了。于是组庵于八月十二日通电取消独立，待罪查办。我呢，一面设法保护同志离湘，一面办理移交。当时如谭人凤、蒋翊武、程子楷、陈强、周震鳞、唐蟒等，都是由我设法，使他们潜往上海转赴日本的；其中只有蒋翊武一人，不愿经过汉口，改走桂林转香港，竟为陆荣廷所害，迄今回忆往事，仍感痛恨。组庵宣布取消独立后数日，公民联合会刘崧衡等，因痛恨谭氏二三其德，遂组织一部分党员进攻都督府，遭到失败，刘亦为谭所害。我掩护同志离湘的任务完成以后，办好移交，也就于八月底离长赴沪，一路改作商人打扮，得以混过密探耳目，安全抵沪。在沪流离月余，十月底便到东京做亡命客了。后两月，谭延闿由黎元洪、熊希龄担保入京待罪，黎亦被迫离鄂入京，进其“瀛台生活”。

广东方面，胡汉民与陈炯明不能合作，前面已经提到。再加上内部情形复杂，派系门户之见很深，更难以团结一致，全力讨袁。如新军有陆军、海军。旧军有防营、绿营，各自为政，不相统摄，东江潮汕，南路琼崖，可称军队如林，土匪亦如林。上年姚雨平率一军开赴南京，实际上只有一混成旅，调回广东后也未加整理训练，使之成为可以统摄各种杂牌军队的中心力量。所以坐令地方杂牌军队为袁世凯所收买，到七月十八日陈炯明为势所迫宣布独立之时，汕头莫擎宇、南路陈德春、惠州钟鼎基等部，从暗中反对，根本也就动摇了。到八月六日，陈炯明见大势已去，只好一逃了局。

癸丑讨袁之役，就我所知，已如上述；至于上海战事、福建孙道仁、许崇智和重庆熊克武的宣布独立，因我未亲历其境，不敢深谈。

我本多年邀默契
喜从中夜揭明光

回忆湖南和平起义

程潜

1945 年 8 月 28 日，毛泽东主席率中共代表团赴重庆与蒋介石进行和平谈判。谈判期间，他于 9 月 20 日下午先后拜访了叶楚伧、陈立夫、贺耀组和我。以后我又专程拜访了毛主席。我们互相叙旧，漫谈时局。在谈到未来全国将要实行由下而上的普选时，毛主席主张我参加竞选。毛主席说：“竞选副总统搞成了，好主持国共和谈；如果搞不成，你就只要个湖南。”我说：“我没有钱，搞人家不赢。”毛主席说：“你跟你的部下商量，找他们想办法嘛！”

毛主席一席话，对我以后在湖南举行和平起义有着重大影响。1963 年我为毛主席七十大寿所写的组诗第四首后两句说：“我本多年邀默契，喜从中夜揭明光。”“多年邀默契”，即指毛主席在重庆对我的谈话，要我到湖南搞和平运动。“中夜揭明光”，意思是我听了毛主席的一席话之后，好比是我从黑夜中获得了光明。

回湘主政　密谋义举

1948 年 7 月，我离开武汉行辕，出任长沙绥靖公署主任，辖湖南、江西两省及湘、川、黔边区，并兼湖南省政府主席。当时蒋介石对我极不放心，加派他的亲信、湘籍黄埔学生回湘掌握军政大权，以架空我，如长沙绥署副主任兼第十七绥靖区司令李默庵（驻常德），国防部第四编练区司令黄杰（驻衡阳），长沙绥署参谋长刘嘉树、高参杨继荣等。我这次回湘虽任要职，但无兵权，蒋介石对我的顾虑有所减轻。我亦曾赴南京获蒋批准在湘组建两个军五个师的兵力，兵源在湖南解决，经费与装备由南京政府拨给。

7 月 24 日，我由南京回到长沙，在省会各界人士的欢迎大会上，曾表示要与“共军”拼命，以此麻痹蒋介石。8 月 10 日，我又在就职大会上，丢开省府秘书长邓介松原先拟定的讲稿，大谈“戡乱救国”的战略：头一个月“共军”不会来，第二个月就不怕它来，第三个月以后只怕它不来。来一个杀一个，一起丢到河里。我之所以这样说，是认为当时讲和平民主的时机不成熟，话是讲给蒋介石听的。但是，这些言论对湖南的民众和进步人士却泼了冷水。我回到湖南是要做和平工作的。由于当时我赤手空拳，如不标榜自己是“反共拥蒋”的话，就不能得到南京政府的信任与支持。更不能建立军队，建立政权，稳定时局，为真正实现湖南的民主与和平做准备。因此，我只好做这些表面文章。

为在湖南实现民主与和平，我先后安排了一批主张和平自救的人士参政：萧作霖先任湖南省保安司令，后又任长沙警备区司令；邓介松任省府秘书长；刘岳厚任长沙绥署秘书长；王恢先任建设厅长；李维诚任省银行经理；方叔章任省府顾问；程星龄任省府物资调节委员会主任；1948 年冬，经刘斐推荐又任唐星为长沙绥署副主任。这些人基于对形势的分析，力主我走和平自救之路，免除湖南三千万人民的痛苦。他们还采取了相应措施，防止蒋介石、李宗仁、白崇禧在长沙的亲信对我的危害。

我回湘后抓紧时间组建第十四军和一〇二军，军长分别为张际鹏和成刚。两个军下辖三一四师，师长陈达；三二三师，师长汤季楠；二三二师，师长康朴；六十二师，师长夏日长；十师，师长张用斌，共计兵力约六至七万人。湖南省保安部队亦进行调整充实，改编为四个旅，后又改为第一、二、三、四师，师长依次为何元恺、周笃恭、张际泰、丁廉，共计兵力约四万至五万人。这些部队的军、师、团长大多是我的学生、旧部或家乡人，士兵主要是湖南人。

改组省参议会，原议长赵恒惕不仅是个反共坚决分子，而且与我宿怨很深。我明白告诉他：“请你不要在背后捣鬼！”他便托病去上海，然后辞职了。1948 年 12 月 21 日，省参议会改选唐伯球为议长，席楚霖为副议长。唐随我进行起义活动，许多方面均配合颇力。

改组国民党湖南省党部。原主任委员张炯，控制一部分势力，按着蒋介石、白崇禧的意旨，积极“反共”，破坏湖南人民反内战、反征兵、反征粮的群众运动。我先派人将他身边的何汉文等争取过来，使其孤立，他亦辞职离开了长沙。我兼国民党湖南省党部主任委员。

为统一协调湖南省党政军各方力量，有利于湖南和平自救的开展，通过与方叔章等人酝酿，1948 年 12 月 12 日，我决定成立湖南省党政军联合办公室，萧作霖任主任，程星龄、张严佛、仇硕夫任副主任。办公室下设机要、军务、外事、党政、警卫、总务各组。机要组由我直接指导，张严佛兼组长。其他各组由主任或副主任分管。办公室的主要任务是掌握好政府人员和军队官兵的情况，积极支援全省人民反内战、要和平的群众运动，防止特务对和平运动的破坏等项工作。这个组织直到 1949 年 5 月白崇禧来长沙后极力阻挠，才被迫停止活动。

为推动湖南人民的和平自救运动，造福湖南人民。我于 1948 年 9 月 16 日下令撤销“戡乱救国委员会”，随后又实行“二五”减租，严厉制裁土豪劣绅及在乡不法军人，并下令撤销各县自卫队。这些具体措施使湖南人民看到了一线和平的曙光。

为减少蒋介石、白崇禧对我的怀疑，我于1948年10月1日又公布了“戡乱救国”五项公约：以精诚团结捍卫国家，以公正廉明改良政治，以精忠勇敢整训军队，以勤俭朴实建立经济，以刚中乾健剿灭“共军”。

1948年12月，国民党军队在辽沈战役已遭惨败，平津、淮海战役正节节败退，蒋介石的统治处于土崩瓦解的绝境。此时白崇禧为逼蒋下台，由李宗仁取而代之，便通电向蒋介石提出“和平解决”的主张。湖北省参议会通电响应，并派李书城来长沙活动。我亦以省和平促进会名义，派黄士衡、王原一往武汉向白崇禧表示拥护，并由省参议会通电蒋介石呼吁和平。1949年元月21日，蒋介石宣布“引退”，由李宗仁代总统，但实权仍控制在蒋的手中。

此时的形势对湖南和平起义非常有利。蒋介石对湖南已无法直接控制。桂系李宗仁、白崇禧搞的是假和平，真备战，但实力有限，还要同湖南搞联合，对我们尚不敢采取军事行动。我们经过反复研究后，于1949年1月23日，电令在全省停止征兵一个月，事后遭到黄杰、刘嘉树、杨继荣等人的反对。我答复过春节后再复征，实际上以后再没提起此事。原计划1949年要在湖南征兵25万人，明令停征后，湖南人民拍手称快。接着，我又将蒋介石的亲信，贪污巨额粮款的省田粮处长黄德安撤职，由蒋固继任，我还授意蒋对南京政府派给湖南的军粮任务，能拖就拖，多方搪塞，结果十分之八九的粮食没有上缴，相对地减轻了湖南人民的负担。以后，我还授意扣留中央银行在湖南银行存放的金银款项，抵制发行金圆券等。此外，我还责成萧作霖、邓介松等释放了王东原任期内关押的政治犯，据说有上百人。其中有些是共产党员，但更多的是被诬陷的“嫌疑犯”。

由于我采取了上述措施，党政军大权基本掌握在反战主和派的手中，人民的负担有所减轻，人心较为安定，局势亦较稳定，湖南和平运动的局面基本形成。

回湖南主政后，唐生智托席楚霖向我表示欢迎，并表示：为救湘难，愿与我成为一个人。随后他又写信给省府秘书长邓介松，力陈治湘三大方针：人民能安定生活；兵足用而质好不扰民；财政公开而行政尚简。1948年初冬，我派李觉、荆嗣佑去东安，请唐生智来长共商实现湖南局部和平大计。他表示尽快把湘桂边境一切地方武装力量联系好之后，即来省城面谈。1948年11月14日，唐生智来长，恰当时我已赴南京，未能面谈。他在长沙作短时停留后便经上海赴南京，促蒋介石弃战主和未果，同年底回到东安，继续从事和平起义活动。

省府顾问方叔章，与我私交很深。我回湘前，他力主我看清时局，回湘后应另有所谋。他任省府顾问后，家住岳麓山桃子湖，与老资格共产党员、曾是中共一大代表、时任湖南大学教授的李达有联系。中共的方针、政策有许多是通过方叔章来影响我的。一次方对我说：“如‘共军’来了你走哪条路？打吧，蒋介石的几百万军队都被打垮了；跑吧，去美国你没有钱，去香港你也住不了多久，到台湾蒋介石不会要你，怎么办呢？”我思虑良久说：“我总不能向共产党投降呀！”方说：“胜者为王败者寇。日本的天皇不是投降了吗？当然，你还可以讲和，这又不是投降。”最后我说：“打不能，跑不行，只有和。”我遂决心在湖南起义。

1948年12月25日，中共权威人士声明中所提43名战犯中，我被列为第26名。我当时很震惊，揣测一是促我起义，一是李先念他们对我有误解。说我是战犯也不冤枉，是战犯我也敢起义。但当时心里还是不够踏实。

1949年1月19日，中共湖南省工委根据毛主席“争取湖南和平起义”的指示，在方叔章家召开一次重要会议。与会者决心争取实现湖南和平，影响并促使我起义。我当时是心领神会的，经我同意，方叔章、程星龄等电我长子程博洪速回长沙。博洪回到我身边后，对我决心起义又是一个促进。究竟如何实现湖南起义，情况复杂，斗争激烈，我决心直接与毛泽东取得联系。与此同时，我指定程星龄代表我同中共湖南省工委保持联络，并根据他们的意见，先后采取了释放政治犯、停止征兵、减少征粮等措施，撤换了坚持“反共”的长沙警备司令蒋伏生的职务。

1949年初，醴陵人刘斐辞去南京政府国防部参谋次长职务回到长沙。他积极赞成湖南和平起义。经他劝说白崇禧同意，陈明仁于1949年2月18日由武汉率部移师湖南。陈亦久有起义之心，故我们遂共谋湖南义举大业，并密定陈在公开场合仍以反共面貌唱花脸，暗中却密切配合，致力于湖南和平起义的各项工作。陈明仁假戏真做，终于使桂系为其所迷惑。

1949年2月底，我派席楚霖至东安请唐生智来长。3月中旬席回长说：唐暂不去南京参加何应钦的内阁，因联系湘东南地方武装共谋和平而不能赴长。4月15日。我派衡阳警备司令蒋伏生携我亲笔信邀唐赴长未果。4月25日。陈云章等以省会各群众团体名义赴东安邀唐赴省。唐遂于28日抵长，我同陈明仁、唐星等到车站欢迎。随后我们在实现湖南局部和平的一系列问题上取得了一致意见。

同年3月初，我与陈明仁商定：主要是抓住军队，稳住阵脚，并利用蒋介石与李宗仁、白崇禧的矛盾发展我们的力量。3月底，白崇禧偕第十三兵团司令张轸到长沙，逼我离开长沙去广州就任李宗仁政府的考试院长，由唐星从中斡旋才作罢。但是，白崇禧却逼我撤掉了省府秘书长邓介松，改由其亲信杨继荪继任。4月底，又逼我撤长沙警备司令萧作霖之职，改由陈明仁继任。邓、萧按我意先后离长，以防蒋介石、白崇禧暗害。

4月间，方叔章告诉我李达将赴北平会见毛泽东。我即邀李密谈，请其向毛主席汇报湖南准备和平起义的方案、步骤和存在的问题。5月14日李抵北平，18日在香山会见了毛主席。毛主席获悉湖南情况后非常高兴，随即派人送信给我。限于当时条件，毛主席的信我于7月中旬才收到，备受鼓舞。

4月21日，因代总统李宗仁拒绝在和平协定上签字，毛泽东主席和朱德总司令发布了向全国进军的命令。形势有利于湖南和平起义。我通过程星龄与中共湖南省工委策反组负责人余志宏约见。余根据中共湖南省工委意见要我写一份起义备忘录呈毛主席。我在备忘录中阐明了以下几点：“潜从事革命凡40余年，服膺三民主义始终不渝；去年返湘主政，曾采取一系列措施反战主和；决定根据贵党公布之和谈八条二十四款之原则，谋求湖南局部和平；具体事宜望双方指派代表成立军事小组，详细商谈，密切配合行动。”此备忘录即由中共湖南省工委派人送呈毛主席。

5月2日，湖南省参议会召开扩大会议。唐生智应邀到会致词，号召团结一致，共谋和平。湖南省参议会决定将4月成立的“湖南各界争取和平联合会”，改为“湖南人民自救委员会”，推唐生智为主任委员，仇鳌、陈渠珍为副主任委员。该委员会要求各市、县亦建立相应机构，主要任务是编组地方武装，开展自救自保活动。5月3日，我与陈明仁、唐生智等商定“安定湖南、团结挽救危局”的意见，并增加唐伯球、周震鳞、刘公武等知名人士参与湘省和平自救活动。5月4日，贺耀组、宋希濂抵长，我与唐生智等与贺、宋就湖南和平自救问题作过磋商。

5月初开始，湖南省和平自救活动逐步开展。湖南在乡军官会和其他各人民团体，纷纷拥护团结自救的主张。唐生智还致电全省各地方武装力量的朋友、旧部，号召团结自救，避免互相冲突，听候省自救委员会的安排；他还致电各县、市人民自动组织起来的自救机构安定社会秩序，维持生产，厉行节约，切勿向贫苦老百姓摊派款物，共渡难关。这些措施对推动全省和平自救活动起到了一定作用。

5月6日，白崇禧及其20余万部队从武汉撤退至长沙等地后，全省的和平自救活动跌入了低潮。白对我和唐生智等进行压制。他公开说：“唐生智搞的自救运动，实际上是为共产党张目，作共产党的应声虫。”并企图胁迫我和唐生智去广州，在这种形势下，唐生智被迫于5月底偕旧属经邵阳返东安，从事地方武装的策反工作。

5月间，我通过黄雍与中共地下党员周竹安建立的地下电台取得联系。周一方面将湖南的情况向毛主席汇报，一方面又将毛主席的指示电文告我，使我心中有数。与此同时，我派唐鸿烈去香港寻找中共关系。他与中共香港地下组织负责人之一的乔冠华联系后，乔将我准备起义的情况报告了毛泽东。周恩来于1949年6月2日、7月2日，两次电示香港有关人员：“争取程潜、李默庵、陈明仁站在我们方面，对反美、反蒋、反桂极为重要。如有可能，应与程、李建立电台联系。”我获悉后，顾虑进一步解除，起义步骤进一步加快。

6月，李觉从香港来电，催我派人赴香港与章士钊直接联系，随后李觉从香港回到长沙。我即派程星龄、刘岳厚赴港，一方面请刘斐回湘任省主席，以摆脱我在长受白崇禧逼迫的困境。程星龄等在香港会见了章士钊。章很关心湖南和平起义事宜，并亲笔写信由程星龄带交我。章在信中赞扬毛泽东是杰出的领袖，对我在湖南起义，期望甚殷。信中还提到陈明仁在四平街的问题，说毛主席不予追究，并用了划船作比喻，我即转告了陈明仁。陈很激动，并决心同我合作实现湖南和平起义。

7月4日，黄雍将周竹安收到的毛主席来电告我：“颂云先生勋鉴：备忘录诵悉。先生决心采取反蒋反桂及和平解决湖南问题之方针，极为佩慰。所提军事小组联合机构及保存贵部予以整编教育等项意见均属可行。此间已派李明灏兄至汉口林彪将军处，请先生派员至汉与林将军面洽商定军事小组联合机构及军事处置诸项问题。为着迅赴事功打击桂系，贵处派员以速为宜。如遇桂系压迫，先生可权宜处置一切。只要先生决心站在人民方面，反美反蒋反桂，先生权宜处置，敝方均能谅解。诸事待理，借重之处尚多。此间已嘱林彪将军与贵处妥为联络矣。”

我与陈明仁阅电文后，即派刘纯正去汉口，又经程星龄与中共地下党余志宏商议派人同往。7月10日刘纯正一行三人起程。我嘱刘等促解放军将部队开进湖南，把担子交给他们。刘等几经周折于15日抵汉。第四野战军有关领导萧劲光、王首道、金明、袁任远等得悉湖南情况后，即挥师湖南。刘等亦随其抵湖南平江，于25日回到长沙。此时我已至邵阳。陈明仁据刘等的汇报，通过电话与我联系，商定派人即与四野首长联系。

刘纯正等起程赴汉后，我于7月11日收到毛主席写给我的亲笔信。信由李明灏带至汉口，然后由刘梦夕、陈大寰送到我的住所。信的大意是：托鹤鸣（即李达）转达之意和备忘录获悉。为了湖南人民的生命财产安全，湖南问题能和平解决是很好的，并将对大西南的解决产生影响。至于如何行动，请你自行相机处理。有关细节我们已告林彪将军，请就近密切联系。湖南问题，一切仰仗主持，请不必有任何顾虑。7月14日，我对刘梦夕、陈大寰说：“请转告四野首长，我已决心起义。”7月18日，黄雍又将周竹安收到的中共中央指示告我：我与陈明仁宣布起义后，起义部队可暂用“国民党中国人民解放军”番号，解放军将从正面占领岳阳、湘阴，侧面进驻平江、浏阳、醴陵，暂不占长沙，以利和平谈判。在解放军按计划进入湖南之际，白崇禧决定退守衡阳，陈明仁留守长沙，逼我去湘西。我利用白的“调虎离山”之计，于7月21日携有关人员赴邵阳，并派李觉去东安请唐生智来邵阳商议起义大计。唐因组织湘桂边区的地方武装举义，不便赴邵。他告李觉转我，极力赞成通电起义，如要在电文上签字，即由李觉代签。

早在1949年6月，白崇禧就在一次省府扩大会议上说：“近来有少数负责人对共产党作战决心不强，意志薄弱，甚至走向投降道路。因此，致使一些军政人员叛变投敌，或是言论行动为共产党张目，摇尾乞怜，图谋局部和平。这是自取灭亡。”在这种形势下，我由唐星出面荐陈明仁任湖南省政府主席。白崇禧还逼我交出军队。他除吃掉了我三一四师外，并将我的其他部队整编。整编后的第一兵团辖第十四军，成刚任军长，下有第一师（师长张用斌），第六十二师（师长夏日长），第六十三师（师长汤季楠）；辖第七十一军，军长彭锷，下有第八十七师（师长杨文榜），八十八师（师长刘埙浩），第二三二师（师长康朴）；辖第一〇〇军，军长杜鼎，下有第十九师（师长卫铁青），第一九七师（师长曾京），第三〇七师（师长张诚文）。我原属第十四军军长张际鹏被解职。这使我的处境更艰难，同时受到大批特务的监视，甚至我与陈明仁的接触都受到影响。白崇禧还下令镇压湖南人民群众的反战求和运动。6月中旬又派特务暗杀了克强学院学生会主席高继青。我极为愤慨，表示要缉拿凶手，并派我的警卫组人员朱明章前往吊唁慰问家属。我在被逼赴邵阳前，白崇禧妄图在长沙搞“空室清野”，依靠陈明仁死守长沙，使之成为第二个四平街。7月14日，广州国民政府派行政院秘书长贾景德来长，欲我去广州就任考试院院长，我托故坚辞。白崇禧恼怒地说：“程颂公真是老糊涂了！不到广州当考试院长，即要待在长沙挨枪炮。”我赴邵前，与陈明仁研究了起义的具体实施方案，一方面由其在长沙统一指挥党政军事宜，一方面全权处理与中共方面的联络。他表示一定尽力使湖南和平起义成功。

我在赴邵之后，时间虽只9天，但主要精力则在掌握部队方面。白崇禧虽然从组织上整编了我的部队，但我旧部与亲信，他难以从思想上将其整编过去。我在邵阳先后召见了汤季楠、夏日长以及湘省保安司令部一、二、三师何元恺、周笃恭、张际泰等师长，邵阳警备司令魏镇，省保安副司令彭杰如、李觉，长沙绥署副参谋长谢慕庄等，要求他们掌握好部队，控制好湘乡、湘潭至长沙一线。我还和邓介松、唐伯球、程星龄、刘伯谦等起草起义文稿。

程星龄先期返长，奉命与李君九于7月27日赴平江。中共湖南省工委委员欧阳方亦同行。他们三人在平江会见了四野和谈代表金明、袁任远、李明灏，转达了我和陈明仁的意见。李明灏遂于7月29日与程星龄、李君九同到长沙。我亦于同日从邵阳返长。返长后，我先住水陆洲长沙音乐专科学校，当晚即与李明灏见面。为安全起见，我于第二天迁南门外胞侄程炯家，复又移扫把塘李觉胞姐家，与方叔章、邓介松、刘伯谦、程星龄等继续审定有关通电起义文稿。

7月30日，白崇禧电告陈明仁，说我已潜回长沙，图谋不轨，着即解除护卫武装，实行兵谏，迫使我去广州就任考试院长。陈明仁告我后，我感到局势严峻。接着，广州国民政府准我辞去省政府主席职务，由陈明仁接替。撤销长沙绥靖公署，成立湖南省绥靖总司令部，陈明仁兼总司令。陈初不愿就任，我劝他以大局为重，以起义需要而就任谋事，他始应之。8月1日上午，蒋介石派黄杰、邓文仪飞来长沙，并带来蒋的亲笔信，嘱陈大义灭亲，将我明正典刑。陈将信给我看后，我十分愤慨，随即与陈研究了起义前部队的布防问题。是日夜，我以个人名义发表通电，揭露蒋介石和桂系的罪恶，呼吁西南、西北各省军政长官以及李宗仁、阎锡山、白崇禧等幡然悔悟，站到人民方面来。此电亦发给了毛泽东主席和朱德总司令。

通电起义　建立新政

8月3日，我又给毛泽东主席、朱德总司令，武汉林彪司令员、邓子恢政委等去电表示“潜等即将宣布起义。为安定军心，拟暂设国民党湖南人民临时军政委员会，国民党第一兵团暂改称国民党湖南人民解放军司令部。临时军政委员会不设机关，亦无职权，可行使，仅湖南省政府主席及湖南人民解放军司令官由该委员会推定。潜与子良（即陈明仁）已令所属军队一切行动，均按贵方指示办理。上述权宜设置对安定湘境军政干部心情，并进图争西南各省举义，均有裨益，并盼复电。”当时下午8时，我要省府新闻处长刘伯谦举行记者招待会，宣布我8月1日呼吁和平的通电：“潜参加革命已历45年，深知革命目的在求人民解放。蒋介石当国20余年，弃孙总理遗教而大权独揽，专一己私利而贪黩成风。人民处于长期压迫之下，国家民族正处危亡之中。中共应民众之要求，起而力抗日寇，救亡图存。日寇投降之后，蒋犹不知自为检讨，复凭武力，并借外援，发起内战。彼数百万之师，一旦崩溃，苟非见弃于民，何致败亡如此之速。李德邻（即李宗仁）先生代总国政，起而倡导和平，终而拒绝签字，尚欲困守一隅，残民以逞。潜望当道仁贤，共念凶危，立即化除成见，继续和谈。方今粤、桂、川、康、滇、黔、甘、宁、青、新各省人民，求安厌乱，务望一致奋呼，消此浩劫，慎勿再自绝于和亲康乐之途。”这一通电不仅在长沙引起震动，而且在国内亦产生影响。

8月4日，我与陈明仁领衔通电全国，宣布湖南和平起义。在通电上签字的有唐星等35人。与此同时，我还发表了《告湖南民众书》《告全体将士书》，号召拥护和平，参加解放大业。要求各安生业，各守岗位，切勿自相惊扰。全省军民一致反蒋驱桂，把湖南的和平运动引向西南、西北。以便缩短战争时间，迅速实现全国解放。

蒋介石、顾祝同、白崇禧闻我与陈明仁起义后，恼羞成怒，连续派飞机至长沙、湘潭、邵阳等地狂轰滥炸，无数官兵深受其害，省府办公楼以及我和陈明仁的住所均被轰炸，几乎丧生。8月5日，国民党中央决定开除我的党籍，广州政府宣布对我通缉查办。同日，我收到了毛泽东主席、朱德总司令来电：“为对抗广州伪府，维持湖南秩序，稳定军心，便利谈判并号召各方，所提设立由先生领导的中国国民党湖南人民临时军政委会及陈明仁将军的中国国民党湖南人民解放军司令部两项临时机构，并由临时军政委员会派出的省政府主席及湖南人民解放军司令官均属必要，可即施行。省府移交会议略延时日，以期避免刺激军政人员，亦属有益无害。弟等并认为湖南临时军政委员会不应为空洞名义，应行使必要之职权。除敝军已接收地方外，其余地方应由临时军政委员会指挥，庶使秩序易于维持。总之，解放湖南及西南各地，需要借重先生及贵方同志之处甚多。只要于人民解放军进军及革命工作有利，各事均可协商办理。此次先生及陈明仁将军毅然脱离伪府。参加人民革命。义旗昭著，薄海欢迎。南望湘云，谨致祝贺。”我与陈明仁接电后，深受鼓舞。

同日，湖南各界知名人士和各社会团体、各民主党派，亦纷纷通电拥护我等起义，表示团结一致，共效新政。唐生智等104位知名人士于5日通电中，历数蒋介石的种种罪行以及桂系李宗仁、白崇禧等的倒行逆施，认为我等起义乃顺天应人之举，利国利民之行。湘人自应精诚团结，为西南各省解放作后援，自救救人，愿共努力。

同日晚8时至10时，我们组织广大市民迎解放军一三八师入城。一时红旗飘扬，锣鼓声喧，爆竹齐鸣，人欢马叫，谱写了长沙历史的新篇章。湖南人民临时军政委员会亦于当日成立，推定陈明仁任湖南临时省政府主席。

8月6日，林彪、罗荣桓、邓子恢来电，除对我与陈明仁毅然率部举义予以鼓励外，并传达了毛主席、朱总司令前述电文精神。同日解放军第四战军和谈代表由平江到达长沙。7日晚，湖南人民临时军政委员会、湖南临时省政府联合宴请解放军第四野战军和谈代表团。

8月8日，解放军第四野战军和谈代表团金明（首席代表）、唐天际、袁任远、解沛然、李明灏与湖南和谈代表团唐星（首席代表）、唐生明、彭杰如、王劲修、刘公武举行谈判。经协商拟成协议共9条。主要内容是：将起义的正规部队和湖南地方部队编成一个兵团，番号为中国国民党人民解放军第一兵团，陈明仁任司令员，集中到醴陵、浏阳一带整训，以后再改编为中国人民解放军；正式确认湖南省临时政府主席由陈明仁兼，袁任远任副主席；湖南人民临时军政委员会改称湖南人民军政委员会，我任主任，黄克诚为副主任，委员为陈明仁、金明、袁任远、唐天际、周里、仇鳌、唐星、李明灏。

和平起义后，百事待兴。我与陈明仁首先抓紧了稳定起义部队、整编教育等项工作。原国民党第一兵团和长沙绥署以及湖南保安司令部的大部分军队，均驻防于湘潭、湘乡、邵阳、衡阳一带。我们宣布起义后，他们对长沙的局势不甚了解。加上白崇禧到处散布谣言，制造混乱，致使第一兵团所属第十四军、七十一军、一百军的部分官兵叛逃。为此，长沙各界迎解联合会筹备会、第四野战军暨华中军区和谈代表团以及陈明仁将军，分别于 8 月 7 日发表了告全体起义官兵书。我亦于 8 月 10 日发表了告全体起义官兵书，以稳定军心，指明前途，振奋革命精神。接着，各部队先后集中于醴陵、浏阳整训。

8 月 16 日，毛泽东主席、朱德总司令发来给我与陈明仁以及全体起义将士的电文，肯定了我等起义的功劳与影响，慰勉起义官兵准备改编为中国人民解放军，为解放全中国而奋斗。部队正在整训之时获此电示，我等极受鼓舞，起义官兵更受教育。蒋介石、白崇禧等种种谣言亦不攻自破。

按照上述协议，1949 年 8 月 29 日正式成立了湖南人民军政委员会，我仍担任主任，黄克诚任副主任，并聘请邓介松、邓飞黄、程星龄、陈浴新、曹伯闻、萧作霖、方叔章、宋仁楚、苏本善 9 人为顾问。

自 1949 年 8 月 29 日湖南人民军政委员会成立至 1950 年 10 月 15 日湖界人民代表会议的召开，历时一年有余。在此期间，湖南人民军政委员会先后举行 7 次重要会议。研究部署全省工作，对全省的政权建设、恢复和发展生产、维护社会治安秩序、支援解放军解放全省各县和进军华南、西南等方面，进行了卓有成效的工作，做出了积极的贡献，随我一同起义的部队，除陈明仁所属第一兵团三个军中的十三个团外，我所属的部队有：湖南省保安司令部直属水上警察总队、工兵大队、突击大队，所辖第一师三个团（师长何元恺），第二师三个团（师长周笃恭），第三师三个团（师长张际泰），第四师第十二团；湖南省暂编纵队司令部补充团、第六十二支队；第十六、第九十四、第九十六后方医院官兵等，此外还有宪兵第十团。在湖南实际参加起义的部队共约 77000 余人。

湖南省人民军政委员会与中共湖南省委共同研究，报经上级批准，还先后成立了长沙市军事管制委员会，湖南军区等机构，开展了各项接管事宜，建立革命秩序，维护社会治安，进行剿匪和开辟新区，收编国民党地方武装、支援前线等项工作。这为建立和巩固人民政权、建设新湖南以及加速解放西南、西北各省，都起到了积极的作用。

奉召晋京　共商国是

在中国革命取得伟大胜利、中华人民共和国即将成立的前夕，我于 1949 年 8 月 31 日偕李明灏、程星龄、方叔章、朱明章、杨敏先等离长经平江、通城，于 9 月 2 日抵汉口，受到了第四野战军司令员林彪、政委邓子恢等的热情欢迎。在汉期间，我书面回答了新闻界的提问，指出湖南和平起义的因素是：湖南人民强烈的厌战情绪；解放军的进军顺利和神速；我回湘主政后反战主和、反蒋反桂的指导思想；中共方面的领导与合作。我还回答了此次晋京的任务和今后的奋斗目标等问题。

9 月 4 日，我们离汉于 7 日晚 10 时抵北平。毛泽东主席、朱德总司令以及周恩来、林伯渠、董必武、李济深、郭沫若、聂荣臻、王维舟、罗瑞卿、黄克诚等百余人，到车站欢迎我们。对此，我一时热泪盈眶，激动不已。我由李明灏将军陪同，乘车随毛主席和其他中央首长到中南海毛主席住所。毛主席举行晚宴为我洗尘，随后下榻北京饭店。翌日，我仍由李陪同拜访了毛主席，共叙建国大计，9 月 10 日，陈明仁将军及其一行抵北平。

9 月 12 日，朱德总司令设宴欢迎我和陈明仁将军。刘伯承、陈毅、聂荣臻、粟裕、黄克诚、李明灏等将军作陪。朱总司令举杯说：“敬程老将军一杯酒。”我深表感激地说：“谢谢朱总司令的深情厚谊！”席间，大家都为中国人民终于站起来了、中华民族从此将兴旺发达而感到无比高兴。

9 月 19 日上午，毛泽东主席莅临北京饭店看我。随同前来的有刘伯承、陈毅、粟裕等将军。我们重叙往事，谈起义的曲折过程以及湖南的情况，谈国家的政治，军事斗争以及今后的经济建设等等。中午，我们在该饭店共进午餐。随后，毛主席邀请我和刘伯承、陈毅、粟裕、罗瑞卿、张元济、陈明仁、李明灏、李明扬等共游天坛。我和陈明仁的随行人员亦被邀同游。

9 月 21 日，我出席了中国人民政治协商会议第一届全体会议，并被推选为大会主席团成员。会议期间，毛泽东主席、朱德总司令还特意宴请了出席会议的起义将领，我和陈明仁将军等 26 人出席。席间，毛主席几次举杯为起义将领祝酒，充满了欢乐、祥和的气氛。

这次政治协商会议，选举产生了国家领导人。我被选为中央人民政府委员、中国人民革命军事委员会副主席。

10 月 1 日下午 3 时，我登上天安门城楼，参加了中华人民共和国开国大典。10 月 26 日，我在参加了中华人民共和国成立的各项活动、完成了共商国是的任务之后，起程返湘。当日下午，毛主席在中南海设宴为我送行。朱德、周恩来、董必武、林伯渠等作陪。我和随行人员程星龄、方叔章、晏勋甫、萧作霖、杨敏先、朱明章等参加。席上有一份四川泡菜，周恩来特意介绍是朱总司令亲手做的，大家争先品尝。宴后，毛主席、朱总司令送我至门外，周恩来、董必武、林伯渠、聂荣臻等亲送至车站。11 月 2 日我回到长沙。从此，我在中国共产党的领导下，积极为建设民主、繁荣的新湖南而奋斗，并在中南地区的各项工作中出谋献策，以尽微薄之力。

纪念伟大的革命先行者——

孙中山先生

1956 年 11 月 12 日

程潜

在我的生命的历程中，有过很长的一段时期，追随中山先生从事革命活动。中山先生的革命风范和音容笑貌，在我的思想上留下了深刻的记忆，它鞭策着我紧紧地跟随着人民革命的步伐前进。

1905 年，我在日本东京振武学校读书，当时中山先生已在日本组织了中国革命同盟会。由于黄兴、宋教仁的介绍，我和同学江隽等在横滨一家中国餐馆内第一次会晤了中山先生。中山先生热情地和我们谈起革命的宗旨，我当时听了中山先生的谈话，内心十分倾折，顿然燃烧起年轻的革命热情。不久，我就加入了同盟会。

1912 年，中山先生辞临时大总统职之后，我在上海第二次见到他。中山先生向我说："只要袁世凯不做皇帝，那就好办了。现在有议会，有临时约法，总统是选举出来的，不选他，他就无所作为了。"谁知，当袁世凯发现国民党在议会"选举"得胜，"始悟疏忽选举之失策"的时候，就嗾使赵秉钧组织凶手，于 1913 年春天在上海将热衷于组织政党内阁的宋教仁狙杀了。宋案发生后，粤、湘、赣、鄂四省联盟，掀起了讨袁军，不数月即告失败。

讨袁军失败之后，中山先生重赴日本，在东京将国民党撤销，改组为中华革命党，并亲自拟订中华革命党总章。大家知道，辛亥革命之后，同盟会曾经改组为国民党，一时官僚政客大量涌入，良莠不齐，鱼龙混杂，使国民党完全丧失了革命的战斗力。中山先生有鉴于此，在"中华革命党宣言"内就提出"正本清源"的办法：（一）进斥官僚；（二）淘汰伪革命党，以收完全统一之效。中山先生为了巩固党和提高党的战斗力，提出这个办法和一些相应的入党手续仪式，在当时的情况下，应该说是用心良苦，也是完全正确的。但这个做法，却被一些革命党人所误解，因此不愿加入中华革命党，这样就被一些阴谋分子所乘，在同志之间制造龃龉。因此，黄兴等人后来没有加入中华革命党。（我当时也没有加入中华革命党，直到 1919 年才加入）。为这些事，中山先生还写了一封言辞恳切的信给黄兴，鼓励他继续为革命工作。后来黄兴病逝，中山先生十分悲切，他对我说："黄克强是最有力量、最有才具、最勇敢的革命党人，是我的一个好帮手。"在祭奠黄兴时，除了公祭的祭文以外，中山先生还亲自写了沉痛的祭文。中山先生团结同志的宽宏气度，热爱同志的真情实感，于此可见一斑。

1916 年，在上海环龙路六十三号，中山先生又和我们谈起革命的战略和策略问题。中山先生说："革命之成败，主要的是靠主义，就是要有政治纲领；和主义相联连的就是靠人民拥护，至于要倡大义于天下，就是靠得战略要点，设立政府，明目张胆地揭举旗帜。"中山先生是主张先占领城市作为据点的，他向我们分析几个主要城市的情况，他说："最好首都暴动，取得政权，号召全国，可以一举成功，但北京暴虐统治过久，风气不开，反动军警严密，不容易得手。武昌是辛亥首义时的发祥地，但后来军阀盘踞北京，旋即失效。南京地处东南，易受限制，但得之亦有可为。广州距北京远，不易号召中原，但进可以攻，退可以守，且民智开通，比较容易得手。"因此，中山先生认为广州是比较可资凭借的据点。中山先生这些论断和分析，说明了他的一个战略思想，即：无论在什么恶劣的情况下，革命政府总要有一个安身立命的地方，然后徐图发展，在发展中也要将后方巩固起来。后来中山先生和陈炯明的矛盾，也是和这一点有关的。这时袁世凯已死，继袁世凯掌握政权的军阀段祺瑞，先是在反袁各派要求之下恢复约法和国会，不久，又因参战问题与黎元洪不和，造成张勋拥溥仪复辟之举，由是悍然毁弃约法，解散国会。中山先生于是率海军到广东，联合广东、广西、云南各省的地方势力，在广州组织护法军政府，由南下的国会会议选举为中华民国军政府海陆军大元帅。1918 年，南方的小军阀和北方的军阀逐渐妥协，他们发起改组军政府，设七总裁，中山先生辞了大元帅职务，于是离开广东到上海，开始写建国方略。

1920 年秋，粤军回粤，中山先生 12 月又回广东，重整军政府。所谓粤军，就是中山先生在军政府大元帅时期不顾桂系的反对而保持下来的。这时陈炯明任粤军总司令，广东省省长和军政府的陆军部长，成为广东军政大权的控制者。

1921 年 5 月 5 日，中山先生就任非常大总统。这时陈炯明一方面眼睛望着北洋军阀的动态，一方面率领粤军去打桂系军阀。不到三个月，借中山先生的威力，陈炯明削平了桂系，军政府就任命马君武为广西省省长。与此同时，中山先生收编了两广境内的全部滇军、桂军和湘军一部共十余万人，积极准备北伐；而陈炯明却暗中勾结北方军阀，大倡其所谓联省自治。7 月底，中山先生派我和胡汉民、居正、汪精卫到南宁去会陈炯明，中山先生在我行前说："你去告诉陈炯明，我这回决意北伐，定无更改，成败虽未可知，但总归是于陈有利的。成功了，我的军队离开广东，广东就可省下许多开支；失败了，我的军队被打散，陈炯明就自可和北方妥协善后。"我衔命到南宁，和陈炯明反复辩论，再三劝告，不得要领，最后我说："你削平桂系正好明人心归向国民党。中山先生北伐，军队甚多，正是时机，你应该促成这件事情。"陈炯明说："我赞成中山先生北伐，但时机未到。现在广西刚平，虽然以桂人治桂，但仍是不稳，我看还是稍迟一些为好。"陈炯明这些话的真实意图是：先稳定局面，负隅保守，以便形成一己割据的势力。因此我对陈炯明说："吴佩孚并不放心南方，只有从中山先生意旨，筹备北伐，广东才能保住。"我并且把中山先生的嘱语反复向陈炯明说明。陈炯明却说："我不反对北伐，但求中山先生再三审慎。"我知道这是陈炯明故意支吾，所以打电报向中山先生请示，中山先生立刻回电说要亲自来广西。陈炯明听见这事，立刻改变口气，表示要回广东。10 月间，中山先生和陈炯明在梧州附近浔江舟中晤面，陈炯明才在口头上勉强同意中山先生北伐。

中山先生在桂林组织大本营，积极筹备北伐，这时，廖仲恺负责财政方面的筹划，邓铿负责组织警卫军队，我负责制订军事计划和各省的联络接洽工作。当我们正在从各方面积极准备北伐的时候，广州的陈炯明和他的部下也正在进行紧张的阴谋破坏活动。

1922年2月20日晚上，在广州的广九车站上，陈炯明雇来的凶手，将邓铿刺杀了。3月中旬，我到梧州，向中山先生报告了广州情况。中山先生认为邓铿是被陈炯明所害，这是破坏北伐的先声和信号，因此断然下令，免去了陈炯明的所有职务。陈炯明免职后避往惠州，一时粤军自桂蜂拥而归，谣诼纷传。4月，中山先生率军出驻韶州。5月中旬，中山先生电我赴韶，至则中山先生对我说："北伐已定，一切都已准备定妥，忧虑的就是广东情况不安。"我将陈炯明部下叶举、熊略、陈炯光、陈觉民、黄强、钟景棠、洪兆麟、陈小岳、翁式亮、李炳荣、李云复等部队的移动情况和他们流露出来的反动情绪一向中山先生报告，中山先生思索了许久，说："前此陈炯明的免职是罪有应得的，但目前北伐要紧，为了稳定后方，军事问题还是要找陈炯明。"我说："陈炯明不但在军事上有野心，在政治上也是欲壑难填，前些时免了他三个职务，现在要再起用他，如果没有适当名义，他是不会干的。"于是我和中山先生商定委陈炯明为两广巡阅使，然后我才赴惠和陈接洽。得到他的同意，我电报韶州，中山先生就复电委陈炯明为两广巡阅使。

5月底，中山先生从韶州回到了广州。这时，我继陈炯明为陆军部长，陈炯明的部队叶举等迭向部催索军饷，我于6月6日到白云山郑仙祠叶举指挥部去慰问解释。当我到郑仙祠时，叶举、熊略、黄强、钟景棠、洪兆麟都在座，他们大骂中山先生。我看这些人反情毕露，归来后就将这些情况向中山先生汇报，并劝中山先生迅速韶。中山先生说："他敢吗？我们还是搞北伐的事吧！"谁知，1922年6月16日夜间，陈家军竟冒天下之大不韪，包围广州观音山下的总统府。有人亲见中山先生当晚于事起仓促中由林直勉、林树巍护送到永丰军舰上。我得到这个消息，就去黄埔永丰舰上见中山先生，中山先生神色自若，当时拿出一封陈炯明的信给我看。陈炯明在信中有"冒犯尊严，罪该万死"等语，中山先生笑着对我说："陈炯明还写这样的信给我，他能骗谁？"我问中山先生怎么办，中山先生说："组织军队，继续干！"19日，中山先生乘永丰舰自黄埔外河驶向广州，途经沙基炮台，驻沙基炮台的陈炯明部队发炮轰击，永丰舰还击，但被击中一弹，仍然负创开到了白鹅潭。我当时乘小艇登舰晤中山先生，不到十分钟，就有一个英国人登舰求见。这个英国人向中山先生说了好些话，但见中山先生声色俱厉，申斥了那英国人一顿，这人也就告辞，抱头鼠窜而去。我不懂英文，事后询问缘由，中山先生说："这就是英国驻沙面的领事，他说沙面是租界，白鹅潭靠近沙面，我们的军舰，不应该开到沙面。我反驳了他一顿，告诉他沙面是中国的地方，白鹅潭又不是沙面，中国的大总统，中国的任何地方我都可以驻得的。"由此可见，中山先生对帝国主义分子是丝毫不假颜色的。中山先生在"永丰"舰上坚持斗争五十多天，后来北伐军许崇智等部回师在韶关战败，中山先生才回上海继续他的革命活动。

中山先生回上海后，住在莫利爱路（现在的"中山故居"）。中山先生这时即在中国共产党人和苏联的帮助之下，积极着手改组国民党。这年冬天，滇军杨希闵、蒋信之、范石生、杨如轩，桂军刘震寰、沈鸿英等部派兵来上海请求收编，中山先生为了恢复战略据点，遂假这些人的力量逐陈炯明，陈不敌，退守东江。1923年2月，中山先生回粤，重组大元帅大本营。我得到中山先生的允许，这年秋天在广州开办大本营讲武堂。冬天，鲍罗廷来粤，建议中山先生办军事学校，得到中国共产党人的大力帮助，黄埔军官学校才开始筹备。11月间，发表国民党改组宣言。当时国民党内一部分右派分子反对改组，中山先生异常懊恼，对极端反动分子不惜采取了严厉的纪律措施。

1924年1月，由于中国共产党的努力，由于共产国际领导机关和苏联共产党的重要援助，中山先生领导的国民党在广州召开了第一次全国代表大会。这次大会发表了宣言，规定了民主革命的纲领和改组国民党使之革命化的各项办法。中山先生在这时坚决提出并实行革命的三大政策：联合苏联，"以俄为师"；联合中国共产党，共产党人大批加入广州革命根据地的党政军机关工作；扶助工人运动和农民运动，表示今后的革命要"立于民众之地位而为之向导""革命事业由民众发之，亦由民众成之"。中山先生重新解释了三民主义，并且明确地说："三大政策是实行三民主义的唯一方法。"中山先生晚年所采取的这种坚决的、勇敢的、大踏步地、深刻的革命转变，表明他放弃了资产阶级共和国的主张，接受了人民的民主共和国的纲领。

中山先生晚年这种政治上和思想上的高度成熟，赋予他以更坚强的革命力量。这表现在：1923年12月，美英帝国主义劫夺广东关税，中山先生不向帝国主义低头，采取了坚决反对的态度；1924年10月，广州商团叛变，中山先生采取了坚决镇压的办法，把商团武装全部缴械了。

1924年中山先生北上，在为争取召开国民会议和废除不平等条约的尖锐斗争中，于1925年3月12日在北京逝世。中山先生在弥留之际，仍然念念不忘"和平，奋斗，救中国！"并殷殷嘱咐同志们："革命尚未成功，同志仍须努力！"

在纪念中山先生诞辰九十周年的日子里，我不能不想起由中山先生教育出来的、和我长期共过患难的、现在身陷台湾的国民党人。我想，只要他们忠实于中山先生，只要他们还具备爱国心，那么，当他们面对着美国侵略者在台湾的恣意横行，口不应心地喊着"反共抗俄"的口号的时候，他们就一定会是羞愧不安和痛苦难堪的。但是，消极的羞愧和痛苦，不能给人们带来任何好处。要紧的是，做一个勇敢的爱国者，学习中山先生追求真理、不断进步的精神，在和平解放台湾的事业中争取立功。寄语台湾的朋友们：过细温读一下"中国国民党第一次全国代表大会宣言"和"三民主义"，这样就会自知有所抉择的。

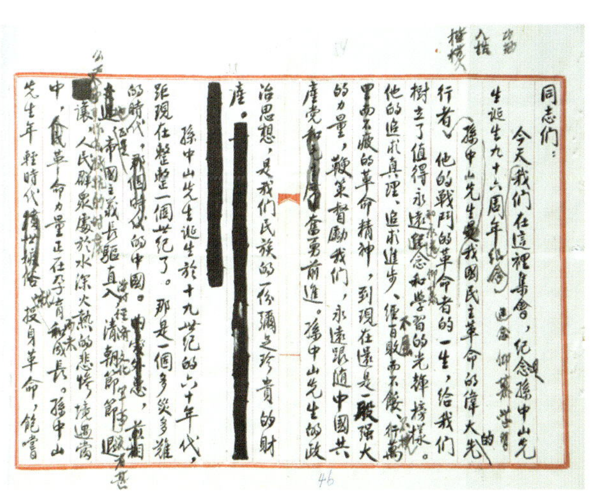

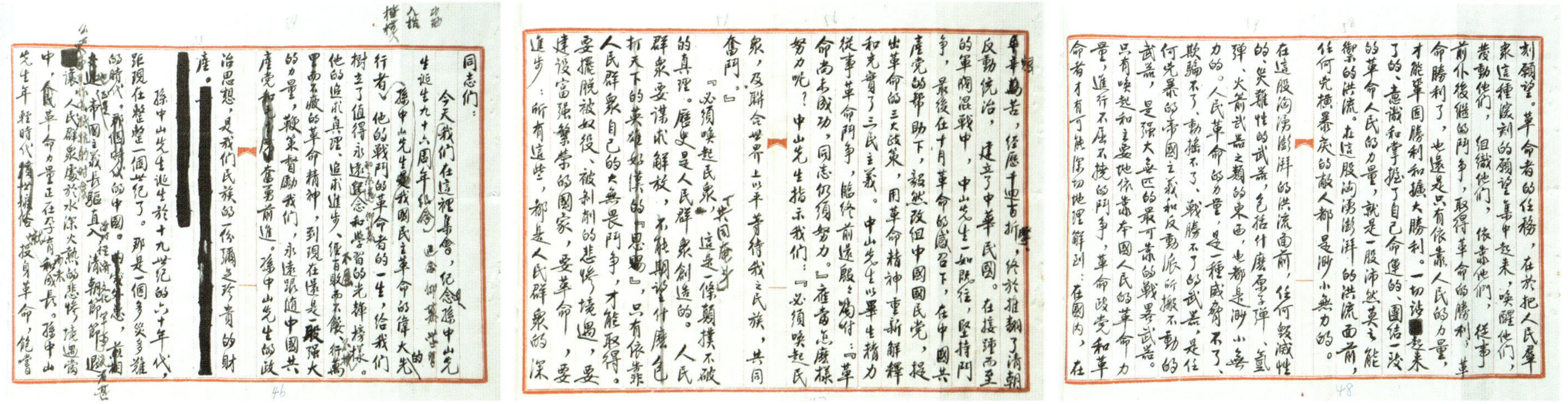

1962 年程潜撰写的纪念孙中山诞辰 96 周年手稿

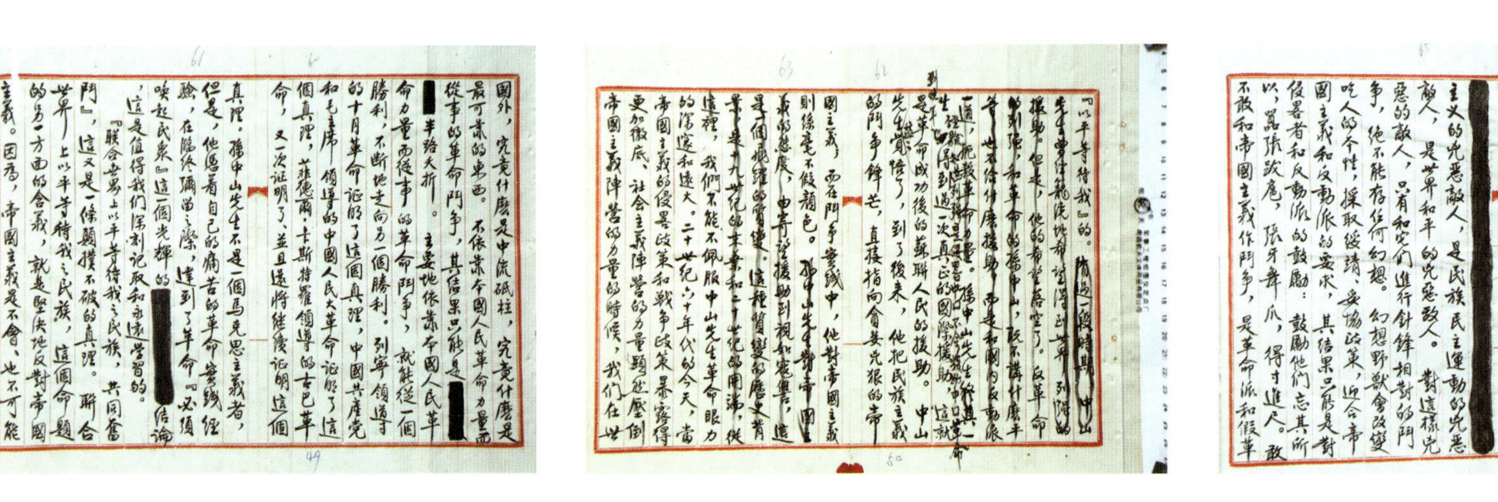

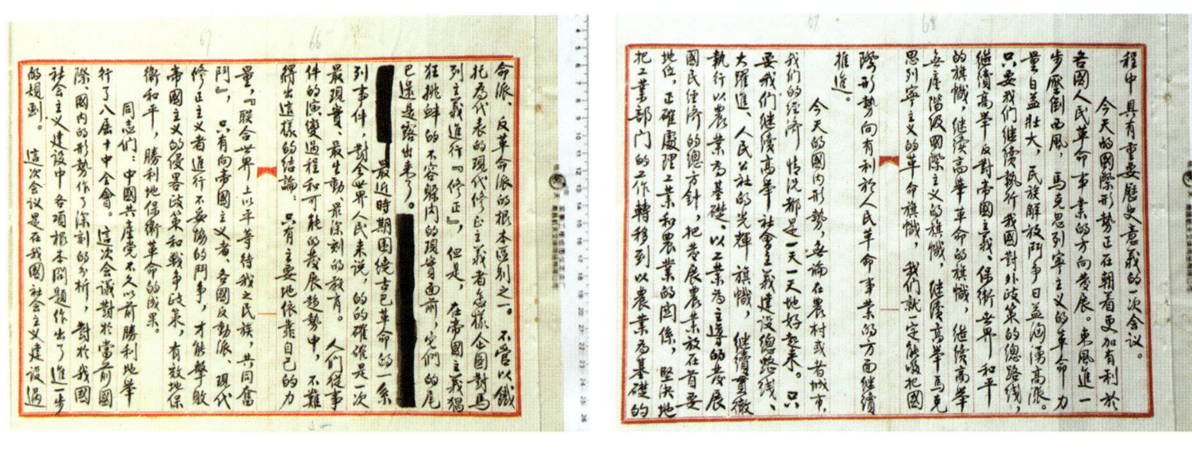

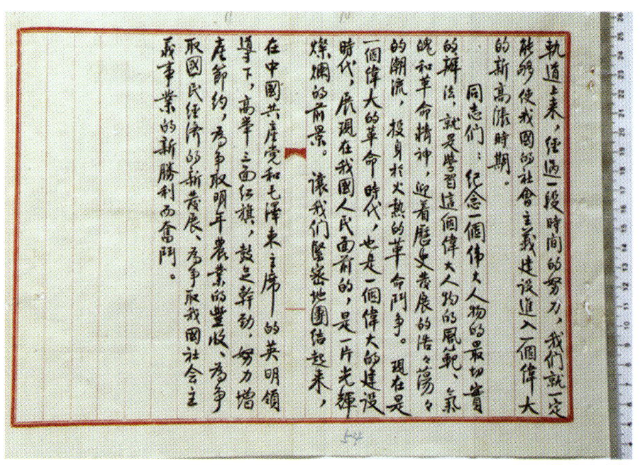

1962 年程潜撰写的纪念孙中山诞辰 96 周年手稿

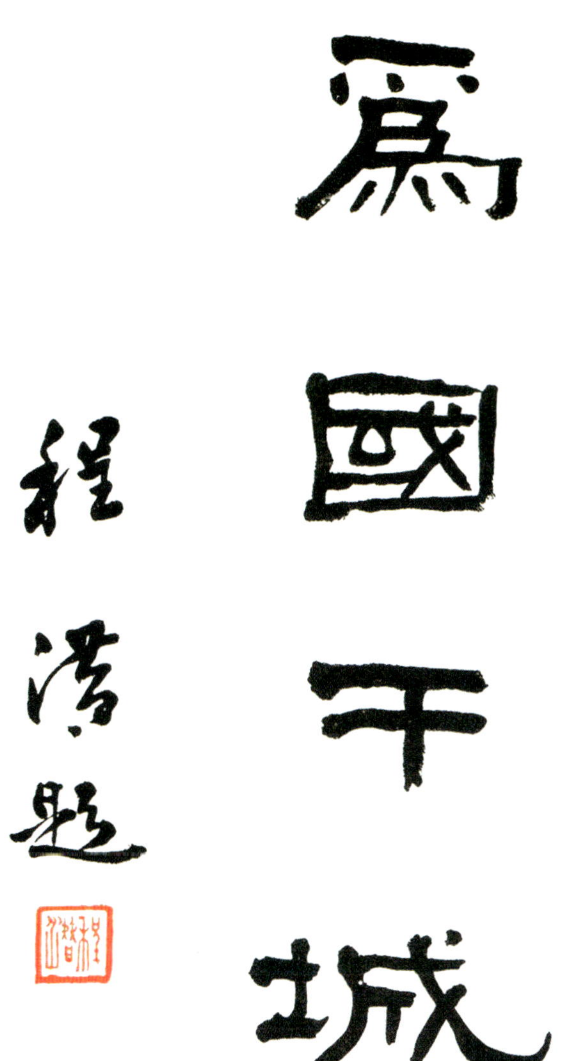

程潜自 1936 年开始担任中央陆军军官学校校务委员后，为多期同学录题词。图为第十三期同学录题词

程潜自 1936 年开始担任中央陆军军官学校校务委员后，为多期同学录题词。图为第十四期同学录题词

親愛精誠

程潛

程潜自 1936 年开始担任中央陆军军官学校校务委员后，为多期同学录题词。图为第十七期同学录题词

成己成物

程潛

程潜自 1936 年开始担任中央陆军军官学校校务委员后，为多期同学录题词。图为第十八期同学录题词

陸軍軍官學校第廿一期同學錄

精誠無間

程潛題

程潜自 1936 年开始担任中央陆军军官学校校务委员后，为多期同学录题词。图为第二十一期同学录题词

文官不要錢武官

不怕死則天下太平

余錄岳武穆語

程潛題

程潜自 1936 年开始担任中央陆军军官学校校务委员后，为多期同学录题词。图为第二十二期同学录题词

程潜自 1936 年开始担任中央陆军军官学校校务委员后，为多期同学录题词。
图为第二十二期同学录题词

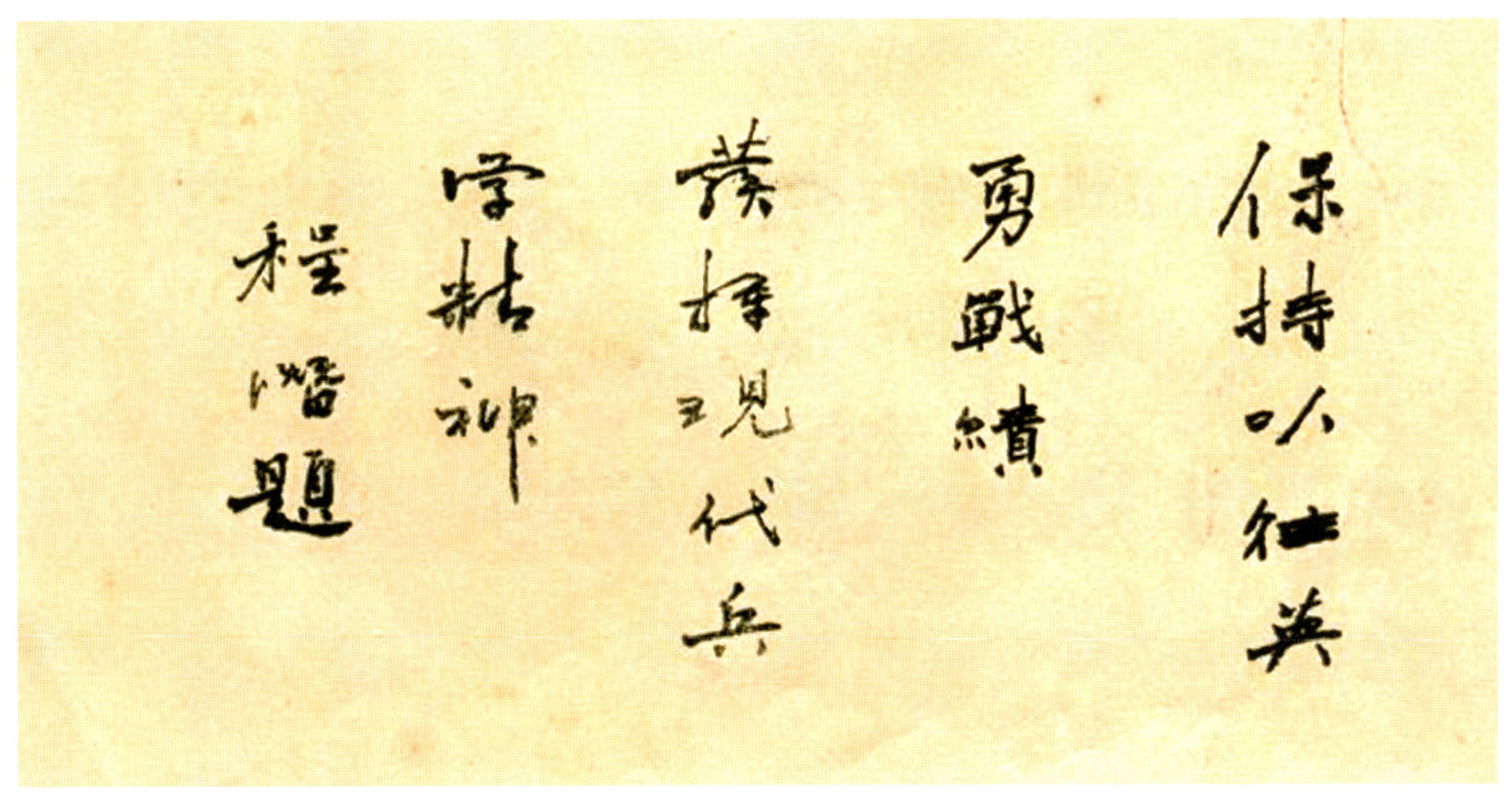

程潜自 1936 年开始担任中央陆军军官学校校务委员后，为多期同学录题词。图为高等教班第十一期同学录题词

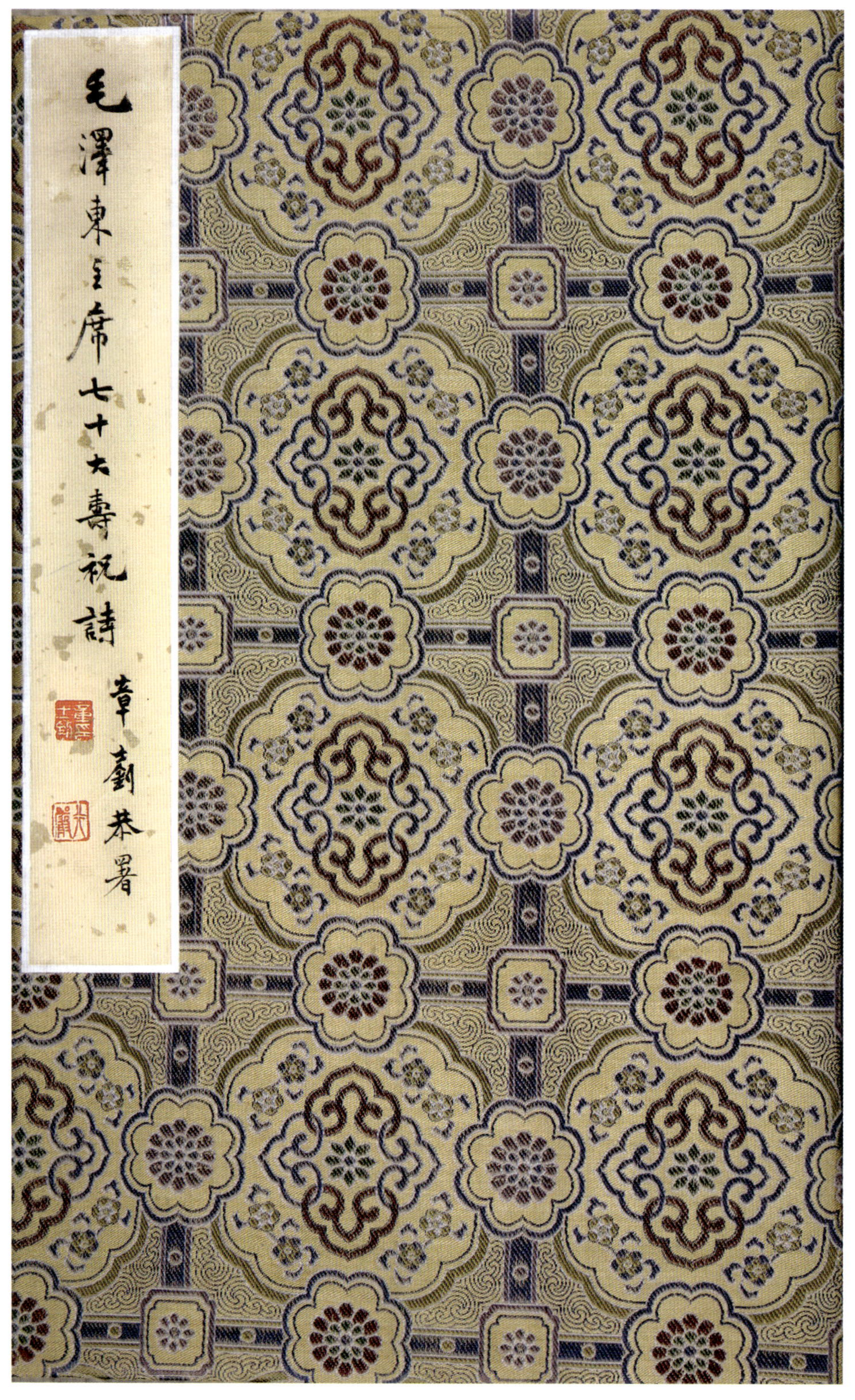

毛澤東主席七十大壽
祝詩
靈椿長壽不言壽至德
安仁亦利仁道大為公
天可則物窮其極理皆
真鵷雛振翼鴟生妒海
若回潮水共親遠屆八
荒齊拜手堂堂赤制有

傳薪
平生罕說智仁勇智勇
兼仁佔一家天地立心
觀不滅痌瘝在抱意無
涯良醫肱折自神技老
樹枝高皆好花龍馬負
来資本論鑿開混沌見
光華

1963年12月26日是毛泽东的七十寿辰。这天除了亲属之外，毛泽东只请了4位80岁以上老人，其中3位是他的湖南老乡，即程潜、章士钊、王季范，另外一位是叶恭绰。程潜携夫人郭翼青和女儿程熙一同前往。家宴上的菜，全是湖南风味，毛泽东还特地让伙房烧了程潜爱吃的豆豉辣椒和熏鱼，使程潜再一次感受到毛主席的关怀备至。这一天，程潜特地将自己写的组诗十二首装帧成册，请章士钊先生给封面题字，献给毛主席作为生日的祝贺。

晻長江龍御天一自豫
章揚赤旆亢陽有悔七
逾年
長短縱橫未肯齊誰凴

謁来手捧西来法密結
宗盟取次傳直北已看
經散地入南真覺道同
肩風開粵海蒙羕亟雲

膽寒
八年歸馬轉多悲奸究
橫行世共知作計敗盟
張兎欲甘心饕国與狼

人餐雪巡聽燕雲敵闖
關攘遏勝蕁猶掌運陶
甄氣類互心安洪圖衛
国加經豎沖破重圍賊

斗交相映万水千山路
不迷
左纛飛揚不怕難征程
萬里達天山橫過青藏

靈憲定高低害羣驛馬
絡歸北得意春風盡向
西月照桂林籠鬼影道
揚遵義踏天梯朱旗北

民猶水也民為貴緊握
靈樞定一尊謀大不遺
防鼠竊助多爲用怕鯨
吞鏖兵遼瀋空諸巷困

和藉無平地成天法會
有崩山竭海時聽到来
蘇呼滿豎看他枯朽一
朝夷

驩亶貴在和罷表獨夫應不赦章刋戰蠹亦無訛月明清浦聞天鼓風送金陵聽国歌夜半渡

敵京圻斷隻轅陶鑄降俘三百万到頭勝利屬元元徐淮大捷兆投戈興頌

該山呼氷雪臣奴恥海納長儲創建才氣象万千光八表栽成新自鬥爭回

明光天安門啓一聲雷中国人民站起来合德同仇精爽緊傷窮憫白智謀

通百粵西包滇藏到新疆遠来近悦兄迎弟女躍男歌酒有漿我本多年邀默契喜從中夜挹

江傳令急洗洗正氣壯山河大軍南下氣恢張羣醜如鯤早自颶東起淮揚

徹初終上下共正德厚生幷利用万般經制一般紅萬彙人天指畫清要憑

迢迢京闕隱巃嵸大纛高懸映昊穹建国辛勤弘物質齊民寅亮代天工道包本末權衡定政

主義換和平早知財虎非吾類未必鴟鴞變好聲滄海月明看魍魎神州日食任虧盈三多古話應恢廓大量無虛需至誠

程潛

一九六三年国慶日造

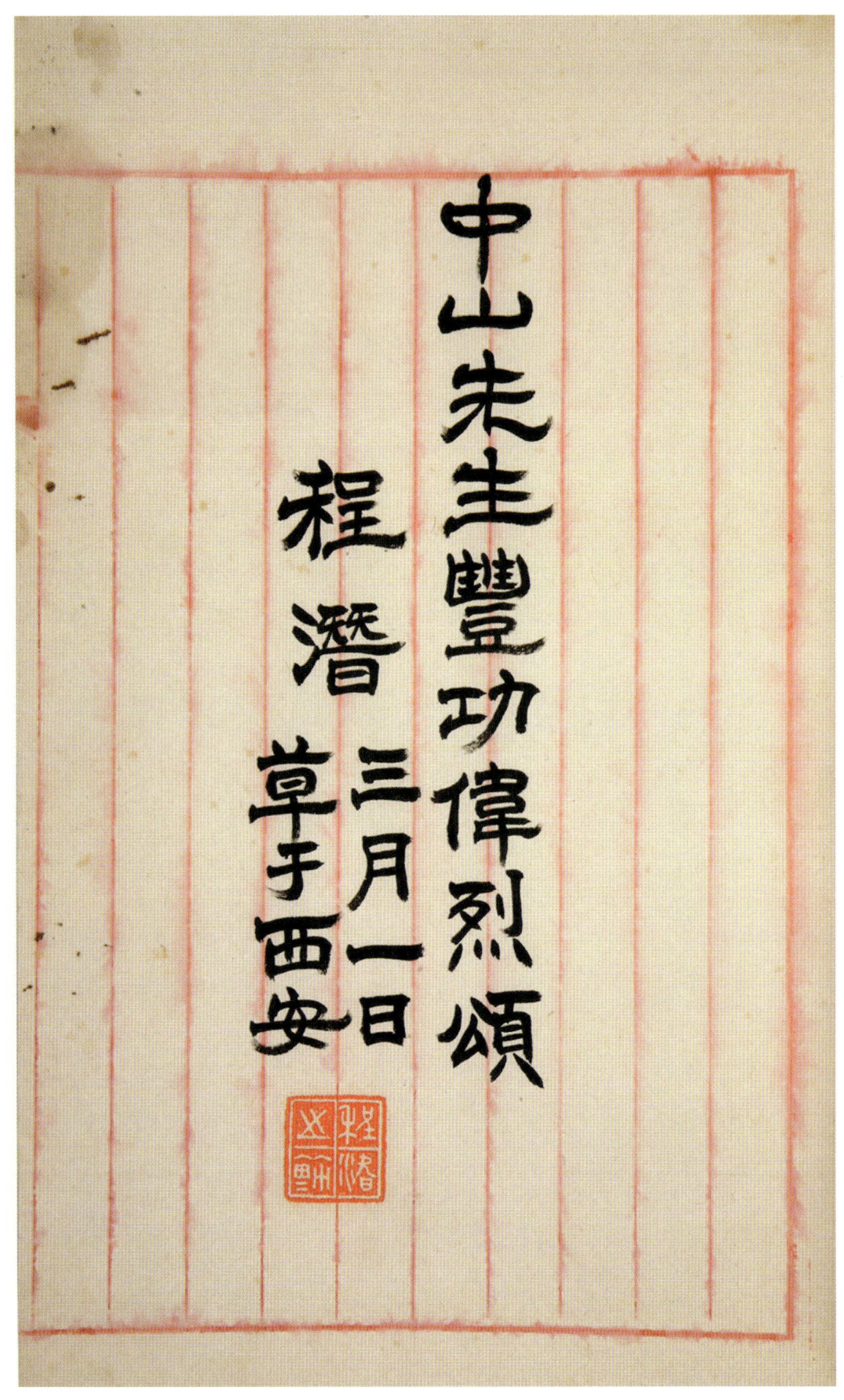

中山先生豐功偉烈頌

程潛

三月一日草于西安

中山先生豐功偉烈頌

文明肇羲皇一畫開天運農黃繼代起制作踵武進書契易結繩文化因發軔墳典雖不馴創造宜可信孔氏删尚書揖讓尊堯舜八聖一心傳道與天不變於斯為盛世亦有洪水歎是誰疏九河茫茫皆禹甸奕世私天下宇内悉封建誰知一念私竟成千古恨湯武應天命仁義彪文獻文質不相襲一治還一亂豈無大聖人誕先登于岸周公制禮樂仲尼訂經傳心傳允執中吾道一以貫許為普天則奄為後世訓無如七雄暴禮紛樂不振秦人乘其罷兼并為郡縣

海南人上人天宣彥中彥睿智生而知孝弟人無間
志學涉重洋希天經百鍊橫困當大任悲憫弘本願
艱難扶孑遺百折天行健仁協智謀英義結忠謇傳
創三民主義倡五權國憲九舉革命軍風聲雷雨奮
辛亥季春末廣州先發難前矛精銳鋒後勁沉毅殿
塗血五羊城埋骨黃花潤一擊不成功大地同時震
轉瞬秋狩期義旗三鎮槊全軍一攘臂虜廷膽已顫
浩氣薄穹蒼萬方響應迅頓懾大酋魂飛夷專制夏
長劍不血刃神兵不在戰用建共和國遠儷唐虞禪
約法臨時立元首地方選盛德人望歸羣上總統印

焚書愚黔首一統矜南面法令縱苛橫生靈苦塗炭
自詡萬世業功德古今冠一夫揭竿起海內騷然叛
泗上起酒徒五年銷鋒刃蔚成小康治盛強惟西漢
魏晉假禪讓人違天豈順六朝偏安局卑卑不足論
李唐功業隆論者推貞觀刑措數十年武功亦炳煥
趙宋與朱明治道曇花見立法尚偏私招來夷狄患
滿清韃靼種建國紀綱紊謬竊愚民術不惜天人怨
悠幽二百年末季彌暴慢法弊習貪偷政濁民疲玩
四維久弛解人心趨渙散君子道衰淪小人無忌憚
藩封付捐棄邊疆任蔓頓外侮日憑陵四海嗟窮困

定鼎都金陵重覩光華旦議禮改正朔頃聽謳歌忭
壇坫和議成讓德何撝遜至人不攖物潛龍本無悶
明明日月光照臨遐邇徧如何今邪子企望陰霾暈
作意布爪牙勞心設狴犴捷徑從狹路含沙施蜮箭
湘粵贛皖寧歃血抗專擅馬當中宵陷湖口贛軍亂
湘粵師未陳寧皖兵先遁慘慘風雨會澹澹風雲散
不有大無畏恢復將焉盼接厲整陣容乾坤運旋轉
無何歐戰發蔓延何浩瀚外迫洶洶鄰乘便張兇慢
內忧眈眈虎逐勢覬寶殿八表忽同昏千鈞懸一線
霹靂天南来風馳復電炫堂堂護國聲驚破夢中87

我直若虎賁逆由如鼠竄戚戚新華宮奄忽起居晏
大法經毀滅餘孽遂瀰漫蕩蕩狼張牙都都狸布陣
蜉蝣不知夕蕣華不保旰誰爲此厲階醉夢起餘燼
履及梓桑邦纛樹珠江畔護法繼護國前輝聯後燦
行艱闢古說知難紓創見神武運戎機謀猷煩睿斷
不除肘腋賊羣兇何由拚兩興討逆師三定北伐案
乘龍奮遠圖履虎脫逆絆臨難神如一處變心常鎮
来者猶可追往者當可諫方畧手草訂大綱親濡翰
至理寫宏圖嘉謨書寶券豈惟一代宗億萬斯年便
羣彥廣集結黨徒勤訓練主義中天日宣言時雨電

如醫起死生若藥促瞑眩務滋久遠謨諄諄誨不倦
萬姓望來蘇八荒開令聞吾黨北方強聞風生激勸
請追北嶽巡用慰朔方羨許以慈悲力格彼驕且悍
許以精誠魄化汝貴與賤大聲呼和平和平中外讚
栖栖四十年創業未及半中道忽殂人天共悽惋
況我久承訓能無中腸斷即今失導師國將何人扞
回首望前塵歷歷如可算平生感遇厚一辭莫能贊
繼述賴有人其人實貞幹大事今有託曷敢不敬慎

民國二十八年己卯

中山先生豐功偉烈頌 並序

粵自羲皇立極歷聖相承開物成務文明斯啟爰逮有周姬公制作禮樂孔子修訂六經教化大備暴秦以降習尚刑威興淳亡忽吕暨于清治朱孫極亂不旋踵卅季外患紛乘抉藩入奧猶復上下恬嬉自相汩溺

總理睿哲天亶遠紹道統旁稽實書創立主義廣結英彥吕行革命人歸天與遂建共和適時武人竊柄大道未行遠以殂落其締造之艱規模之偉予既恭承之矣緬惟功烈期發詠歌以資羽翼亦有年矣今值東夷入寇全國奮起所以過暴圖存莫非遺教所詔用是感奮而作頌曰

詠懷兼和仲雲　二月十二日
北風中夜號寒氣侵重帷歲暮
感時變坐令心增悲萬類將何
依我懷當告誰豈無魯陽德迴
日生光輝馳語同袍子乘興盍

來歸
效阮嗣宗詠懷　二月十八日
一日復一夕一冬復一春惜陰
苦日短勵志懼歲殫至誠本不
息金石亦當穿萬事唯心造造

靳仲雲自宛呂詩見贈懷
而答之　二月十日
諸葛祠前柏巖寒想未凋青蔥
融雨雪鬱勃拂雲霄閱世經艱
苦吟風慰寂寥羨渠今益壯垂

老意飄飄
下馬受君簡微牽伏櫪悲壯心
當未已困志自多知橫槊非君
尚論詩不我遺遲遲春日近可
許慰相思

化不相干但恐方寸搖逐物隨
飄淪仁自爲己任勇不讓入朱
一夕復一朝一暑復一寒夙夜
無荒怠四時厲精勤仰參化育
機俯偕萬物春動惟益予智靜

與保其真將樹日新德戒懼非
一端兢兢履薄冰聊自固吾樊
宴安豈可懷怵惕以終年

詠懷　二月二十三日作
嚴駕遠行遊行行前途夐不憚
道阻長常煩行李微飛雪載春
來北風漸不競我行指萬里遲
遲助興行踈踈草向榮皎皎梅

爭淨既感陽氣舒須覩春枝勁
撫景心彌長覽秀情無竟立德
須及時與時偕行柄

上、下图皆作于 1938 年

作于 1938 年

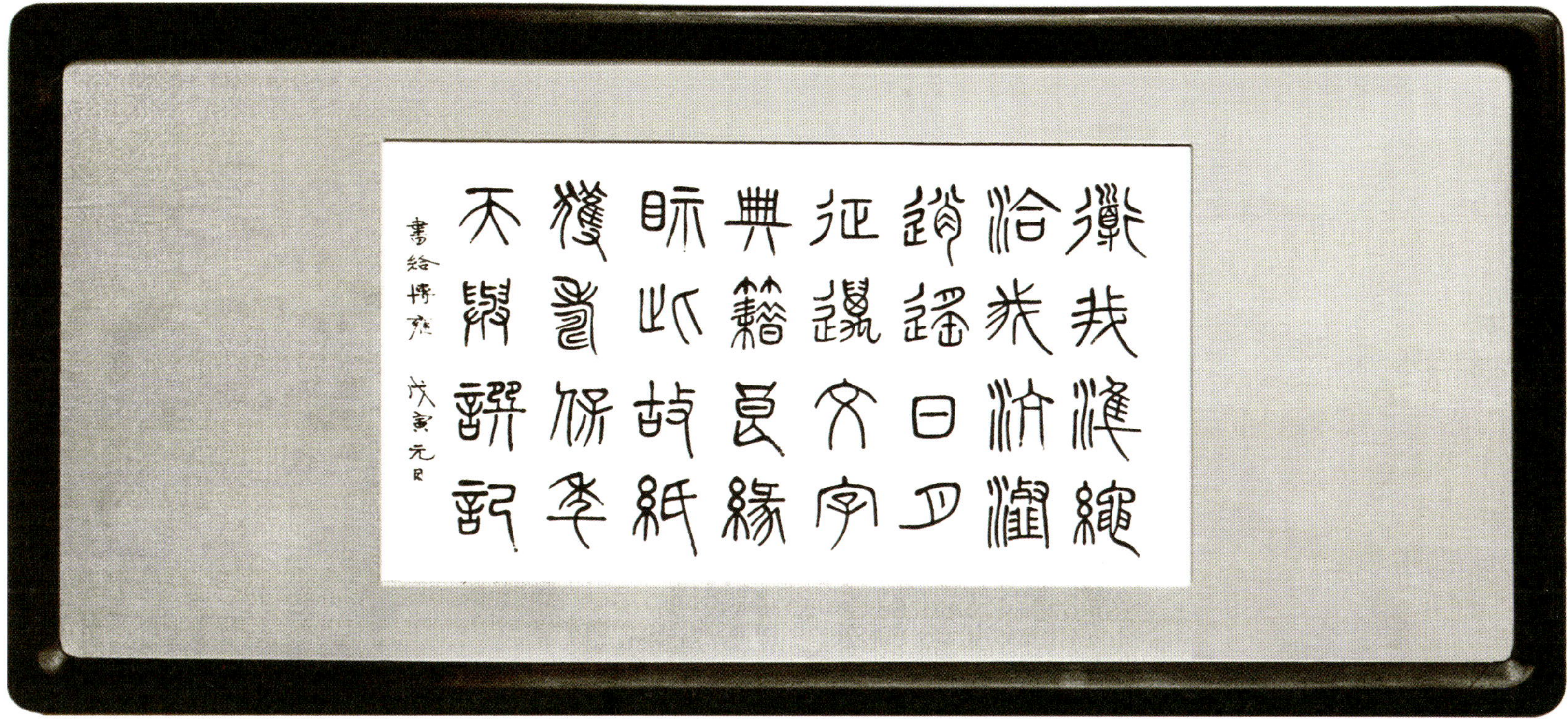

程潜书与三子博雍

（一九三八年）

导我准绳
洽我沉瀣
逍遥日月
征迈文字
典籍良缘
视此故纸
获寿保年
天与撰记

书给博雍
戊寅元日

寄贈翼青三十生日

遠道締良緣紅絲一綫牽迎来丹桂闕繕想大羅天爽氣包河洛佳期會澗瀍仁親如漆附義結比金堅高唱偕行曲低吟好合篇鷹揚驅雲寇雨變渡流乖災艾曾分痛犄蘭每互憐慮深心轉細智決勇當先毓秀看成列舍章許並肩德隨時長進容像月嬋娟火宅謀同出華園喜共遷何言身懔懔相誡日乾乾踊躍排陳腐歡欣解倒懸江山增美麗人物慶安全海澗傷遥别風平盼早旋自知筋力瘁端賴我君賢

程潛

和平起义前夕，程潜将夫人和女儿送到香港。一年多后，正值夫人 33 岁生日，程潜写信邀夫人归来

苔痕上階綠

草色入簾青

丁卯仲夏

程潛

1927 年 5 月，程潛书对联

林則有肅負嵎稱尊道則有寢牽獸食人豈無方略可使盪平時不我與安用智名

安吾親家

程潛

大道之行天下爲公祗奉
憲典九服混同廓開大學
廣延羣生彝倫攸序禮樂
以興

程潛

若乃紹繼微絕興脩廢官疇咨稽古
崇配乾以允神明之所福祐宇內之
所歡欣已豈徒魯邦而已哉

翼青吾弟校正　程潛

湖南省立邵陽醫院落成

昔人有言不為良相便為良醫是乃仁術功在博施喜宏規之始肇登春臺而咸熙民無癢厲永奠丕基

民國三十七年十月程潛題

靡不報應自是以來
百有餘年有事西巡
輒過亨祭

華山碑 程潛

前聖之澤巍巍蕩蕩功德
可述儀形可像海寓歸美
洪規孔守承風感化既遠
且久

程潛

子文先生

大哉乾元

程潜

子文：宋子文

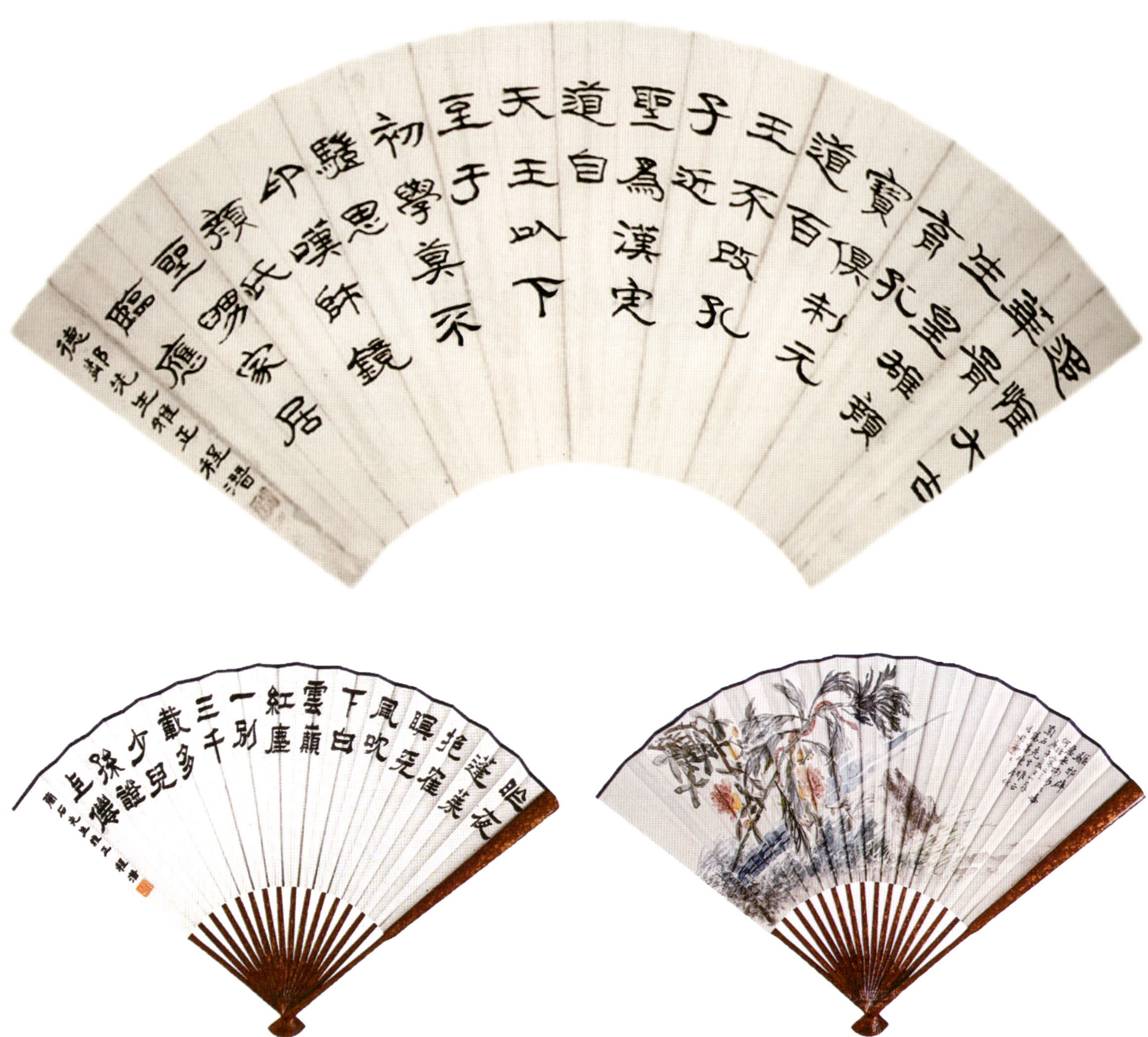

李宗仁，字德邻

五歲壹巡狩皆以四
時之中月各省其方
親至其山柴祭燔燎

程潛

張氏合脩族譜 題詞

世緒昌榮

國民政府主席武漢行
轅主任陸軍一級上將

程潛

刘彦华女士托程瑜捐赠程潜为抗战胜利所作诗一幅

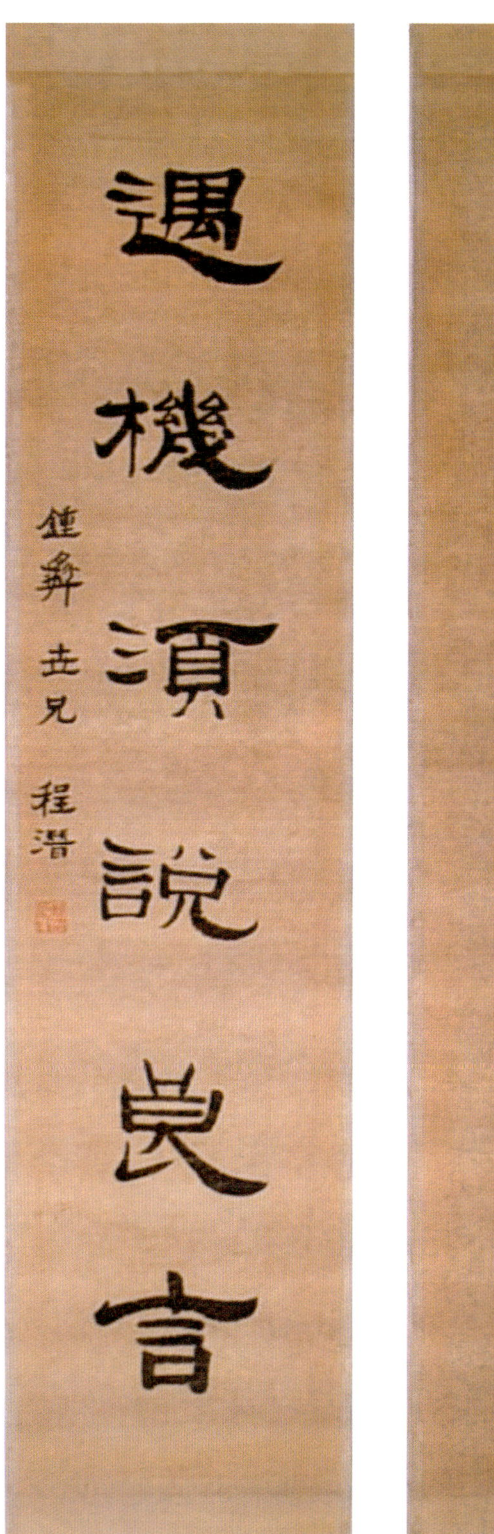
人生多作善事
遇機須說良言
鍾彝老兄
程潛

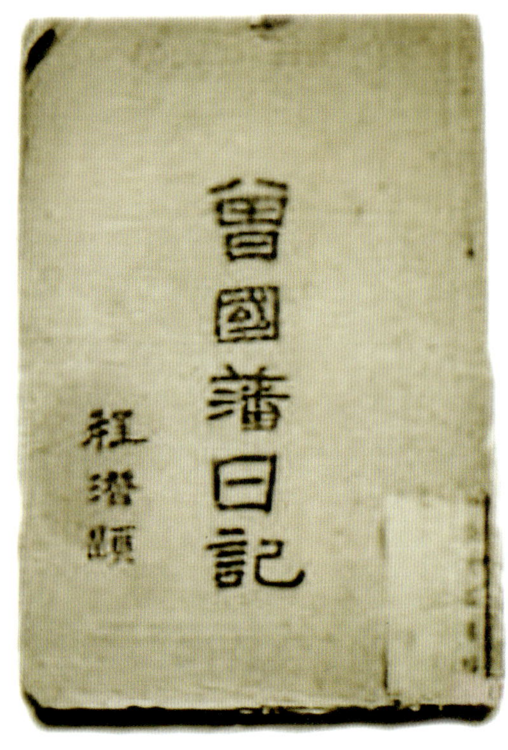

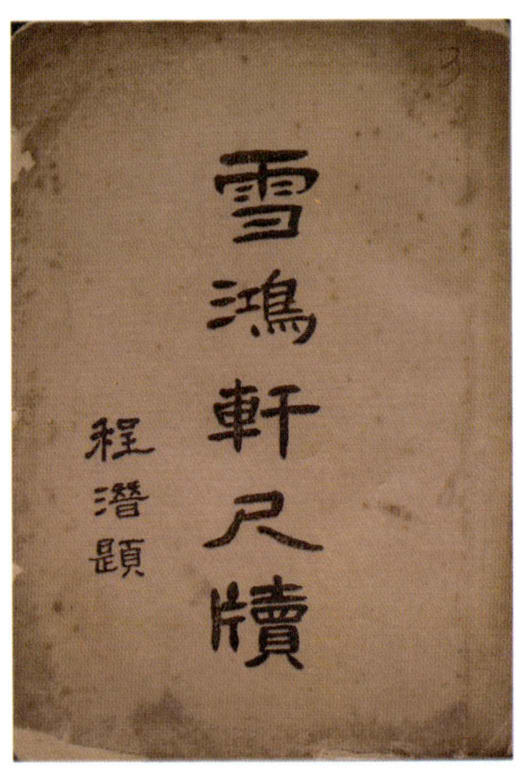

士華先生

謙尊而光

程潛

竹言先生遺象

碩德耆年

程潛敬題

程潛

祝鸿元，字竹言。清光绪二年（1876 年）六月十一日生。北京大兴人，久居开封，历任州县官，民国初期曾任河南省财政厅厅长，陕西省政务厅厅长、代理省长，后任河南省政府秘书长、民政厅厅长。1939 年 12 月 31 日去世。当时各界名流与社会贤达都送来了挽联，至今我们可以在《祝竹言先生像赞》一书中看到程潜、刘峙、蒋鼎文、卫立煌、庞炳勋等人的题词与追思

河漢女，玉鍊顏，雲軿往往在人間。九霄有路去無迹，嫋嫋香風生佩環。

綵女迎金屋，仙姬出畫堂。鴛鴦裁錦袖，翡翠貼花黃。歌響舞分行，豔色動流光。

雲想衣裳花想容，春風拂檻露華濃。若非群玉山頭見，會向瑤臺月下逢。

冰泮寒塘水綠，雨餘百艸皆生。朝來衡門無事，晚下高齋有情。

嫩嫌女士正之　程潛

安内緝外經之營之制禮
作樂自有明時純風肅化
雅頌始興温柔敦厚心志
和平

程潜

程潜书中轴（1948 年）

中華人民共和国成立任中央人民政府委员会委員、軍事委員会副主席。

1953年兼湖南省人民政府主席。

1954年宪法颁布后，被選為湖南省長、国防委員会副主席、人大常委等職、

1958湖南二屆省人代会被選連任省長，是年被选为中央人代会副委員長、

1959中央第二屆人代会被举連任副委員長、国防委员会副主席、

祖父 中农 父親 中农

家庭由長兄主持，在1949年解放前將所有田土百三十畝捐獻于学校，脫離資產階級。

師範中学

1882 日本士官学校 1906年

前清留学日本陸軍時，加入中国同盟会。辛亥武昌起義參加漢阳之戰。

1911年 回国以後，在四川軍队任參謀。

1913年參加討袁。

1916年參加護国之役任湖南湘軍司令。

1917年擔任護法之役總司令

1922年任孫中山先生大本營軍政部長，1926年國民革命軍第六軍長 廣州 北伐

1927年北伐之役任江右軍總指揮

南京

1937年抗日戰役任參謀總長第一戰區長官，任湖南省主席兼湘鄂綏靖主任。

1949年八月湖南起义投入解放軍。

“辛亥首义烈士陵园”坐落在武汉市江岸区球场路2号，为纪念在阳夏战争汉口保卫战中牺牲的无名烈士而建。

1911年10月10日，震惊中外的武昌起义爆发，武汉三镇相继光复。起义将士为捍卫革命成果，于1911年10月26日至11月2日，在汉口刘家庙（今二七路）、大智门（今车站路）一带与清军展开了殊死搏斗。当时阵亡的2000余名起义军将士遗骸，由战时红十字会出面收集，分成6座大墓冢合葬于此，名“赤十字会义冢”，俗称“六大堆”。次年2月，红十字会在每座墓冢前立“国殇”石碑，以志纪念。1913年，红十字会和汉口各慈善团体将此处建成公墓，鄂军都督黎元洪题墓碑额“铁血精神”及“鄂军起义阵亡诸烈士墓”墓名。

1946年，武汉行辕主任程潜下令汉口市政府在原址加以修葺，围以栅栏，建园立碑。陵园坐东朝西，定名为“辛亥首义烈士陵园”，并题书“辛亥首义烈士墓”碑名。

1985年，武汉市江岸区人民政府重建陵园，立“辛亥首义烈士纪念碑”。

抗战期间，中国军队与侵华日军在长沙进行了 4 次大规模会战，史称“长沙三次会战”和“长衡会战”，有力地打击了日军的嚣张气焰，阻击了日军的侵华脚步，产生了很大的国际影响。在这几次会战中，岳麓山曾是中国第九战区司令部战时所在地。自 20 世纪 30 年代起，这里相继建成岳王亭、忠烈祠、陆军第七十三军抗战阵亡将士墓、长沙会战纪念亭等纪念性建筑物，山中保存了当时的战壕、弹坑、炮台及九战区战时指挥所等遗址，并出土有当年抗日将士遗留的枪支、弹壳、电话筒等文物。

湖南长沙岳麓山，1946 年建的《陆军第七十三军抗战阵亡将士公墓》墓台正面，程潜书写的“誓死卫国家以昭来者；壮气塞天地是日浩然”是对亡灵的告慰，亦是对生者的鞭策。

1911 年 4 月 27 日下午 5 时 30 分，黄兴率 120 余名敢死队队员直扑两广总督署，发动了同盟会的第十次武装起义——广州起义。起义之后，72 人的遗骸由潘达微收葬于广州东郊红花岗。潘达微把红花岗改名为黄花岗，故称为“黄花岗起义”。黄花岗起义，又称第三次广州起义、辛亥广州起义、“三二九”广州起义、黄花岗之役，是中国同盟会于 1911 年（宣统三年）在广东省广州市发起的一场起义。

孙中山在《黄花岗烈士事略》序文中高度评价了黄花岗之役：

“是役也，碧血横飞，浩气四塞，草木为之含悲，风云因而变色，全国久蛰之人心，乃大兴奋。怨愤所积，如怒涛排壑，不可遏抑，不半载而武昌之大革命以成。则斯役之价值，直可惊天地、泣鬼神，与武昌革命之役并寿。”

为纪念此次起义，阳历 3 月 29 日后来被中华民国政府定为青年节。

大本营军政部与广东省省长公署保护墓园布告置于黄花岗七十二烈士墓园西侧墓道旁碑亭内。碑高 170 厘米、宽 75 厘米。民国十三年（1924 年）2 月立，大本营军政部及广东省省长公署奉孙中山大元帅训令，以《布告第一一号》文，由军政部长程潜及广东省省长廖仲恺联合签署发布。公布划定黄花岗七十二烈士墓园地界范围：“东至二望岗，西至广州模范监狱及永泰村，南至东沙马路，北至墓后田塘，已划为七十二烈士坟园。嗣后应概行禁止在界内附葬。其在于界内之民间旧坟，亦限于布告后三个月内另行择地迁葬，以崇先烈，各宜禀遵，毋得玩违干咎。”

位于广州黄花岗七十二烈士墓园西侧墓道旁碑亭内，军政部长程潜及广东省省长廖仲恺联合签署发布第十一号布告。

萧振瀛（1898—1947）

1938 年曾任第一战区司令长官部总参议。

1947 年 5 月，萧振瀛突发脑溢血病，昏迷数月后在北平病故。时年 57 岁。

程潜说他“急公好义，磊落钦崎，通权达变，敢论敢为”，并为他书写了 3 幅碑文。

萧将军长眠于北京福田公墓。

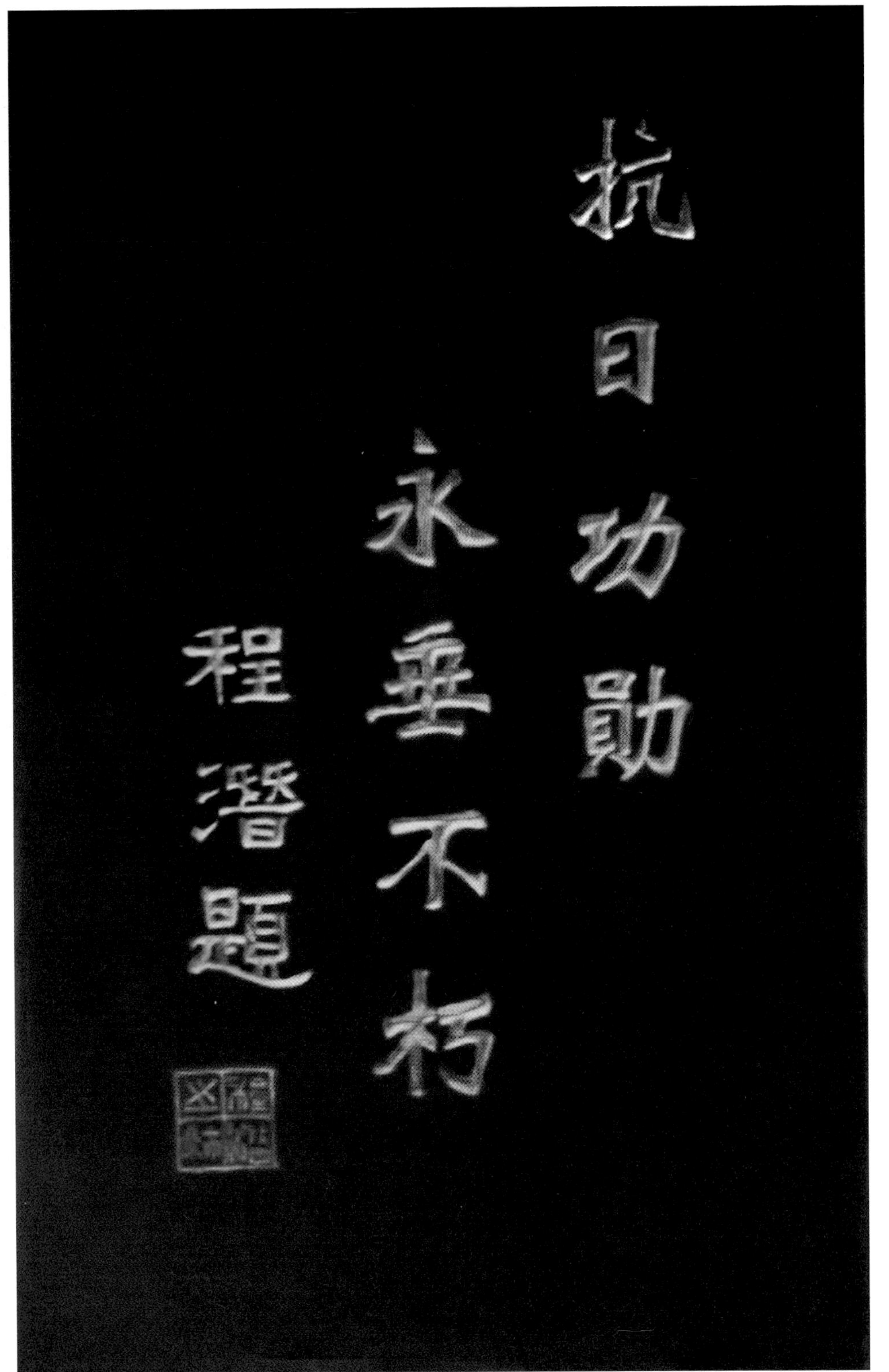
抗日功勋
永垂不朽
程潜题

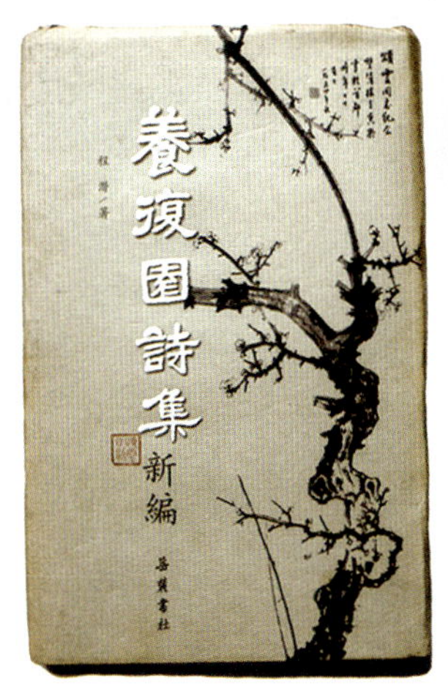

2012 年，程潜先生诞辰 130 周年之际，岳麓书社出版发行《养复园诗集新编》。图为封面和封套

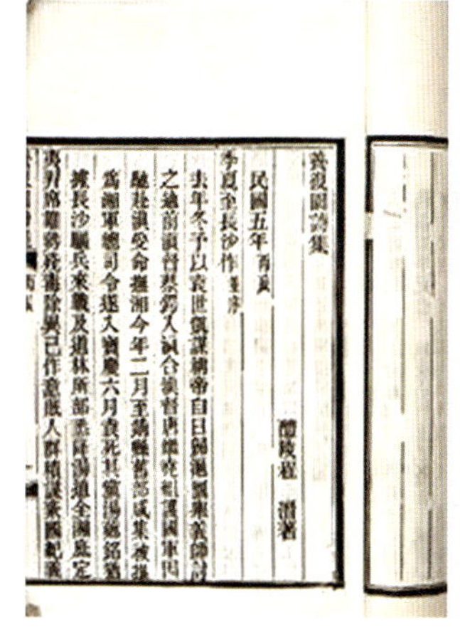

程潜自题签诗集《养复园诗草》

1942 年渝州刊本封面书签为作者自题、内页、扉页自篆

《养复园诗集》曾有民国三十一年（1942 年）的渝州刊本，民国三十七年（1948 年）中国诗学会再版的上海本。此二版中都有父亲写的自序和赵熙的序，共收入 225 首诗。

黑龙江人民出版社于 1984 年出版了更名为《程潜诗集》的又一版本，其中只选了原集中的 150 首诗，再加上 1949 年后的 21 首。此版本加了注解、赵朴初的题记及程潜小传，未收入程潜自序及赵熙的序。2008 年又由湖南人民出版社出版了湖湘文库系列的《章世钊诗词集·程潜诗集》合刊本。此书以渝州刊本为底本，再加上黑龙江版《程潜诗集》中 1949 年后写的 21 首诗，并加了新的“前言”。

父亲平素以能写得一手好诗和好字而感自豪，十分看重《养复园诗集》。他晚年曾对我说：“八伢子，你要好生攒劲读书。我已病入膏肓，你们期盼我写的回忆录怕是写不成器了，读《养复园诗集》也是一样的，有我大半生的足迹在内。”还为我亲笔写了一份生平简历。因那时我的国学根底浅，对中国近现代历史的知识了解有限，虽然读了《养复园诗集》，但是不求甚解，更为遗憾的是，未及时向父亲请教。他在生前却从未提起还有一本续《养复园诗集》的诗稿和父亲就任天水行营主任时撰书的两个碑的碑文，一为重修护国兴教寺碑，另一为天水行营殉难将士墓碑，这本遗稿直至 2005 年才被我发现。为保存一段历史，故将此碑铭文收入这本《养复园诗集新编》。

在此，我由衷地希望《养复园诗集新编》的发行能引导更多的人喜欢读诗，习作旧诗，从中学历史，陶冶情操。

2011 年 7 月程瑜写于长沙

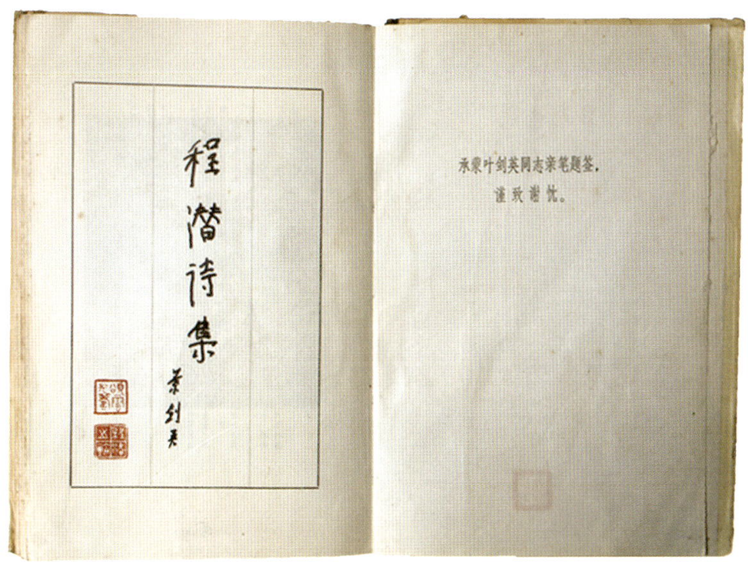

1984 年，叶剑英同志亲笔题签的《程潜诗集》由黑龙江人民出版社出版发行。图为诗集本、扉页和封套

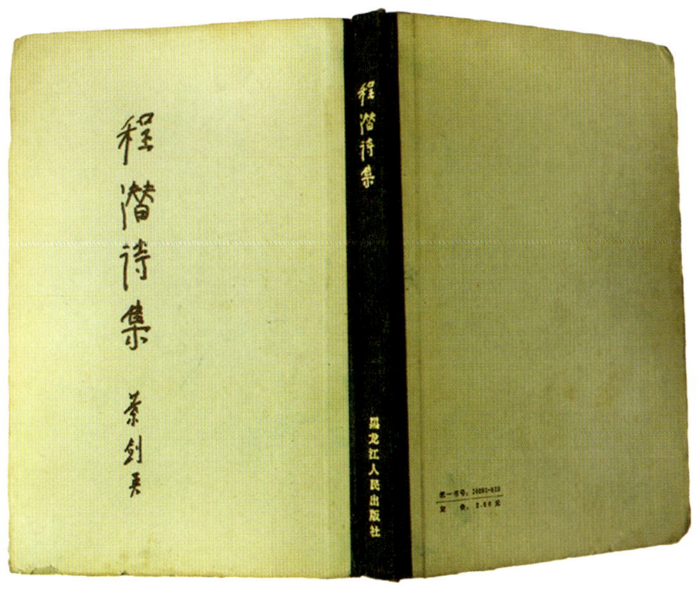

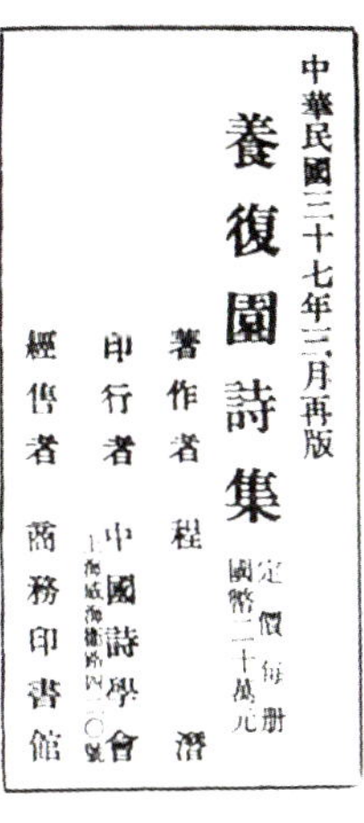

中華民國三十七年三月再版

養復園詩集

定價每冊 國幣二十萬元

著作者 程 潛

印行者 中國詩學會（上海威海衛路四二〇號）

經售者 商務印書館

1948 年上海再版时的版权页

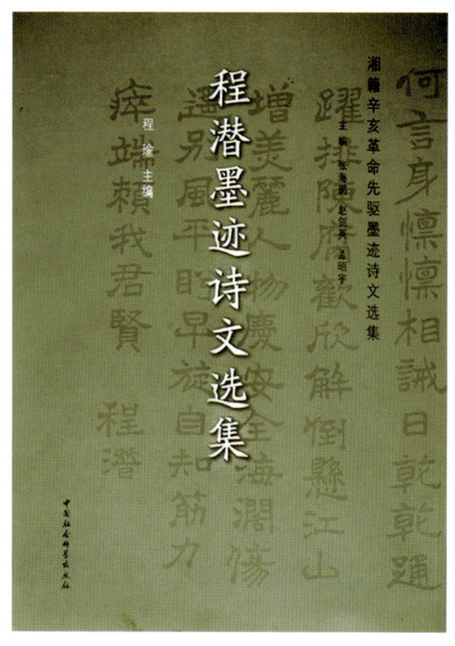

2014 年由程瑜主编，中国社会科学出版社出版发行的《程潜墨迹诗文选集》

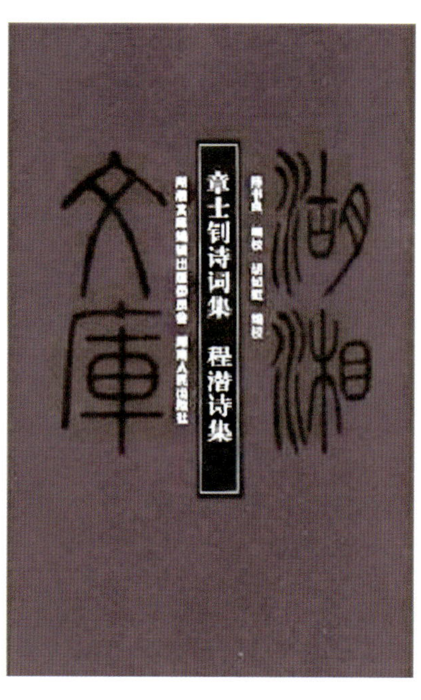

湖南人民出版社出版的《章士钊词集 程潜诗集》

《养复园诗集》手稿一、二、三册未发行出版，为孤本。内为程潜手书 165 首，原件已捐献给国家收藏。收藏部门按原本复印制作三册一套，由后人留存纪念

书法常用印鉴

 穷理尽性　无恶于心	 乐天知命　何用不藏	 国而忘家　公尔忘私	 知足常寿　亏之不殆
 公忠体国	 忠为忠　恕为恕	 智者不惑　仁者不忧 勇者不惧	 颂云日新
 漫山弄白云	 家在南岳洞庭之间	 光风霁月	 中华民之后裔
 中华民之后人	 福禄大于不问后 家禄大为不知耻	 知其义不谋其利 明其后不计其功	从公出游其人多寿 有诗书气生子必贤

忠孝仁爱信义和平	忠孝仁爱信义和平	乾称父 坤称母 民吾胞 物吾与	己欲立而立人 己欲达而达人
但求无愧我心	自天佑之	一日思君十二时	人人徙渡客思家
程潜藏书	颂云长寿	乔木重臣	长寿
流云吐花月	乔木生夏凉	程第之后万世一系	程第之后万世一系
小窗雪月梅花	颂云季子	智在毫毛	飞龙在天

群居守口独坐防心
九九山人

后记

《光风霁月——程潜与近代中国》的出版工作，殊为不易。由于我人在美国，很多工作十分艰难。在后记中，我希望回顾一下出版历程，以及感谢所有参与本书出版工作的亲友。

程潜一生酷爱写五言诗，他的诗记述了漫长、充满坎坷和传奇的人生经历。时人对程潜的诗有极高的评价，章士钊称赞他的诗为："一代钟吕之音。"赵朴初在 1982 年为《程潜诗集》撰写的题记里写道："谁知三军帅，诗亦一代雄！"

在整理和收集父亲的资料时，我首先想到的是出版诗集。

2012 年，在程潜诞辰 130 周年之际，岳麓书社出版了一本较为完整又全新的《养复园诗集新编》。诗集共收录自 1916 年至 1967 年之间，程潜所写的 342 首诗，以及程潜亲笔撰书的两块碑的碑文。2014 年，中国社会科学出版社又出版了一本《程潜墨迹诗文选集》。至此，程潜一生所作的诗词，几乎全部收入这两本书中。

从 2009 年起，我曾 8 次去长沙调研，在长沙市芙蓉区政府、芙蓉区文化体育新闻出版局的共同努力之下，最终获得长沙市委、市政府的支持，在程潜后人捐献的大批重要文献、文物支持的基础之上，"湖南和平解放史事陈列馆"终于在 2015 年 10 月对外免费开馆了。

尽管这不是程潜实际的公馆（程潜公馆原址是长沙小吴门外陈家垅十一号，现位于湖南省委院里，不方便对外开放），但陈列馆的对外开放仍然是一件很有意义的事情。

以上两项工作完成后，我还想出版一本全面介绍程潜一生的历史人物画册。因此，就有了《光风霁月——程潜与近代中国》一书。

《光风霁月——程潜与近代中国》的出版工作比较漫长和艰难。首先，我的年龄比较大了，精力不济，多数时间又在美国。因此，本书的编著工作必须感谢两位友人。第一阶段的收集整理工作主要是由罗振华先生进行的，我提供了一些照片、文献、文章，提出一些有关书本设计和编排的意见。从 2012 年起，前后历时 7 年。2019 年，罗先生身患重疾，不幸于同年底去世。第二阶段的编写工作，由著名民国历史学者胡博先生继续完成，胡博先生年轻有为，是民国史的专家，在原有资料基础上，化繁为简，最终完成了这本书。

因此，编著出版本书实属不易，主要归功于罗振华和胡博的辛苦和努力。

其次，这本书在收集资料、编写、出版的长时间过程中，得益于一些热心公益的程氏宗亲赞助支持，主要需要感谢湖南省建筑工程集团公司东北工程局程长明董事长和长沙仁和医院程曙院长。另外，程潜的女儿，我的几位姐妹，以及外孙林可冀，曾外孙女林钢与丈夫刘生月，侄外孙张起衡等，均有捐助。

此外，我还要特别感谢一位本家——奥士康科技股份有限公司董事长程涌，在他的全力支持和帮助下，最终得以促使本书成功出版。

最后，我在去长沙期间多亏了徐翠云女士（原程潜的司机徐贵轩之女）屡次接待，程杰（原湖南省人民委员会参事室参事，湖南和平起义的参与者）之子程惠、程潜侄孙程不吾积极参与，以及我的朋友——抗战历史研究者李建华先生协助找到了不少有价值的资料。

在此，对以上所提到的亲友，表示深深地感激。

程潜之女程博愉 2021 年春

于美国德州休斯敦